ÆA

COLECCIÓN PATIO DE ESCUELAS

Director: Ricardo Navas Ruiz

MIGUEL DE UNAMUNO Y JUGO

CRÓNICA POLÍTICA ESPAÑOLA
(1915 - 1923)

MIGUEL DE UNAMUNO Y JUGO

MIGUEL DE UNAMUNO Y JUGO

CRONICA
POLITICA ESPAÑOLA

(1915 - 1923)

Artículos no recogidos en las obras completas

INTRODUCCIÓN, EDICIÓN Y NOTAS DE

VICENTE GONZÁLEZ MARTÍN

Ediciones Almar, S.A. - Salamanca

*Para mi mujer
y mis hijas*

© Ediciones ALMAR, S. A.
Compañía, 5
Salamanca (España)
ISBN: 84-7455-001-7
Depósito legal: S. 473-1977
Gráficas Ortega, S. A.
Políg. El Montalvo-Salamanca.

ÍNDICE

AÑO 1917

AÑO 1918

AÑO 1919

INTRODUCCIÓN

VOCACIÓN PERIODÍSTICA DE UNAMUNO

La vocación periodística de Miguel de Unamuno es una de sus actividades más constantes y tempranas. Su primer artículo se remonta a los 16 años, a 1880, y fue publicado en «El Noticiero Bilbaíno» con el título: *La unión hace la fuerza.* A partir de esta fecha sus colaboraciones en la prensa nacional y extranjera se irán haciendo cada vez más frecuentes, aunque haya períodos de menor actividad.

Contra lo que algunos comentaristas han afirmado, la actividad periodística de Unamuno no fue nunca una pérdida de tiempo ni siquiera una distracción de los asuntos más profundos de su quehacer literario, sino que responde a una seria toma de conciencia de lo que debe ser la misión del escritor y a la convicción de que el periodismo es un poderoso vehículo entre él y el público.

Cuando Hernán Benítez afirma que «fue toda una tragedia para Unamuno haber distraído los mejores años de su vida (1914-1924) con politiquerías intrascendentes...» [1], no se da cuenta de que son muchas las ocasiones en las que don Miguel insiste sobre el hecho de que no hay nada

---

[1] HERNÁN BENÍTEZ, *La crisis religiosa de Miguel de Unamuno,* «Rev. Universidad de B. Aires», año III, núm. 9, tomo IV, vol. I, 1949, pp. 73-74.

más actual que lo circunstancial y que lo actual es «lo que del pasado queda en el presente y va al futuro». Según él, cuanto más de su país y de su tiempo sea un escritor, más universal es; las obras eternas son las que fueron inspiradas por circunstancias y por pasiones de un lugar y de un tiempo concreto; una obra genial puede ser la que cuente los chismes y rencillas y sucesos de la aldea en la que vive el autor.

Por otra parte el periodismo es el mejor medio que el escritor tiene a su alcance para influir de forma inmediata en un público amplio y el más apto para hacer política. Ya en el año 1905 Unamuno está convencido de que «...es preciso hoy en España que el catedrático sea publicista..., lo cierto es que la prensa es hoy el verdadero campo de extensión universitaria; la prensa es hoy la verdadera universidad popular» [2].

Teniendo en cuenta esta forma de pensar, podemos explicar el hecho de que Unamuno vierta su pensamiento y dé a conocer sus opiniones sobre la política y la sociedad, sobre «las circunstancias del momento», a través de la prensa y de las cartas a sus amigos. La prensa satisface su deseo de extroversión; las cartas, algunas verdaderos artículos, responden a su afán de ser juzgado y conocido por algunas personas elegidas.

No debemos tampoco olvidar, al buscar las razones que explican su gusto por el periodismo, el ansia inapagable de fama. La prensa le permite ser conocido en círculos mucho más amplios que los españoles. Sus colaboraciones en revistas y periódicos europeos y americanos le sirven para dar a conocer su nombre en otras culturas, a otros hombres.

No debemos desdeñar el explicar en parte esta actividad por motivos económicos. Sus artículos periodísticos

---

[2]   *Obras Completas,* VII, p. 619.

le ayudan en muchas ocasiones a equilibrar el a veces deteriorado presupuesto familiar. Él mismo no se recata en decírselo así a sus amigos e incluso revela cuánto cobra por sus colaboraciones en «La Nación» de Buenos Aires, en «El Día» y «España» de Madrid, en «La Tribuna» de Roma. De ahí que cuando las necesidades económicas se hacen más apremiantes (destitución del rectorado, destierro) sus artículos proliferan e incluso se repiten en la prensa de diferentes países.

ARTÍCULOS POLÍTICOS

Dentro de la amplia gama de aspectos de la vida y de la cultura que nuestro autor toca en sus artículos hay que hacer un apartado especial, por su importancia y significación, con los dedicados a asuntos políticos y sociales. Muchos son los comentaristas unamunianos que de una u otra manera han tratado el tema de su pensamiento político. Algunos han menospreciado esta faceta diciendo que los artículos políticos de Unamuno hay que olvidarlos [3].

A pesar de estas opiniones negativas, el pensamiento político de Unamuno es uno de los aspectos que, presumiblemente, más pueden apasionar al lector de hoy, inmerso en un mundo de transformación y preocupación política. Sin embargo los intentos de hacer un estudio global de ese pensamiento han fracasado o no han conseguido su meta inicial. Buena prueba de ello pudiera ser el estudio de Elías Díaz [4].

Ante el fracaso de un estudio global se imponía el estudio de períodos limitados de la actividad política una-

---

[3] GONZALO FERNÁNDEZ DE LA MORA, *Unamuno pensador*, «A.B.C.», 27-IX-1964.
[4] ELÍAS DÍAZ, *Unamuno. Pensamiento político*, Tecnos, Madrid, 1965.

muniana, ya que su forma de ver la realidad política de
España y del mundo en general no fue uniforme, sino que
estuvo sujeta a frecuentes y profundas variaciones. Pero
para realizar un análisis de este tipo era condición indis-
pensable reunir el mayor material posible referente al período escogido, comprometerse a realizar una laboriosa y
minuciosa busca por periódicos y revistas dispersos en las
bibliotecas de España y de diversos países, ya que las
Obras Completas solamente reflejan en una mínima parte
su actividad de publicista.

Y así lo han hecho los últimos estudiosos del tema,
quienes antes de presentar sus conclusiones han reunido
y publicado los artículos en los que se han basado para
realizar sus trabajos. De esta manera Bustos Tovar ha
estudiado el pensamiento político del primer Unamuno
basándose en los artículos recogidos en los periódicos salmantinos «La Libertad» y «La Democracia»; Rafael Pérez de la Dehesa se centró en el período 1894-1904 ayu-
dándose de los artículos publicados en «La Lucha de
Clases» de Bilbao, y últimamente han contribuido a clarificar en parte la actividad política de Unamuno durante
la Primera Guerra Mundial Louis Urrutia y Christopher
Cobb [5].

---

[5] EUGENIO DE BUSTOS TOVAR, *Pensamiento político del pri-
mer Unamuno*, Cuadernos de la Cátedra Miguel de Unamuno,
núm. XXIV, Salamanca, 1976. RAFAEL PÉREZ DE LA DEHESA, *Polí-
tica y sociedad en el primer Unamuno (1894-1904)*, Ciencia Nueva,
Madrid, 1966; LOUIS URRUTIA, *Desde el mirador de la guerra*,
Centre de Recherches Hispaniques, Paris, 1970; CHRISTOPHER COBB
Artículos olvidados sobre España y la Primera Guerra Mundial,
Tamesis Book, London, 1976.

LA REVISTA «ESPAÑA» DE MADRID

Siguiendo la tarea emprendida por los autores citados, este volumen pretende contribuir a un mejor conocimiento del quehacer público y político del que fue Rector de la Universidad de Salamanca, presentando por primera vez en forma asequible a todos los que se interesen por esta faceta unamuniana los artículos publicados en el semanario «España» de Madrid.

Este semanario fue fundado por José Ortega y Gasset en 1915 (el primer número salió el 29 de enero) para que sirviera de tribuna a todos los intelectuales que quisieran dar su visión de la actualidad española y mundial. En ella colaboraron insignes escritores españoles y extranjeros de todas las tendencias. Baste mencionar por ahora a Pío Baroja, Ramón Pérez de Ayala, Ramón Gómez de la Serna, Luis Araquistain, Giovanni Papini, Benedetto Croce, etc. Y junto a todos éstos se encuentra Unamuno con 97 artículos.

La presencia de las colaboraciones unamunianas en esta revista se hace particularmente intensa en 1915 (su primer artículo apareció el 5 de febrero), 1917, 1919, 1922 y 1923, para terminar el 26 de enero de 1924 con una poesía.

La razón de haber elegido los artículos de este semanario es que, aparte de no haber sido recogidos nunca en volumen y ser por tanto desconocidos para muchos lectores, son clave para comprender la actitud de Unamuno ante la Primera Guerra Mundial y la posición antimonárquica que poco a poco fue asumiendo nuestro autor y que lo llevó al destierro en 1924.

En esos textos don Miguel va exponiendo su postura ante diversos temas de la política nacional e internacional, como son el de la neutralidad, el del imperialismo alemán, la entrada de Italia en guerra, la actividad parlamentaria, el rey, el despotismo.

Sin embargo de todos esos temas nos fijaremos más detenidamente en dos que se circunscriben también a dos períodos diversos. El primero, es el tema de la Guerra Mundial, tratado casi monográficamente en los artículos comprendidos entre 1915 y 1917. El segundo, es el de la monarquía, que abarca los años 1918, 1919, 1920 (en 1921 no fue publicado el semanario por prohibición gubernamental), 1922 y 1923.

Por ser dos épocas de la vida de Unamuno poco estudiadas, voy a continuación a señalar por qué causas éste se colocó decididamente en el bando aliadófilo y por qué se fue desarrollando en él la fobia antimonárquica.

UNAMUNO ALIADÓFILO

Fuertes polémicas se levantaron en España durante la primera guerra mundial entre los germanófilos, partidarios de Alemania, y los aliadófilos, partidarios de los aliados, pese a la postura oficial de neutralidad adoptada por el gobierno.

En los integrantes del primer grupo se mezclan gran parte de los clericales (enemigos de la impía Francia) y de los nacionalistas a ultranza, que alaban sin recato las cualidades del pueblo y del ejército alemán: el orden, la disciplina, la obediencia, el poderío militar... Achacan a los aliadófilos la intención de crear en España el fantasma del peligro alemán y el sugerir a los españoles el odio hacia países que ningún agravio les han hecho. Critican a la Entente las amenazas y presiones que están llevando a cabo cerca del gobierno español para que, en contra de sus intereses, intervenga en la guerra al lado de los aliados. La prensa germanófila, «A. B. C.» y «El Correo Español» de Madrid, entre otros, confía en la victoria alemana y no duda en hacer afirmaciones de este tipo: «Alemania... saldrá victoriosa en esta pelea por la Patria y por la Verdad».

El grupo pro-aliado está integrado por la gran mayoría de los intelectuales y por los regionalistas, nunca bien avenidos con Madrid y con las directrices de su gobierno. Es este el grupo en que se encuadra Unamuno desde el principio y del que será uno de sus principales representantes. Los componentes de este grupo defienden decididamente a los aliados con todos los medios a su alcance: a través de conferencias, mítines, viajes, y, sobre todo, mediante la prensa. Unamuno, Azorín, Ramón Pérez de Ayala, José Sánchez Rojas, M. Fabián Vidal, Luis Araquistain y un largo etcétera, no cesan de atacar a los imperios centrales y a sus defensores en España.

No es completamente cierto lo que Gaetano Foresta [6] asegura en varias ocasiones: que a Unamuno y a los partidarios de los aliados no les quedaba más remedio que escribir en periódicos italianos, bonaerenses o catalanes en pro de su campaña, debido a la dificultad que encontraban en la prensa de Madrid, en su mayoría germanófila. Ya desde 1915 y hasta después de 1918 el semanario «España» de Madrid (y otras revistas como «Hispania» de Londres y «Nuevo Mundo» de Madrid) contaba con colaboradores de alto prestigio. Entre ellos, uno de los más asiduos era Unamuno. Y no cesó ni un momento de servir de tribuna a conocidos portavoces de los aliadófilos. Desde aquí se llevó a cabo una continua campaña de desprestigio del militarismo germánico y de aproximación a los aliados.

ANTINEUTRALIDAD DE UNAMUNO

Frente a la neutralidad decretada por el gobierno español, Unamuno manifiesta una inequívoca antineutralidad, justificando la guerra en la que están inmersas las naciones

---

[6] GAETANO FORESTA, *Unamuno interventista*, «Nuova Antologia», Roma, set. 1973.

europeas, porque presenta una serie de características que la hacen atrayente a un pueblo civilizado y a los hombres cultos que las integran.

En primer lugar esta guerra presenta para don Miguel un gran interés cultural porque es la lucha de la democracia popular contra el imperialismo de la interpretación materialista de la historia. Esta lucha traerá un nuevo período romántico y democrático de gran poder creador. La filosofía volverá a ser ante todo «creación, poesía» y hará nacer a un nuevo hombre, romántico y heroico, como lo es el propio Unamuno. La gran guerra es una fuente inagotable de ideas que posibilitan la revisión de valores y el levantamiento de nuevas fuentes de riqueza.

Por otra parte, la guerra de 1914 es, según nuestro autor, de un gran valor para la propia España, al remover los espíritus dormidos de los españoles, incluso de los viejos tradicionalistas, cosa que no había conseguido ninguna circunstancia de la paz.

Esta concepción unamuniana de la contienda mundial, descrita sólo en sus rasgos más acusados, perdura hasta el término de ella, confiando siempre en que al final la guerra comience a dar frutos perennes de espíritu, a enriquecer el caudal de las ideas y de los sentimientos inmortales, a cambiar la visión histórica de la vida y de la muerte, del tiempo y de la eternidad.

La neutralidad española, pues, le repugna y lo manifestará una y otra vez. Veamos cuáles son las causas que lo impulsan a rechazar esa postura del gobierno. La postura decretada por éste so pena de estigmatizar a todo aquel que se desviase de su cumplimiento, es para nuestro autor una vergüenza inevitable. La neutralidad española es una neutralidad forzosa y vergonzante de la que no podemos enorgullecernos; es producto de la esterilidad y la impotencia. Y lo es, porque España al no estar preparada ni espiritual ni materialmente para la guerra, trata de encubrir su frustración bajo la neutralidad, pretendiendo que la dejen en paz: «Y así hasta Dios la deja de su mano» (*La noluntad nacional*), afirma con esta frase terrible, reflejo del sentimiento de impotencia que en estos momentos debe de embargar a Unamuno al no conseguir mover esa «noluntad nacional».

Este alejamiento de la guerra demuestra solamente que España en su conjunto se reconoce inferior a las demás naciones y que carece de orgullo y dignidad colectiva al no pretender la primacía, como cualquier nación histórica que ocupe un puesto primario en el mundo. El país se siente apartado de las grandes corrientes de la historia y ha perdido el deseo de todo, se ha insensibilizado hasta para los propios males. La batalla, pues, dentro de España se presenta como una lucha contra la «ramplonería que se enmascara de neutralidad». Contra una ramplonería sustentada por hombres que desean hasta que les dicten sus ideas, que prefieren la verdad oficial, aunque sea mentira, con tal de no pensar. Y esa verdad oficial es la que intenta hacer creer a los españoles que la neutralidad española le permitiría aprovecharse de las demás naciones en guerra, estableciendo sus industrias, para que al final, en la paz, pudiera competir con las demás naciones empobrecidas.

Ante la pregunta «¿Qué hace España?» de sus amigos italianos, siente toda la ignominia y el error que supone la postura española, al desentenderse de los demás pueblos con los que juntamente puede ser una nación civil e histórica, y se siente impotente para contestarles. Como también se siente impotente a veces para decir todo lo que piensa a sus paisanos, a causa de la férrea censura impuesta por el gobierno, que teme por su porvenir político interior, abocado a una revolución o un estancamiento de España, la cual quedará «al margen del gran río de la historia».

Respecto al tema censura apuntaré solamente que, si

bien es cierto que algunos escritos de Unamuno y cartas dirigidas a él aparecen censuradas, también es cierto que no fue uno de los más perseguidos por ella en ninguna época de su vida. A veces apuntan en él viejos complejos de persecución que le hacen ver ogros en todas partes. Tanto durante la primera guerra mundial, como luego con la dictadura de Primo de Rivera, gozó de muchas tribunas desde las que pudo exponer su pensamiento y dirigir sus ataques, los cuales se llevaron a cabo con una acritud y dureza que quizá él no hubiese permitido si se los hubiesen dirigido a él.

Critica, pues, nuestro autor el hecho de que se esté engañando con una propaganda dirigida y una oposición amordazada al pueblo español, haciéndole creer que, de esta forma, tendrá intervención en la paz; haciéndole ser ciego para las humillaciones que recibe de Alemania, que solapadamente está en guerra con España. Su deseo es quitar la venda de los ojos a estos neutros —que Dante condenó al infierno, como muchas veces apuntará Unamuno— y remover su más recóndito orgullo, aunque sea hiriéndoles con estas palabras injuriantes que sacamos de *La noluntad nacional:* «Y tú, lector, que lees esto, tú eres casi de seguro, uno de tantos, esto es, un neutro. Y ¿sabes lo que es un neutro? Pues uno que no es ni masculino ni femenino, uno que es cosa y no hombre. Porque si pareciendo hombre en cuanto al cuerpo fuese mujer de instinto —y mujer en cuerpo de hombre es cosa muy triste; más triste que hombre en cuerpo de mujer— serías algo aún. Pero ni eso. Porque no sólo no obras, pero sí sufres. Dejas que ruede el mundo porque dices que no lo has de arreglar tú».

Al lado de su fobia a los neutrales tenemos que poner otros dos factores fundamentales para explicarnos por qué Unamuno abraza desde el primer momento la causa de los aliados. Estos dos factores son: por una parte, su excesiva hostilidad frente al pueblo alemán; por otra, y derivado del anterior, su odio y desprecio por los germanófilos españoles.

UNAMUNO Y EL PUEBLO ALEMÁN

El pueblo alemán desde fecha muy temprana empieza a ser mal visto por Unamuno. En abril de 1909, en una carta a Pedro de Múgica, afirma ser «más germanófobo que nunca». Y lo es en primer lugar por la barbarie de la erudición alemana y por su feroz mercantilismo. A estos dos rasgos negativos une el ser un pueblo de una pedantería de dómine insoportable, que le lleva a un complejo de superioridad insufrible. «Esos pueblos del "cant" y de Kant» —como Unamuno les dice— no destacan por su sinceridad ni por su veracidad y procuran siempre imponer su verdad a los demás pueblos, que consideran inferiores. Esta imposición ha sido ya casi realizada debido a su formidable aparato de propaganda y a la desunión de los pueblos latinos. Contra la fascinación que supone la cultura alemana alza su voz señalando cómo el pensamiento científico latino se iba poco a poco germanizando y pedantizando. La veneración por la «Wissen-Schaft» alemana embotaba los espíritus latinos. Y es que Alemania, impulsada por su megalomanía quería aparecer a la vista del mundo entero como la raza más sabia y más fuerte, maestra de las demás naciones. La locura megalomaníaca alemana es la que, según Unamuno, ha hecho estallar esa guerra contra los pueblos libres que no han querido rendirle vasallaje.

El pueblo alemán es además incivil, enemigo de la civilización latina y humana, todo lo contrario de ese noble pueblo italiano, donde la palabra «civiltà» y su contenido adquiere un relieve preeminente. Frente al individualismo latino se sitúa el gregarismo tudesco, el rebañismo de un pueblo de soldados «que va a la muerte sin discutir las razones». El estado alemán ha absorbido las individualidades y ha matado el sentido político de su pueblo.

En uno de sus artículos pro-aliados, el titulado *Mameli y Körner* [7] nos da una visión global de su apreciación del pueblo alemán. Tomando como ejemplo al poeta alemán Teodoro Körner y al italiano Goffredo Mameli nos va señalando las características de uno opuestas a las del otro. Al primero rinde culto su país por sólo unas cuantas poesías guerreras, producto de un soldado que canta a la guerra y no de un verdadero patriota, de un ciudadano que canta a la patria. Mameli, en cambio, «es poeta que dio la vida a la patria y a la libertad». Todo el artículo es un feroz ataque al misticismo guerrero alemán que se fía de los catedráticos de la ciencia y de la milicia y del número para vencer a los demás pueblos que con la fe y el patriotismo se han opuesto a la formidable máquina guerrera del Kaiser «representante de Dios en la tierra».

Esos pueblos de presa imperialista de hoy donde no hay, además, ningún respeto a la personalidad humana y que «están dispuestos siempre a atropellar los derechos de las pequeñas nacionalidades», no fueron siempre así. Unamuno, como Benedetto Croce, sabe reconocer en estos momentos de pasión todo lo que se le debe a la doctísima Germania —de la que él se considera discípulo en algunos aspectos—, todos los servicios que en tiempos hizo al progreso y a la civilidad y confía que se incorpore pronto a la civilización cristiana greco-latina, reconociendo y comprendiendo la toma de posición de esos españoles que en estos momentos la atacan y critican.

[7] Este artículo fue publicado primeramente en «La Nación», Buenos Aires, 5-IX-1915, y posteriormente en «Il Nuovo Giornale», Florencia, 12-I-1916. Una apreciación global del pueblo alemán nos la da también Unamuno en su carta a Giovanni Papini del 15-VII-1915, que reproducimos en este volumen.

UNAMUNO Y LOS GERMANÓFILOS ESPAÑOLES

Frente a los germanófilos españoles la actitud de Unamuno es aún más dura que frente al pueblo alemán. Y por ello fue considerado en su tiempo como el más genuino representante del antigermanófilo español, lo cual podemos comprobarlo, incluso gráficamente con la caricatura, hecha por Bagaría, que apareció en el número 106 del semanario «España», el 1 de febrero de 1917.

Parte Unamuno del análisis de la procedencia de esos germanófilos españoles. Unos provienen del elemento conservador; son gentes que intentan por todos los medios conservar el orden establecido; no tienen vocación de gobernantes y «huyen de la responsabilidad del poder». Es una burguesía y grandeza de señoritos holgazanes antipolíticos que quieren que les gobierne un hombre fuerte para evitar responsabilidades. Otros, son los integrantes del clericalismo que temen la impiedad de los países latinos, como Francia, y que sienten añoranza de una Iglesia Estado, frente a los demás estados, de una iglesia con sus dogmas y su infalibilidad.

Por último existen los germanófilos militaristas, provenientes de una milicia mercenaria y no de un ejército que sirve a su patria. Sus miembros son solamente empleados de una empresa guerrera. Son los que creían que Alemania «era invencible por las armas y por lo tanto tenía razón». De todas formas don Miguel, que abomina a lo largo de los artículos aquí presentados de un ejército instrumento del estado y del rey y no defensor de la nación, confía en que el ejército español se pondría al servicio de la voluntad nacional, si los agravios alemanes a la dignidad y a la libertad de España se hiciesen intolerables.

Los germanófilos españoles —según Unamuno— desconocen casi por completo a Alemania, y si se han puesto de parte de ella es por el odio a los franceses e ingleses,

defensores de la libertad civil y de la democracia. Y esa
es la causa por la que consideran la entrada de Italia en
la guerra como una traición: por haberse atrevido a defender esa libertad y democracia. Los trogloditas germanófilos
españoles odian la inteligencia de la que ha sabido hacer
gala el pueblo italiano en defensa de sus intereses y adoran
la fuerza, justificando así todo lo que hace Alemania.

Los germanófilos de nuestro país admiran la barbarie
de un pueblo de soldados que obedecen incluso la sinrazón
de sus superiores, y esperan que mediante la protección de
Alemania venga la ilustración a España a sacarnos de
nuestro atraso finisecular.

La causa de la germanofilia de estos españoles se debe
también a que han oído de qué lado se inclina la intelectualidad y, por tanto, ellos se inclinan por la otra parte
por miedo y odio a esa intelectualidad enemiga del orden
alemán. Así nos lo dice Unamuno en su carta a Papini
que transcribimos en el volumen: «Ese público suspira
por la disciplina Kaiserea y por la organización tudesca
y por la jerarquía férrea, porque se siente un público de
hormigas, de abejas o de termites y le molesta todo lo que
es personal». Odian el personalismo porque no tienen personalidad propia. No se sienten con fuerzas para criticar al
que manda cara a cara y de ahí que les moleste esa intelectualidad que se siente consciente de formar una españolidad futura más libre y más justa.

Por otra parte la clase de elogios que los germanófilos
españoles dedican a la barbarie alemana está contribuyendo
aún más al desprestigio de esa nación un día maestra. En
un momento determinado de su crítica Unamuno llega a
la convicción de que los germanófilos españoles no son
tales, sino austrófilos o habsburgianos que aún añoran al
Habsburgo Carlos V y quieren convertir al país en un
monopolio de los jesuitas.

UNAMUNO Y LAS ORGANIZACIONES ANTIGERMÁNICAS

En sus campañas antigermánicas Unamuno fue llamado a participar en diversas organizaciones que tenían como fin el oponerse a la expansión germánica. La primera invitación para asociarse a una de ellas se la dirige el hispanista y traductor florentino Gilberto Beccari, en 1913, mediante una carta en la que lo invita a formar parte de la *Lega Latina*. Esta liga tenía como fin el de reforzar por medio de la propaganda los vínculos de hermandad entre los pueblos latinos, a fin de equilibrar los grandes agrupamientos que iban formando en Europa los pueblos eslavos y alemanes. Unamuno contestó el 7 de julio de ese mismo año aceptando y comprometiéndose a dar a conocerla a sus amigos.

El 31 de enero de 1917 Bruno Amante le solicita que entre en la *Confederazione latina* en la que se inscribirán personalidades de todos los países latinos. Sus fines son: conseguir el acercamiento entre los pueblos latinos para formar una entidad fuerte que los salve de la rapacidad alemana.

El 26 de abril de ese mismo año. O Moreu, director de la «Revue d'Italie» le pide que forme parte del comité español de la *Unión Latina* de la que es presidente de honor el duque de Alba. La petición es aceptada por Unamuno mediante una carta de 10 de mayo siguiente, que transcribimos en la presente edición.

Dentro de España el movimiento aliadófilo cuajó también en la fundación de la *Liga Antigermánica,* cuyo manifiesto aparece el 18 de enero de 1917 en «España». Entre otros muchos firmantes está don Miguel, que el 22 de febrero de ese año aparecerá como miembro del Directorio Central Nacional de la Liga.

El día 28 de enero de 1917 actúa Unamuno como orador único en el hotel Palace de Madrid para hablar de la guerra y de la postura de España. En el discurso presenta a la Liga Antigermánica como un vigoroso instrumento de transitoriedad política interior y de acercamiento a los países civiles, así como «el principio de muchas cosas». En tiempos de guerra servirá para anular las campañas propagandísticas de los imperios centrales y en tiempos de paz puede ser origen «de un movimiento civil, liberal, democrático, reformista».

El eco del discurso fue grande tanto dentro como fuera de nuestras fronteras. Las palabras de Unamuno causarían «una grave indigestión de la prensa troglodítica» —como apunta un redactor de «España». Y, en efecto, tanto la prensa aliadófila como la germanófila comentaron alabando o criticando el discurso, según sus tendencias.

UNAMUNO Y LA MONARQUÍA (1915-1923)

Los textos aquí presentados abarcan un período fundamental para comprender la opinión que a Miguel de Unamuno le merece la monarquía española en general y el rey que la representa en España, Alfonso XIII. En los años que van desde 1915 a 1923 se incuba la fobia antimonárquica que va a acabar estallando a raíz de su destierro en 1924. Es una época donde se acumulan pequeños o grandes agravios, resquemores y resentimientos que acrecentarán esa fobia antimonárquica de don Miguel.

La cuestión de la forma ideal de estado para España se la planteó en una época muy temprana, en 1891, cuando publicó en el periódico salmantino «La Libertad» su artículo *Propaganda republicana*. Entonces se inclinó por la república; pero por una «res publica» ideal, por un régimen en el que hubiera verdadera opinión pública ante todo.

Posteriormente los planteamientos sobre la forma de estado no se presentan de una manera clara. Hasta el año

1914 no cuestiona de una forma explícita el papel de la monarquía en España, ni tampoco hay críticas enérgicas contra Alfonso XIII. Incluso al ser destituido del Rectorado en 1914 no echó la culpa de ello al rey, sino a la ex-regente María Cristina de Habsburgo y al conde de Romanones. Sin embargo será a partir de este año cuando Unamuno empiece cada vez más a poner en tela de juicio a la monarquía y a criticar las actividades del rey.

El proceso de su antimonarquismo se desarrolla según un «crescendo» que comienza por ataques a la monarquía habsburgiana española (especialmente a Fernando VII «El abyecto» —según Unamuno—), continúa por ataques a la reina madre, luego con las críticas a la actividad de Alfonso XIII, y termina con el insulto personal a éste.

El año 1915 es de nuevos agravios. En setiembre Unamuno y el rey coinciden en Guernica y éste lo invita a palacio para hablar con él. Don Miguel intentó poner en práctica la invitación y en noviembre pidió una audiencia que no le fue concedida. Quien conozca un poco la personalidad y el orgullo de Unamuno se dará cuenta de que esta maniobra no debió de borrarse muy pronto de la mente de nuestro autor, quien poco a poco va a comenzar, mediante su actividad de publicista, a ir socavando a su manera los cimientos de una monarquía que cada vez se iba haciendo menos estable y más despótica.

El 7 de octubre de 1915 publicó su artículo *Ante la tumba de Alba* en el que explica a sus lectores de dónde procede la causa de la decadencia de la monarquía española. En él, como luego repetirá en *El habsburgianismo jesuítico español* (8-VIII-1918), hace una crítica despiadada de la monarquía que surgió con «el agorero matrimonio» entre Juana la Loca y Felipe el Hermoso, del que nació Carlos I, «el conculcador de las libertades», «ese Habsburgo, ese germano, el que nos trajo la decadencia». El ataque continúa en la persona de Felipe II, «Rey de España y de las Indias, en cuyos dominios no se ponían ni el sol ni la intransigencia». De esta estirpe habsburgiana proviene, según Unamuno, la decadencia española y la degeneración de sus miembros.

En noviembre de 1916 vuelve a plantearse la cuestión de la forma de estado en *¡O milicia o carrera!*, como ya lo había hecho en 1891. En esta ocasión distingue perfectamente lo que para él es la república y la monarquía. República sería toda nación regida por opinión pública (Inglaterra, Bélgica, Italia, Noruega) aun cuando tengan al frente un monarca hereditario. Monarquía sería la «res privatae», las naciones, que aun llamándose república, están bajo el albedrío de un presidente o rey. No es, pues, la figura o no de un rey al frente de un país lo que a éste lo configura en monarquía o república, sino la forma en que se actualiza el poder: «No es el tener al frente rey vitalicio y hereditario o presidente temporal y electivo lo que hace una monarquía o una república. Un presidente puede ser monarca y un rey puede ser el supremo magistrado que sanciona la opinión pública donde la haya y tiende a suscitarla donde duerma. Puede haber republicanos del rey, y uno de ellos es en Grecia Venizelos, empeñado en salvar la realeza helénica a pesar del mismo Constantino, muy convencido, según parece, de la superioridad de su propio juicio e intelecto, y puede haber y ha habido y hay y habrá monárquicos de un presidente dictador. El punto estriba en apoyarse o no en la opinión pública».

Es en 1917 cuando comienza ya a señalar de una forma concreta cuáles son los defectos de la actual monarquía española. Unamuno se queja, más que denuncia, del régimen de arbitrariedad anticonstitucional en que está cayendo España. El rey está empezando a comportarse como un monarca absoluto y el Parlamento, que es el que debía exigir las responsabilidades al gobierno y al rey, «es lo más infecto que moralmente cabe», porque se contenta con que se les conteste cualquier cosa y nunca exige que se le responda. Y sucede eso así porque los que se llaman «representantes del pueblo» sólo se representan a sí mismos o bien representan únicamente a los intereses de su partido y nunca a sus electores.

Su toma de posición ante el rey se va haciendo cada vez más definitiva. En un artículo que publicó en «El Día» de Madrid, el 15 de noviembre de 1917, titulado *Ni indulto ni amnistía, sino justicia,* se pone en lugar del rey y afirma que, si él lo fuera, dejaría que se discutiese su realeza para así ser más libre, pues no adelantaría nada con amordazar a una opinión que un día se volvería contra él para recuperar su libertad. Para Unamuno el sometimiento de un rey a la soberanía popular y el actuar al servicio del pueblo y no de camarillas es una condición «sine qua non» la monarquía no es posible en el mundo civilizado actual. Acusa al monarca de no ser justo al no limitar su propio albedrío, pues «el hombre libre es el que sabe de dónde no ha de pasar».

A raíz del despido de algunos obreros ferroviarios por la Compañía del Norte, Unamuno escribe *¿Qué es reinar?* («España», 10-I-1918) donde nos presenta a Alfonso XIII como un monarca sin «arquía», sin poder, como un soberano ficticio, y lo culpa de dejarse dominar por las grandes compañías comerciales o, todavía peor, de ser un servidor de ellas, su ministro, y afirma que «un rey puede muchísimo menos que un hombre. Sobre todo un rey que no reine».

En 1919 se retracta de unas palabras presumiblemente suyas en las que había afirmado que el rey prefiere la sinceridad y no gusta de vivir dentro de una muralla China, «sino que busca a todos aquellos españoles que pueden llevarle un granito de verdad». En esta ocasión declara que esas palabras debió decirlas, si las dijo, hace años, «más bien hace siglos»; pero que desde entonces acá la vergonzosa neutralidad española durante la guerra mundial y la evolución de la política española le han abierto los ojos al respecto.

Otro de los vicios que achaca al rey en este año es que ha dejado que la monarquía se identifique con el gobierno, con un gobierno servil, cuyo presidente no es más que un criado del monarca. Esta identificación rey-gobierno es perniciosa, según Unamuno, por dos razones. La primera es que con ello los ministros no pueden actuar libremente si no es con el consenso de la corona, ya que ésta es la repartidora de los turnos del poder, la «que da y quita el decreto de disolución». La segunda es que el rey se siente comprometido con el programa, con las actuaciones de los gobernantes que nombra y de ahí que sus fracasos, tan frecuentes en la política española de la época, reviertan sobre él, desgastando cada vez más su ya escaso prestigio, ya que la gente cree que «gubernamental y dinástico es lo mismo».

Esta forma de reinar lleva también, según nuestro autor, a que en España no puedan surgir verdaderos hombres de estado, pues los gobernantes saben que por encima del Consejo de Ministros y de sus acuerdos, y por encima de la Constitución, hay otro poder, el del rey, que puede vetarles en cualquier momento sus iniciativas.

En *El orden y la monarquía* («España», 30-I-1919) nos presenta otro de los defectos típicos de todos los reyes, y concretamente de Alfonso XIII: que suele tomar como consejeros y gobernantes no a los que son más útiles al estado en un momento determinado, sino a los más abyectos, a los que no contradicen sus deseos, «a los que se doblegan a sus caprichos y a sus intemperancias, a los que refrendan, sin discutirlas y acaso sin conocerlas de antemano, las ocurrencias que le pasan por el magín después de consultarlo con cualquier consejero —o consejera— privado y secreto, con cualquier valido de tanda o con los camaradas de tertulia o de siete y media. Esto hace un rey que se sienta rey sin cortapisa y que se chifle en la Constitución, si es que aparece como constitucional».

En esta época Unamuno empieza ya a entrever la sustitución en España de la monarquía por una república; república que pudo haber ya instaurado Maura en 1911 y que no hubiera podido ser peor que la monarquía de 1919 «por malo que fuese». Esta instauración republicana hubiese sido positiva al menos porque hubiese hecho aparecer hombres de estado, hombres que hubieran debido responder de sus actos ante sus electores. Al mismo tiempo hubiera hecho desaparecer lo que él llama «el partido palatino español», el partido personal de S. M. el Rey, que confunde el patriotismo con la lealtad interesada, y hubiera hecho nacer gobiernos responsables, gobiernos que no pudieran cubrir su responsabilidad con «la irresponsabilidad de S. Majestad».

El tema de la irresponsabilidad del rey va a ser uno de los tratados por don Miguel con más apasionamiento y más repulsa. No concibe que un monarca que es «constitucionalmente irresponsable», se entrometa en la vida pública, y sobre todo le irrita el hecho de que esa supuesta irresponsabilidad del poder regio viene siendo en España la tapadera de la «hipotética responsabilidad ministerial». A los ministros no se les puede exigir responsabilidades porque solamente se limitan a contestar y nunca a dar explicaciones por su actuación.

Creo que la irritabilidad de don Miguel al tocar este tema se debe en gran medida al silencio que rodeó su destitución del rectorado en 1914. Pero también se debe al concepto que nuestro autor tiene de la democracia que cree necesaria para España, en cuanto democracia es para él, ante todo y sobre todo, publicidad, siendo lo que más se opone a ella el régimen de clandestinidad, la diplomacia secreta con la que actúa el gobierno del rey.

La oposición a Alfonso XIII se acrecienta con la entrada del año 1920. Unamuno prosigue con su abierto enfrentamiento con el rey y su régimen y esto lo lleva a ser condenado a 16 años de cárcel por supuestas «injurias» al rey de España, quien a su juicio «va a perder a España». De todas maneras esta condena la atribuye don Miguel más a instigación de la reina madre, «la austriaca», que a Alfonso XIII. Y acepta peor la condena porque se ha dictado solamente para después indultarlo y perdonarlo, hiriendo así su orgullo siempre a flor de piel.

A partir de estos momentos la campaña antimonárquica de Unamuno va haciéndose cada vez más personal, y sus declaraciones más insultantes. Su voz se vuelve apocalíptica prediciendo males sin fin para España, anunciando «el estallido» de la monarquía.

Sus acusaciones al rey aumentan de gravedad e incluso a veces da la sensación de que se alegra con las enfermedades de la familia real, como sucede en este párrafo, que a continuación transcribo, de una carta a Gilberto Beccari del 15 de mayo de 1921: «Las cosas de aquí cada vez peor. A nuestro rey le da ahora por jugar. El otro día ganó al tiro de pichón 60.000 pesetas. En ese juego hay dos *pajareros* —que preside él— y *escopeteros*. ¡Como en Bizancio! Ahora abomina de los ingleses. En parte por ir contra su mujer, la reina, a la que culpa de la mala salud y degeneración de sus hijos. El mayor, el heredero, es hemofílico, como lo era el zarevich, el segundo sordo mudo, etc.».

En sus cartas a la juventud argentina en 1921 Unamuno hace un juicio completo sobre la monarquía y el monarca español. A éste de una forma indirecta lo llama «mequetrefe» y de manera clara y abierta lo tacha de jugador, hipócrita y déspota Esto último lo es porque ha permitido que la Constitución haya sido sustituida por la censura y el régimen de persecución; que el poder judicial se pervierta por el servilismo; que el poder ejecutivo lo detente una camarilla de ineptos. Esta vez don Miguel asume el papel de antagonista del rey en cuanto se considera un representante más digno que el monarca del pueblo español, ya que éste es un representante de lo caduco y muerto , de la abyección, mientras que él lo es de la España viva que sueña con un porvenir democrático donde reine la opinión pública.

Este pleito antimonárquico llevado con una creciente acritud por parte de Unamuno empieza a finales de 1921 a cerrarle algunas puertas en la prensa tanto extranjera como nacional. Así «La Nación» de Buenos Aires no publica alguno de sus artículos por temor a hacer fracasar el proyectado viaje del rey a Hispanoamérica. De la misma manera el director de «El Liberal» de Madrid le dice el 22-XI-1921 que no le envíe artículos donde se mencione al rey, justificando su petición con estas palabras que son un evidente reflejo del giro que había tomado la crítica unamuniana: «El motivo es sencillo: publicarse un artículo de usted hablando del señorito del whisky y de la ruleta y de Santiago Matamoros y de ¡olé! ¡olé!, y recoger el periódico las autoridades es una cosa simultánea y fulminante».

El año 1922 está lleno de sucesos y juicios relacionados con el tema que estamos tratando. En febrero da una conferencia en el Ateneo de Madrid en la que —como luego recordará el mismo Unamuno— volvió a combatir la actuación personal del rey y pidió que se le exigieran responsabilidades a quien, según la Constitución, es irresponsable, pero que de hecho actúa como jefe de «una especie de partido político», y si quiere ir a América es para vender una fachada atractiva del rey y del partido realista.

Ante esta postura de don Miguel el rey reacciona llamándolo a palacio al que acude, acompañado por el conde de Romanones. La visita produjo la natural conmoción entre los amigos y para explicar las causas y las razones de esta entrevista escribe *El gran mentidero* («España», 22-IV-1922) y vuelve a dar otra conferencia en el Ateneo madrileño. Se justifica diciendo que acudió a ver al rey «como personero de los agravios públicos contra un régimen de despotismo» y porque cree vislumbrar en el horizonte político español una cierta orientación liberal.

Sin embargo esta esperanza pronto se derrumba para Unamuno al ser nuevamente procesado por injurias al rey. Su pesimismo se va acrecentando porque no ve una salida honrosa a la crisis política española. Al ser preguntado si va a apoyar a la monarquía, contesta «¿Yo? ¡nunca!», pero a la vez se pregunta si debe apoyar a los que quieren derribarla, y si no es mejor y más sencillo dejar que caiga sola, pues no se fía de los impacientes seudorevolucionarios que por buscar un efecto de momento pueden «abandonar la causa permanente» que es una obra de educación progresiva.

Sus dudas se hacen mayores cuando analiza las ideas de los «supuestos y sedicentes republicanos españoles» y ve que «el republicano español es un fetichista de la monarquía y, sobre todo, de la persona del rey. Es algo así como los demócratas de esas Repúblicas hispano-americanas que se perecen por las cruces y los cintajos y las excelencias aristocráticas y los títulos» [8].

Su fobia a inscribirse en un partido le lleva a considerar al republicanismo español como una cosa litúrgica e idolátrica y al republicano como un hombre que no será nunca capaz de derribar la monarquía porque tiene un respeto supersticioso al rey.

El 6 de octubre de 1922 los reyes llegan a Salamanca y Unamuno no asiste a los actos que se celebran en su honor, aunque era vicerrector por aquellas fechas. No quie-

[8]   *La idolatría republicana*, «España», 9-IX-1922.

re humillarse ni comparecer siquiera ante el descendiente de una familia a la que un mes y pico más tarde, el 11 de noviembre de 1922, en su artículo *Batalla y baraja,* va a enumerar de una forma insultante. Felipe II, es «el cova-chuelista», Felipe III y Felipe IV, «los dos pobres», Car-los II, «el imbécil»...

A finales del año, en *La crisis de la irresponsabilidad,* se declara liberal y republicano enfrentado a los irrespon-sables absolutistas o imperialistas y a ese régimen absurdo «pseudo-constitucional español», a «esa monstruosidad que es la Constitución de 1876, la de por la gracia de Dios Rey constitucional de España».

Los artículos escritos en 1923 representan el punto más alto de la fobia antimonárquica de este período que estamos estudiando a través de los textos publicados en este volumen. En *La Timba nacional* (27-I-1923) se burla de Alfonso XIII de quien cuenta que se entrenaba a reinar haciendo pasar, saltando, cochinos por el aro en la Casa de Campo.

Unamuno se siente cada vez más en contra de un ré-gimen dinástico que solamente se sostiene mediante la mentira, «que sólo de engaños vegeta», de un régimen que pretende servir de puente entre Europa y las repúblicas hispanoamericanas, pero que nunca podrá serlo porque la principal virtud del medianero debe ser la veracidad y el actual reino de España no la posee.

Comentando un artículo del socialista Pablo Iglesias concluye con este duro juicio sobre la realeza: «Y si la vida es sueño la realeza es pesadilla». Y lo es porque entre otras cosas esa realeza española, la Corona, es la que hace los gobiernos, y los deshace, y éstos hacen las Cortes. Los mismos partidos políticos son entes ficticios sometidos al capricho del rey y no verdaderos portavoces de la volun-tad nacional. Esta estructura política está deshaciendo a España y alejándola de los otros estados europeos porque aquí no se permite que se forme una conciencia ni una voluntad políticas en el pueblo. La culpa de ello la tiene la monarquía como nos dirá en *La crisis del monarquismo* (3-III-1923), porque, «la monarquía es el obstáculo para que se forme conciencia, esto es, voluntad nacional. Aunque esa voluntad hubiera de ser —que no lo tememos— monárquica». Esa falta de conciencia política en el pueblo es lo que hace sobrevivir a esa monarquía que no duda en oprimir al pueblo sobre el que reina, aunque al mismo tiempo lo teme y de ahí la podredumbre moral de ese régimen que oprime a sus súbditos y a la vez no vacila en mendigar su adhesión al Trono.

En mayo de 1923 Unamuno, en *El dilema* publicado el día 5 de este mes, ve como única salida para el régimen actual la dictadura (que vendrá muy poco después), porque «toda monarquía, todo reino, tiende, naturalmente, a la dictadura y al despotismo, y más cuando se siente en peligro de muerte». Para don Miguel la monarquía es un producto infecto y deshecho, si es que alguna vez ha llegado a hacerse, existe una incompatibilidad total entre el rey y los ciudadanos y sólo queda enterrar a esa monarquía podrida, que no ha dudado en hacer estallar una guerra con Marruecos para dar lustre al reino.

Toda esta evolución que hemos ido señalando en lo que respecta a su confrontación con la monarquía le llevan lógicamente a ponerse en la vanguardia de los que se esfuerzan «por salvar la "res publica"», «por traer la república, que es más claro», aunque sus artículos sean censurados una y otra vez por la censura militar, como sucede con los últimos de 1923 que aquí presentamos. En el empeño de traer la república continuará hasta su consecución cuando desde el balcón del ayuntamiento de Salamanca el día 14 de abril de 1931 don Miguel la proclamó.

UNAMUNO Y EDUARDO DATO

Muchas son las personalidades políticas que con mayor o menor frecuencia aparecen en estos artículos; cosa lógica si pensamos que Unamuno está convencido de que la política no la hacen los partidos ni los gobiernos, sino los hombres que los forman. De entre todas esas personalidades nos fijaremos especialmente en el juicio que le merecen algunos de los primeros ministros del reinado de Alfonso XIII, como Dato, el conde de Romanones, Maura, Sánchez Guerra. También nos detendremos en la figura de Cambó porque nos permitirá ver qué juicio le merecen a Unamuno las tendencias catalanistas del momento.

La figura de Dato, juntamente con la de Romanones, es una de las más presentes en estos artículos. La primera mención que de él hace en estos textos la encontramos en *El por qué de la crisis* (2-VII-1915) y no es ciertamente muy positiva. Critica al «inexistente Sr. Dato» sobre todo que se haya mantenido neutral en la campaña europea, llevando de esta manera a España a la crisis económica, a un aislamiento suicida y a su ruina. No cree Unamuno en 1917 (*El alboroque de la paz... ajena*) como el «Excmo. Sr. D. Eduardo Dato Iradier, ex-presidente del Consejo de Ministros» que le llegue a España la «hora del idilio» con las naciones europeas, cuando se firme la paz.

En el mismo artículo se burla de la actitud remilgada de Dato: «Este excelentísimo señor de la hora del idilio, del camisero, del manicuro, de la pijama y de la neutralidad a toda costa y todo trance, hablaba no hace mucho en el Congreso de que no se debe romper la unión moral de España. ¡La unión moral de España! ¿Pero qué entenderá ese grandísimo profesional de la política por unión, por moral y por España»?

La crítica se hace más dura en cuanto para Unamuno el pueblo español no es un partido político uniformado y mucho menos como el de Dato «que lo supedita todo, incluso la lealtad a sus principios y sus promesas, a poder turnar en el disfrute del poder delegado. Y no por el pueblo». Y es que para nuestro autor a un gobernante, que no mantiene sus ideas y quiere o confía en conseguir beneficios sin comprometerse, solamente puede esperarle un fin trágico.

Con la nueva subida de Dato a la Presidencia del Consejo de Ministros en junio de 1917, la actitud unamuniana frente a él se hace más dura e inquisitiva. Acusa al gobierno por él presidido de «gobierno faccioso y separatista de la Corte...», de «servil mesnada de Dato y Cía» y afirma que ha perdido el sentimiento de la realidad.

En su artículo *En las afueras de la corte* (9-VIII-1917) se desata en improperios contra esa «servil mesnada» que mediante la «bárbara censura» y la mentira está haciendo creer al rey y al pueblo que la mayoría apoya su política. Defiende y azuza a la Asamblea de parlamentarios independientes que se reunió en Barcelona y la propuesta de celebrar una asamblea de ayuntamientos, para pedir autonomía municipal, hecha por Salamanca, aunque sabe que el gobierno no consentirá esta reunión.

Pero los peores insultos se los dirige en *Para la calle y como en la calle* («España», 25-VII-1918), cuando disertando acerca de la manera en la que un parlamentario debe hablar en las cortes y aplaudiendo la actitud de protesta de los socialistas nos dice de Dato: «el hombre de todas las vilezas gubernamentales, el rencoroso y menguado Dato, ese hombrecillo debe de creerse un diplomático, y con su mentalidad arcaica, es decir, de hace más de cuatro años, debe de creer que la diplomacia es ante todo secreto, o sea despotismo. Secreto más que violencia, despotismo más que tiranía, se empleó en la represión de la huelga de agosto hará un año. Entre el Dato ese y su adjunto Sánchez Guerra acumularon todo género de embustes, infundios y patrañas. La mentira fue su principal arma de combate».

En *El jubileo de la gloriosa* («España», 22-VIII-1918) hace Unamuno un análisis de la política española de los últimos tiempos y da su juicio sobre cada uno de los primeros ministros desde Cánovas del Castillo hasta 1918. Al llegar a Dato, al que llama «El Metternichillo ese de las rizosas canas —vaselina ponzoñosa, figurín de sociólogo de salón—», destaca su actuación durante la Primera Guerra Mundial y su política de neutralidad e hipocresía. A finnales del año 1919 vuelve a insistir sobre la germanofilia de Dato llamándolo en esta ocasión «cabecilla de la taifa conservadora».

El asesinato de Dato en 1921 parece que le sirvió a don Miguel para reconciliarse en parte con él. Al menos eso es lo que hace suponer su carta a Gilberto Beccari en la que califica ese crimen de «bárbaro y estúpido». A partir de entonces guardará un respetuoso silencio sobre esa figura de la vida española antes tan denostada; y es que don Miguel suele siempre respetar al que no puede defenderse.

UNAMUNO Y EL CONDE DE ROMANONES

La opinión que don Miguel tiene del que fuera dos veces Presidente del Consejo (diciembre 1915-abril 1917 y diciembre 1918-abril 1919), el conde de Romanones, fue más variable que la que tuvo de Eduardo Dato. Hasta 1914 fueron con frecuencia amigos. Pero después de su destitución del rectorado esta amistad desaparece y da paso a una confrontación directa solamente atenuada por ciertas épocas de «entente» más o menos cordial.

La expulsión del rectorado, de la que nunca se le dieron explicaciones a nuestro autor, fue considerada por éste como venganza de origen «electorero». El ministro que lo echó del cargo fue Francisco Bergamín, pero para don Miguel fue el conde de Romanones el instigador.

Pocas menciones hay al primer período en el que Romanones fue Presidente del Consejo, si exceptuamos su artículo *La fisiología parlamentaria* («España», 9-XI-1916) en el que critica a la gente que forma el gabinete y el parlamento, por considerar que viven de fórmulas, «de acomodos, de enjuagues y a las veces de abyecciones».

Según pasa el tiempo, Unamuno va definiendo con rasgos cada vez más precisos la figura del conde. Éste —nos dice— hace promesas cuando sabe que no las ha de poder cumplir, actúa siempre bajo cuerda, no da nunca la cara, le gusta siempre actuar a dos barajas o más. Se vanagloria también de no querer seguir gobernando contra la opinión y la realidad es que nunca ha gobernado con ella ni nunca se ha preocupado de hacer opinión en España «que es la verdadera labor de un verdadero político y no urdir elecciones que la falsifiquen» [9]. Nunca se ha preocupado más que de retener la jefatura del partido «mal llamado liberal» para así retener el poder. Lo considera un hombre de mala fe, porque le gusta tergiversar y falsificar la verdad, erige la arbitrariedad en sistema, vende a los amigos y persigue a los enemigos de una manera poco noble. Y lo más grave de esto es que, siempre según Unamuno, este hombre pudo hacer mucho más, pues la habilidad no le faltaba. Pero su afán de jugar siempre con dos barajas ha hecho que le sea ya imposible vivir fuera del ambiente de intriga y de mentiras.

A finales de 1917 llama ya al conde ex-amigo, oponiéndose a sus programas, y en julio de 1918 dice de él que «se pasa de listo», añadiendo que ha sido en la Pla-

---

[9]   *Habilidosidades políticas,* «La Publicidad», 3-V-1917).

za de Toros donde el tal conde ha aprendido a conocer al pueblo español, «con el que lidia y juega».

En el artículo titulado *El jubileo de la gloriosa* («España», 22-VIII-1918) Unamuno vierte todo su desprecio sobre el ex-amigo, cuando al enumerar a los distintos Presidentes del Consejo de los últimos tiempos, escribe estas palabras: «Romanones... pero no debemos recordarlo aquí, sino "mira y pasa", que estamos ahora hablando de ideales políticos, buenos o malos, y no de fulanismos». Para todo lector de Unamuno es conocido que éste consideraba que un gran escritor para ser tal tenía que ser desdeñoso como Moisés, Dante y Carducci y el mismo Unamuno lo fue sin lugar a dudas. Con la reproducción de un verso de la *Divina Comedia* («mira y pasa») don Miguel nos está indicando que Romanones es una persona de la que no merece siquiera hablar, y esto para él es el más alto desprecio.

En *Los pretendidos hombres de estado de España* («España», 23-I-1919) hace una comparación entre Dato y Romanones y a ambos los iguala al afirmar que ninguno de ellos fue verdaderamente un hombre de estado, sino solamente cortesanos que no servían a España sino «a las taifas que resguardándose detrás del trono y escudándose en él fingen resguardarlo y escucharlo», y a «una quisicosa que se llama orden». Sin embargo esta igualación es sólo momentánea, pues dos meses más tarde reconoce que el gobierno que preside Romanones no quiere seguir las huellas del de agosto de 1917, del que reprimió a los huelguistas con una dureza inusitada.

Los dos últimos artículos del volumen responden al punto más álgido de su oposición a Romanones. El primero de ellos es *La irresponsabilidad del poder* (10-IV-1919). En él se burla de una manera despiadada de aquél, «ese pobre Conde Canciller a quien desde arriba y desde abajo le están dejando hecho un guiñapo», cuando recomienda la pacificación de los espíritus, la serenidad en la opinión pública, la paz, la concordia, la armonía, porque su persona ha envenenado ya tanto los espíritus que cualquier recomendación suya les suena a falsa y se vuelve contra él.

En el segundo, *Notas sueltas* (26-VI-1919), la burla continúa mediante el juego de palabras y la ironía. Romanones es «grande de España y pequeño de Europa» y al mismo tiempo un bárbaro que es capaz de justificar el perjurio. Con la terminación del segundo mandato como Presidente del Consejo, cesan las referencias que Unamuno hace de Romanones en los artículos analizados; el silencio suele ser siempre la respuesta final de Unamuno al que ha caído de su pedestal.

UNAMUNO Y MAURA

La opinión que de Antonio Maura, también dos veces Presidente del Consejo de Ministros, tiene don Miguel sufre pequeños cambios a lo largo del tiempo, pero desde el principio podemos afirmar que su actitud ante él es respetuosa e incluso a veces admirativa. En uno de los primeros artículos aquí presentados, el titulado *Maura-Venizelos*, Unamuno analiza la personalidad de Maura y la contrapone con la de Venizelos, hombre al que admiró siempre.

Comienza señalando los rasgos que diferencian a uno del otro. En primer lugar afirma que «Maura no es Venizelos», porque éste es un luchador, un hombre de acción, un revolucionario, mientras que Maura es un hombre de palabra y un abogado. De todas maneras reconoce que el político español es un hombre muy sincero y honrado y leal, a pesar de ser abogado y estar siempre «atento a probar la coartada».

La comparación continúa cuando asemeja a ambos en

el hecho de que se han negado a seguir gobernando, el uno en Grecia, el otro en España, al sentirse incompatibles con sus respectivos monarcas. Ambos coinciden también en que, pudiendo haber derrocado la monarquía y haber traído la república, han preferido alejarse del poder y del rey.

A diferencia de Venizelos —señala Unamuno— Maura ha escogido quedarse en su país esperando un cambio en el criterio del rey y procurando hacer opinión pública en un país que no la tiene. Aplaude, pues, Unamuno el que Maura se haya quedado en España, continuando «monárquico, sincero monárquico, monárquico de la Monarquía y de la Realeza legales», y trabajando por crear opinión pública política.

Estima también nuestro autor el deseo de Maura de hacer la revolución desde arriba, pero comprende que este deseo, proveniente de su buena voluntad, no es nada más que una frase imposible de realizar y por ello propugna hacerlo por abajo colaborando todos según sus fuerzas.

En julio de 1917 el prestigio que Maura tuvo en tiempos a los ojos de don Miguel se ha perdido en parte cuando se atreve a compararlo con Romanones, aunque, a decir verdad, esa comparación no es para resaltar defectos de ambos, sino para señalar que «con sus graves, con sus gravísimos defectos, uno y otro, Maura y Romanones, para bien o para mal existen, y para cancilleres de turno se precisa sujetos que como García Prieto y Dato no existan» [10].

A finales de 1917 sigue alabando a Maura al llamarlo «demasiado liberal y demócrata». En diciembre de 1918 se opone a la opinión de Maura de que no se elige madre ni patria, porque para Unamuno la patria no es el lugar en el que se nace solamente sino el lugar que se elige para vivir colectivamente con los demás.

[10] *El cadáver que hiede*, «La Publicidad», 7-VII-1917.

Como contrapunto a estas relaciones que comenzaron con buenos augurios, el final es de crítica por parte de Unamuno. En *Notas sueltas* («España», 23-X-1919) afirma un tanto sorprendentemente que la cultura de Ferrer Guardia no es inferior a la de Maura ni a la de los que lo fusilaron. Esta afirmación es extraña si tenemos en cuenta que en el momento del asesinato Unamuno defendió el derecho del gobierno a fusilarlo y tituló a Ferrer de inculto y analfabeto, aunque también es verdad que luego rectificó su postura. La última mención continúa también en el mismo plano de crítica al acusar a Maura de haber llevado a España a fines de julio de 1919 al desastre del Barranco del Lobo.

Las menciones de Sánchez Guerra y de García Prieto son escasas y siempre negativas. Al primero lo llama «adjunto de Dato», despótico y malhechor. Al segundo lo considera como «no existente» y «presidente nominal del Consejo de Ministros».

UNAMUNO Y CATALUÑA

La figura del líder catalanista y Ministro de Fomento Francisco Cambó aparece en estos artículos casi siempre unida al problema regionalista catalán. Un problema por el que siempre se sintió interesado y que quiso clarificar en multitud de ocasiones.

Para Unamuno no existe un verdadero problema catalán, es un «pseudo problema», porque no hay problema catalán, específicamente catalán, que no se pueda convertir en problema general español. Los problemas políticos de Cataluña son los mismos problemas del resto de España, aunque quizá en esa región se sienten con más intensidad y con «más reflexión de conciencia».

No cree nuestro autor positiva la labor de Cambó al

querer exportar el regionalismo de la Lliga al resto de España, porque no se resuelve nada con suscitar aragonesismo, gallegismo, andalucismo o castellanismo. Además para Unamuno «el regionalismo es en España sobre todo fórmula de reacción, de reacción económica y religiosa. Se puede ser oligarca y plutócrata y ser regionalista» [11]. En el panorama político español la verdadera distinción es la que hay entre derechas e izquierdas y no se puede juntar bajo el molde regionalista a «liberales y ultramontanos», a socialistas y burgueses, ya que un verdadero socialista catalán se sentirá siempre más solidario de un verdadero socialista andaluz o gallego que no de un reaccionario catalán.

No acepta, pues, que la política de Cambó, «verbo de los regionalistas de la Lliga», sea la que conviene al resto de España, porque no representa más que los intereses de una especie de vasta Compañía y carece de contenido ideal. Los problemas en cada región española son los mismos en el fondo y son éstos, y no el fantasma regionalista, lo que une y divide a los pueblos.

Unamuno se pregunta a quiénes representan los hombres de la Lliga, si es liberal y democrática, y si es algo más que una simple gestora de intereses burgueses. Parece entrever Unamuno que la Lliga a lo único que aspira es a conseguir el logro de las aspiraciones económicas de una oligarquía burguesa catalana y unas aspiraciones culturales, aunque éstas últimas son aspiraciones de señorito que tienen sin cuidado al pueblo.

Está de acuerdo don Miguel en que España no ha sabido cumplir la misión que tenía en Cataluña, pero eso no es una justificación para hacer de España una Confederación como piden los regionalistas de la Lliga, porque

[11] *El pseudo problema regionalista*, «La Publicidad», 15-XI-1917.

una Confederación no acabaría con las oligarquías, el caciquismo y el despotismo. Y así nos lo dice de manera inequívoca en *El suicidio de España* («España», 6-II-1919): «¿Quién es el papanatas que cree que con ocho o diez o doce Parlamentillos —según el número de naciones confederadas— y una especie de Reichstag español o ibérico para sus asuntos comunes se acababa aquí con esos males? Si es que no surgían más poderosos... No, nadie cree de veras que ese sea un remedio. Lo que hay es que se siente el anhelo de la disolución».

No cree tampoco que si España se disuelve nacerán de ella otras naciones que lo sean de verdad. Esas naciones no tendrían conciencia de una misión histórica, como no la tiene Cataluña, «nación profundamente conservadora —nos dirá en el mismo artículo— a la que sólo mueve el instinto de propia conservación».

Todavía en 1919, modificando un poco la frase dantesca «l'avara povertà dei catalani», Unamuno escribe su artículo *Sobre la avara pobreza espiritual* («España», 20-II-1919) en el que continúa tratando el tema de Cataluña y los catalanes. Distingue don Miguel entre éstos a hombres como Joan Maragall, «espíritu noble, amplio, sereno, intensamente español» y a «los pedantes de la Lliga, con su "leader" el archipedante Cambó, el que nos tiene a los demás por "ximples", el del problema biológico (!!) de la personalidad de Cataluña». Estos últimos son para Unamuno todo lo contrario de Maragall. Su espíritu es mezquino y egoísta.

Para él los autonomistas del Estatuto no tienen el suficiente coraje para querer mandar en España ni les importa si ésta está bien o mal mandada, y «todo eso de la España grande, con que nos salen de vez en cuando Cambó y demás hipócritas pedantes de la personalidad burguesa, no es más que un tapujo».

Se opone directamente a Cambó, «ese fenicio pedante

de la personalidad nacional», y al Estatuto catalán sobre todo en el capítulo en que éste propugna la multiplicidad de ciudadanías para los españoles. Se opone también, en lo que hace referencia a la lengua, a que ésta sirva como un instrumento de discriminación. De ahí que se niegue a aceptar que los alumnos de las universidades catalanas puedan responder en catalán, pues lo que se pretende con ello es obligar a los profesores y a todos los empleados públicos de Cataluña a que sepan catalán [12].

Frente a la propuesta que desde Cataluña se ha hecho de convertir a España en una nación federalista, Unamuno afirma que el federalismo es egoísmo, el federalismo consiste en abandonar la misión histórica de un pueblo y cuidar de la propia conservación colectiva. No cree que los males de España se curen solamente por la existencia de un parlamento en cada una de las regiones y confía en que la doctrina del «federalismo lligüero» no se propague por el resto de España, pues sumiría a ésta en el egoísmo, en la disgregación, en «la avara pobreza espiritual».

Su oposición más sistemática a los catalanistas del Estatuto y concretamente al líder de ellos Francisco Cambó la realiza en el artículo de «España» (12-VI-1919) titulado *La única España grande y Cambó el reconquistador*. Se opone al concepto que Cambó tiene de «La España Grande», afirmando que la única España grande es la que constituyen todos los pueblos que hablan español. La España grande, pues, no es una denominación política ni económica, sino lingüística y cultural.

---

[12]   Siempre consecuente en sus críticas al uso de la lengua como arma discriminatoria entre los pueblos de España, Unamuno introdujo la siguiente enmienda al proyecto de constitución que las Cortes de la República debatían en 1931: «Todo ciudadano español tiene el derecho y el deber de conocer la lengua española, teniendo el derecho de hablar su lengua regional».

Aplaude a los valencianos que silbaron a Cambó por hablar en Valencia en catalán. Le silbaron por descortés y grosero, porque «grosería y no otra cosa es hablar de modo que no lo entiendan todos los que a uno le oyen, cuando se puede hablar —y por parte de Cambó muy bien— de modo que lo entiendan todos. ¡Pero como iba de reconquistador!...».

Es, pues, para Unamuno el problema catalán esencialmente un problema lingüístico como lo es para Cambó, aunque visto desde diferentes perspectivas. Mientras que para éste el separatismo no convendría a Cataluña porque representaría la castellanización en cincuenta años de provincias, por su origen, catalanas (baleares, valencianas, algunas aragonesas), para nuestro autor la separación no le convendría a Cataluña porque en Cataluña «acabaríase, aunque en más de cincuenta años, hablando francés, como en el Rosellón. Y si Cataluña separada resistiera al afrancesamiento lingüístico, no sería por el catalán, sino por el español».

Problema lingüístico, pues, es el tema de las nacionalidades de España para nuestro autor y como tal problema de lengua sólo es susceptible de ser tratado y solucionado por lingüistas, cosa que él haría de una forma práctica en las Cortes Constituyentes de la Segunda República Española.

EL PARLAMENTO Y LOS PARTIDOS

No fueron el Parlamento y los partidos santos de la devoción de don Miguel. A pesar de militar en algunos momentos en un determinado partido, su oposición al encasillamiento y su propósito de no dejarse nunca «poner marca o hierro de ganadería política alguna» se mantuvieron casi siempre inalterables en don Miguel.

El partido político solamente sirve para crear el culto a la personalidad de un líder y para presentar candidatos. La mayoría de los partidos políticos españoles se agotan en la organización electoral y no tienen casi nunca ideales políticos, y si los tienen esta idealidad se embota en el Parlamento. Los profesionales de las elecciones, «los grandes electoreros» son los que menos sentido político tienen, pues creen que no hay opinión donde la gente no se preocupa de elecciones ni se alista en «comités de partidos electorales».

El parlamento, como reunión de políticos electoreros, es inoperante. No es el mejor sitio para hacer opinión pública, porque «la convencional liturgia que allí domina quita eficacia a lo que allí se diga. Un mitin vale por una docena de sesiones del Congreso. Y además el orador se expone más hablando en un mitin». Hay que hacer política, pero hay que hacerla fuera del Parlamento, fuera de los comités electorales, fuera de las etiquetas que cualquier partido da para uso de sus militantes, sin alistarse en ningún gremio político. Lo importante es hacer opinión pública desde cualquier sitio que sea.

Distinta es su opinión de los sindicatos y de los sindicalistas. Aplaude a éstos por no encadenar su política a la electorería, por haber sabido ver que «una huelga derriba una situación gubernamental mucho mejor que una votación parlamentaria». Ve con satisfacción cómo el pueblo de los campos, los obreros, comienzan a asociarse, a organizarse, a revolverse, a ser conscientes de su fuerza, pues saben que aunque la burguesía capitalista, latifundista y plutocrática llegase a constituir mayoría parlamentaria mediante la compra del sufragio, el pueblo llegará a imponerles soluciones políticas. Si el pueblo quiere algo de veras, no hace falta que ningún diputado lo pida, él sabe hacerlo y tiene fuerzas para imponerlo.

Todo esto lleva a Unamuno a la conclusión de que no

hace falta ir al Parlamento para hacer política, sino que
hay que ir al pueblo, para enseñarle y para aprender de él,
«para decirle la verdad y para saber la verdad de cómo
vive».

ESTRUCTURA Y ESTILO DE LOS ARTÍCULOS POLÍTICOS

El artículo de Unamuno se nos presenta como un todo
formado por la sedimentación de ideas fragmentarias y
reflexiones sueltas. Pero dejemos de momento que sea el
mismo autor quien nos explique cuál es la estructura de
su artículo y por qué es así: «Cuando las cosas —y cosas
son también los hombres y las ideas— van tan deprisa, tiene que ir deprisa nuestro pensamiento civil cotidiano. Y no
cabe dejar para mañana una reflexión o siquiera una expresión que se nos ocurra, con motivo de poder mejor
coordinarla con otras. Hay que pensar deprisa. Y pensar
deprisa es pensar fragmentariamente. Como no se sea un
Napoleón del pensamiento. Impónesenos, pues, la forma
de reflexiones sueltas, de aforismos, de notas al viento.
¿A qué viento? A un viento de tempestad que las arrebate
como una galerna de otoño arrebata las hojas secas al pie
de los árboles, donde se postran luego y hacen de mantillo» (*Notas sueltas,* «España», 3-IV-1919).

En este párrafo transcrito, Unamuno nos da algunas
de las claves de sus escritos «volanderos». La primera es
que la actividad civil de la España de esta época se desarrolla de un modo tan vertiginoso que imposibilita a un
escritor para detenerse profundamente en un tema o un
aspecto de ella. Prefiere, pues, comentar, aunque sea super-
ficialmente, la actividad cotidiana aun en su menudez. Prefiere sacrificar la reflexión profunda a la actividad del
momento. Van a ser los pequeños hechos de todos los días,
con su pequeñez y su grandeza, los que atraerán su
atención.

La segunda clave de sus artículos es que nacen frecuentemente de una incitación externa o interna que luego va desarrollándose progresivamente. La incitación genera una frase, ésta un párrafo y éste un artículo. No es ni más ni menos que la teoría de la «rima generatrice», «rima engendradora», aplicada a la prosa.

Una vez que el argumento se le ha presentado en su mente, Unamuno se dispone a materializarlo en un artículo y para ello debe de elegir un marco adecuado, una estructura conveniente para su exposición. Los esquemas usados se repiten frecuentemente y de ahí que señalemos solamente aquellos que lo hacen con más frecuencia.

Cuando el contenido del texto responde a una incitación externa, la respuesta suele conformarse en dos tipos de esquemas. El primero se caracteriza por ser una exposición compacta, razonada, en la que Unamuno responde de una manera rigurosa y ordenada a la cuestión planteada, sin alejarse del argumento con digresiones o explicaciones no esenciales. En esta clase de esquemas podemos señalar también dos planos. Uno, en el que el escritor lo único que hace es exponer una teoría, y otro, en el que Unamuno se compromete más y hace de su personalidad el argumento principal del texto. Artículos de este tipo son *Después de la paz, Sobre el tema de un gobierno nacional, La clase media,* algunas de sus cartas.

El segundo de los esquemas suele tener por contenido el comentario o crítica, negativa o positiva, que Unamuno hace a algún artículo aparecido en alguna revista o periódico. Suele estructurarse de la siguiente forma: en primer lugar, don Miguel nos presenta algunos párrafos del artículo que le sirve de base para su comentario y al periódico que lo publica: en estos artículos de «España» hay muchos comentarios a otros publicados en «La Veu de Catalunya». A lo largo del texto Unamuno va aceptando o rechazando los párrafos que comenta para terminar exponiendo su propia visión del asunto. Así se estructuran, por ejemplo, *Maura-Venizelos, A la «Revista Cristiana», La nueva Inquisición, La crisis del monarquismo,* etc.

Este esquema tiene algunas variantes en cuanto la incitación externa puede venir de un artículo, como hemos visto, de un libro o de las palabras de algún político o de alguna personalidad de la vida política española. Así sus comentarios a palabras de Pablo Iglesias, Romanones o Cambó.

Los artículos que responden a una incitación interna suelen estructurarse en un tipo de esquema que responde a las siguientes características. Unamuno hace una pregunta al lector o a sí mismo (pueden ser varias las preguntas) y a continuación intenta responder alternando las interrogaciones retóricas y las respuestas. Las preguntas son de muy distinto tipo y a veces están muy alejadas del tema que va a desarrollar o aparentemente no tienen nada que ver con él. En *La noluntad nacional* comienza con dos preguntas «¿y qué queremos? ¿Lo sabemos acaso nosotros mismos?»; en *Retórica profético-apocalíptica* la pregunta no está tan relacionada con el tema de la guerra tratado posteriormente: «¿Se acuerdan ustedes, lectores, de aquel Noherlesoom o Noerlesohom —no sé a punto cierto cómo se escribe ese anagrama— que se dedicó a predecir el tiempo y que fue a dar sus calendarios en los órganos de la buena prensa? ¿Y de aquel vicario de Zarauz, también de ciencia infusa?».

Una variante de estos esquemas que responden a una incitación interna son las «divagaciones» y las «notas sueltas». Los artículos así construidos suelen adoptar la forma de un diálogo en la que los interlocutores encarnan uno la personalidad de Unamuno y el otro la de un antagonista que le va haciendo preguntas y defiende la posición contraria. Artículos enmarcados en un esquema de este tipo son todos los publicados con el título de *Notas sueltas* y algunos otros como *Sobre eso de la unanimidad.*

En lo que se refiere al contenido hay que distinguir dos clases de artículos. Una, en que Unamuno defiende unos principios políticos y sociales que él considera básicos para cualquier pueblo. Algunos de estos principios defendidos son: defensa de la misión histórica de España —de ahí su política de antineutralidad—; promoción de un régimen de publicidad en España donde haya verdadera opinión política pública, y consecuentemente rechazo de un régimen como el monárquico español donde reina el secreto y la clandestinidad; defensa de la prensa como tribuna pública más capaz que el Parlamento y los partidos políticos para crear opinión pública y para solucionar los problemas nacionales; rechazo de todo régimen de despotismo y dictadura donde los derechos fundamentales de la persona son colculados, etc.

La otra clase de artículos es aquella en la que el argumento gira en torno a la crítica y sátira de determinadas personalidades de la vida española o de algunas instituciones, siendo los jefes de gobierno, los líderes políticos y los reyes de España los blancos preferidos por nuestro autor.

Los recursos estilísticos usados varían según la clase de artículo, aunque algunos se repiten más que otros. El juego de palabras y la paradoja son dos de los recursos que más a menudo aparecen. Mediante el juego de palabras intenta Unamuno hacer resaltar algún aspecto importante de su exposición. Así de la frase de Fernando VII (1820): «Marchemos francamente y yo el primero por la senda constitucional», Unamuno pone de relieve el hecho de que diga «marchemos» y no «cabalguemos» para indicar que ninguno de los reyes de España, después de Carlos I, han sido «caballeros».

La paradoja es una de las figuras estilísticas connaturales a la personalidad de Unamuno y de ahí que no haga falta insistir sobre ella. La acumulación insistente de términos que agrupados en torno a un concepto o a un personaje da mayor fuerza a la tesis es uno de los recursos más utilizados por nuestro autor. Cambó es, por ejemplo, pedante, avaricioso, egoísta, aprovechado. El neutro español es militarista, clerical, nacionalista, conservador, trivial...

También aparece frecuentemente el diminutivo rebajador, tan popular en nuestro siglo de oro, dirigido a algún personaje político antipático a don Miguel. Así Dato es «el Metternichillo ese»; Alfonso XIII es «el polluelo».

Por último hay que mencionar la tendencia a la sátira y al insulto que Unamuno manifiesta en estos artículos. En éstos es buen discípulo del Dante —él mismo nos lo dice— que llamó a Italia «burdel».

LA PRESENTE EDICIÓN

Los artículos recogidos en la presente edición son los que Unamuno publicó en el semanario «España» de Madrid en el período comprendido entre 1915 y 1923 no incorporados por Manuel García Blanco a la edición de las *Obras Completas* (Afrodisio Aguado, Madrid, 1954-64, 16 vols.) ni publicados tampoco en el tomo IX de la edición de las *Obras completas* (Escelicer, Madrid, 1966-1971).

El «corpus» principal de la edición está integrado, pues, por los artículos políticos publicados en «España» y por una serie de cartas inéditas de Unamuno, enviadas por éste a Gilberto Beccari y Mario Puccini. Además han sido recogidos otros textos unamunianos de corte político que son prácticamente desconocidos.

El volumen se complementa con un apéndice en el que se reúnen varios artículos de Unamuno publicados en

«España» pero que no son de asunto político y otros textos relacionados con la guerra mundial y el tema de la monarquía olvidados por los estudiosos de Unamuno o no conocidos.

VICENTE GONZÁLEZ MARTÍN

—¿Y usted, don Homobono, es francófilo o germanófilo?...
—¡Lo que usted quiera, maestro: lo que usted quiera!

DESPUÉS DE LA PAZ

—¿QUÉ CORRIENTES POLÍTICAS, SENTIMENTALES E IDEOLÓ-
GICAS DOMINARÁN EN EUROPA DESPUÉS DE LA PAZ?

Esta pregunta hemos hecho a los hombres de más alta
significación en la vida española. He aquí las contestacio-
nes que han tenido la bondad de enviarnos:

El interés cultural de la gran guerra de hoy —y la
guerra es también acto de cultura— estriba en que en ella
lucha la democracia popular contra el imperialismo de
Estado. Y la fórmula de este imperialismo no es otra que
la de Marx —fórmula profundamente conservadora—, la
de la llamada interpretación materialista de la historia.
Llámesele racionalismo o idealismo, en el fondo no es
sino determinismo, impersonalismo, antiespiritualismo. Los
apóstoles del imperialismo prusiano no se hartan de decir
que han sido llevados a la agresión guerrera por una
necesidad —*Nothigung*— histórica, por un hado. Es la
lucha por la vida entendida a lo animal, como una imposición natural, no como una creación del espíritu. Carecen
de fe en el libre albedrío. Y el libre albedrío no es sino
la fe en él, el querer y creer ser libre. No creen en la libre
espontaneidad, en la intuición, en la creación, en el divino
azar. La lógica es una opresión. Oprimen a la personalidad
con la realidad (de *res,* cosa), a los hombres con las cosas,
a los sentimientos con los conceptos, a las opiniones con
los dogmas, a las herejías con una pura ortodoxia. Tal ha
sido la obra de la Europa germanizada fin de siglo XIX,
época de epigonos, críticos, eruditos, especialistas, comen-

tadores, abogados, catedráticos, ingenieros y drogueros. Francia (y con ella Italia, etc.), creyendo después del 70 en aquella tontería de que le había vencido el maestro de escuela prusiano, dejó que invadiese su Universidad la técnica inespiritual del mandarinato tudesco. El siglo de las luces... eléctricas amenazaba dejar que se apagase el hogar. Y hay que reencenderlo.

El deseo me hace acaso presentir un nuevo período romántico y democrático, de evolución creadora, de fe en el libre albedrío y en la genialidad de intuición, de anhelos de un más allá, acaso de locuras, puede ser que también de supersticiones. No se olvide que van a entrar en juego pueblos eslavos. Irá obscureciéndose aquella ramplonísima filosofía sedicente científica, aquella nueva y no menos bárbara escolástica, y la filosofía volverá a ser, ante todo, creación, poesía. Y cumplirá su fin supremo, que no es explicar el Universo, sino inventar una finalidad para él y forjar nuevos y más hermosos ensueños —remozando los antiguos— que den a la Humanidad ganas de vivir. Después de haber casi enterrado a Dios, sea afirmándole o negándole, pero ambas cosas con dogmatismo escolástico —con pruebas a lo abogado—, volveremos a nuestra más noble misión, que es seguir haciéndole. Yo por mi parte me preparo a resurgir romántico y herético.

España, n. 2, 5-II-1915

CONTRIBUCIÓN A LA PSICOLOGÍA DEL HOMBRE DE ORDEN

Que nuestros partidos políticos no son valores o potencias ideales es algo que aquí nadie ignora. Son más bien asociaciones de intereses y de afectos personales. Hay quien siendo un redomadísimo reaccionario se apunta para liberal por agradecimiento a un favor del jefe provincial del partido. Otro se deja colocar por su papá, que husmea en cuál de los partidos hay un mejor hueco para la carrera del hijito. Y luego, cuando pasan de uno a otro partido se dice que han cambiado de ideas, y no hay tal. ¡Ojalá! Para cambiar de idea, como de trajes, es menester tenerlos; y aquí, ¿quién tiene ideas políticas? Ideas, ¡eh!, lo único que puede llamarse ideas.

No cabe, pues, definir nuestros partidos políticos, porque la definición supone categoría ideal, concepto. Y ni sabemos qué es lo que tratan de conservar los conservadores, ni qué es lo que van a liberar los liberales. El coco de nuestros partidos es el credo. Les basta con el pontífice. A pesar de lo cual, o mejor dicho, merced a lo cual están muy bien los esfuerzos que, como el último de nuestro *Azorín,* tienden a definir lo indefinible. Y muy bien que sobre la base de un hombre real y concreto, psíquico, se trate de erigir una personalidad ideal, porque si se consigue, ésta, la personalidad ideal así erigida, matará, al cabo, a aquél, al hombre real y concreto, o le modificará, si es modificable.

Pero si nuestros partidos políticos escapan a la definición lógica, no así a la descripción psicológica. Pues no cabe desconocer que, aparte los intereses y los afectos personales, y las tradiciones de familia, y el cálculo mundano, y un cierto elemento de azar, les llevan a los hombres a uno u otro partido sus sendos temperamentos. Aparte de las ideas, en el campo de los instintos hay un temperamento reaccionario, y otro conservador, y otro liberal, y otro radical, y otro escéptico. Y así de seguida. Apenas hay envidioso, verbigracia, que no desee una Inquisición cualquiera que impida el que otro se distinga donde él no puede distinguirse. Y por algo esa especial barbarie troglodítica, que estima estravagancia o desequilibrio todo lo que no comprende —y es casi todo—, se viste de tradicionalismo, sin la menor idea de lo que tradición es, y sin más que una cierta retórica de arenga tan vacua como inflamatoria para corazones... de estopa.

Es innegable, además, que nuestro sedicente liberalismo propende al libertinismo, es decir, a una cierta laxitud ética que no me atrevo a llamar latitudinarismo. La pobreza de sentido moral de nuestros sedicentes liberales oficiales —o por denominación propia —es un triste caso. Cuando en otros países de verdadera conciencia política han sido precisamente los liberales los que han anudado el rigor ético.

Aquí, en cambio, hasta se jactan del pequeño chanchullo —porque todo es pequeño, aun la irregularidad—, de lo que llaman habilidad, de la mañería electoral, del favoritismo, y se burlan de las ideas. La austeridad repútanla inocencia.

Y nuestros conservadores, psicológicamente, ¿cómo podríamos describirlos brevemente?

No hace mucho que en un semanario —el *Nuevo Mundo*— publicaba Ramón Pérez de Ayala un artículo, tan sutil como suelen ser los suyos, «Tabla rasa.—Interludio», tratando de esto, de la psicología del conservador. Pérez de Ayala, a quien siempre leo con interés, suele pasarse de ingenioso a las veces y frisa con frecuencia en sofista. Pero siempre sugiere algo y a menudo cala honda. Como en este dicho artículo.

En el cual nos dice que la esencia de la doctrina conservadora es considerar al hombre naturalmente malo: la malignidad. «No se entienda —añade— que la malignidad es la voluntad para el mal; antes bien, es la suspicacia para el mal, o sea, la manía de descubrir maldades recónditas allí donde no las hay, o entre maldades y bondades iluminar con descaro las primeras y preferir las últimas». ¡Muy bien visto! Y luego, hablándonos de cómo en los procesos de canonización en Roma hay siempre un abogado del diablo encargado de interpretar malignamente las vidas de los santos varones, vírgenes y matronas, añade: «El jefe honorario de todos los partidos conservadores del mundo es el diablo». ¡Muy bien dicho!

Bueno será recordar al lector que lo sepa, y enseñar al que no lo sabe, que diablo —*diabolos*— quiere decir, en griego, acusador o fiscal. Y tampoco estará de más decir que, de ordinario, la maldad de un hecho está más en quien la juzga que en quien la comete. Hay desdichado que lleva a cabo una babarrasada por torpeza o ignorancia o locura; pero nunca falta un mal intencionado, un conservador, que le atribuye la intención maligna que le faltaba. Y ese tal es, de ordinario, el que hubiese cometido la misma fechoría a no temer a la ley externa.

Para el buen conservador no existe la irresponsabilidad... ajena, y en todo caso su aforismo es que al loco el palo le hace cuerdo. La cuestión es dar palo, y para tener que darlo, si es menester, se inventa delito. La facultad de castigar no puede quedar ociosa. La dignidad del infierno exige que haya condenados. Y si no, ¿para qué se instituyó esa saludable institución de ultratumba?

Hay fariseos que se mueren sin haber *hecho* nada malo —mejor dicho, ilegal— ni deseado nada bueno; sin haber cometido acto punible ni tenido pensamiento bueno. Y que cuando delinquen y se arrepienten es con atrición, no con contrición. Suelen ser almas ruines, temerosas de la ley y del buen parecer. Aquellos a quienes se puede aplicar el famoso dicho de «¡qué canalla es la gente honrada!». Y es

que las gentes de camisa limpia, por *dandysmo* más que
por aseo, suelen tener muy sucio el fondo del alma, el
criadero de los deseos. Son los que se alegran del mal
ajeno. Y sabido es que Nuestro Señor Jesucristo, que fus-
tigó crudamente a los fariseos, personas honradas, respe-
tables, de camisa limpia, que tenían qué perder, no canonizó, ofreciéndole la gloria, más que a un bandolero que
murió junto a su cruz en otra cruz. Aquel bandolero era
un anarquista.

¿Lo era? ¡No! Los anarquistas eran los otros: los hombres de la ley y de la autoridad. Es decir, los que llevaban
la ley por fuera. Y es que, como dijo San Pablo, la ley
hace el pecado.

No quiero aplicar todo esto demasiado concretamente
a nuestros conservadores. Figuran con tal nombre muchos
que nada tienen de tales. De su más prestigioso jefe he
hablado con respeto, y más que respeto, más de una vez.
Y recalco todo aquello y lo ratifico y encarezco. Pero hay
que ver sus jaleadores y aduladores e idólatras que operan
por los rincones de provincias. ¡Hay que ver los papeluchos
de buena prensa y de defensa social y de gente de bien
que muerden viperinamente, buscando no más que flaque-
zas e inventando intenciones! Parecen escritos por gente
de perversa condición.

Nuestra prensa de la extrema izquierda suele pecar,
justo es decirlo, de procacidad, de grosería, de violencia
antiestética, de plebeyismo; pero ¡esa buena prensa de extrema derecha! Es un modelo de insidia, de mala fe, de
malignidad, de ruindad. Maneja a maravilla el arte de
mentir con la verdad y el de morder muerdo venenoso
con el elogio mal intencionado y hasta con el silencio. En
mi vida olvidaré que la única vez, acaso, en que perdí
de veras los estribos y tuve que acudir a la prensa con un
comunicado violento, insultante —¡cuando tantas cosas
hay que dejar pasar!—, fue en ocasión en que un diario

de extrema derecha y de defensa social de mi pueblo
nativo se metió, para zaherirme, en el terreno más sagrado,
con la más baja y ruin malignidad farisaica.

¿Y el fondo de esa malignidad conservadora o diabó-
lica? Pues envidia, envidia, envidia y nada más que envidia.
La envidia es la que cree que el hombre es naturalmente
malo. Y no nos quepa duda de que si los eunucos man-
dasen, caparían a todos los niños. La autoridad para el
conservador no es más que un instrumento de castración.
Dicen algunos de ellos que las ideas delinquen, que hay
que cercenar la libertad de pensamiento; pero es que envi-
dian al que piensa. Su ideal es que no circule más que
legalizado papel moneda del pensamiento y proscribir todo
el oro, no sea que alguien le tenga nativo, vena de él, y
acuñe dinero que logre curso. En el papel moneda todo
es cuño, y el Banco —una institución ordenada, y autorizada, y... anónima— le tienen ellos. ¡El sentido común
sobre todo! Es decir, nada de sentido propio. Los enemigos
son la heterodoxia, la personalidad, la originalidad..., etc.

Claro está que entre nosotros las cosas andan tan con-
fundidas que figuran como conservadores o liberales muchos que respectivamente no son lo que presumen y con-
fiesan ser. Y he aquí por qué hace falta, de vez en cuando,
una sacudida que le obligue a cada uno a ponerse del lado
a que su temperamento le lleva, haciéndole ver claro en
sí mismo. Si no en sus ideas, por lo menos en sus instintos.
Y de aquí el que proclamemos algunos la necesidad de la
guerra civil. Y ahora, en España, la gran guerra europea
está azuzando nuestra siempre latente guerra civil y poniendo al descubierto el verdadero temperamento de las
gentes. Y nuestra íntima barbarie troglodítica [1], nuestro
autoritarismo inquisitorial y nivelador, el de la *democra-*

---

[1]   La palabra «troglodita» en el período de la primera guerra
mundial tenía el significado de «germanófilo».

cia (!!!) *frailuna* de que habló Menéndez y Pelayo, el de
los eunucos intelectuales —que quieren castrar la inteligencia a los capaces de parir ideas nuevas y vivas, heré-
ticas, por supuesto, con respecto a cualquier ortodoxia,
pues, lo demás, no serían ni nuevas ni vivas—, todo eso
que se disfraza de amor al orden y a la tradición, nos está
brotando como un sarpullido. Y la conciencia nacional
aparece con una enorme costra de lepra. Mejor así, pues
cabrá intentar curarla.

España, 19-II-1915

LA NOLUNTAD NACIONAL

Bueno, ¿y qué queremos? ¿Lo sabemos acaso nosotros
mismos? Yo creo que no. Sólo sé una cosa y es que queremos querer, que acaso soñamos querer. Pero voluntad,
no ya nacional, siquiera colectiva, de unos pocos escogi-
dos, ¿dónde la hay? Cada uno quiere, es cierto, su cosa;
mas ¿dónde está aquella sola y misma que todos, o por
lo menos muchos, queramos?

Que no hay conciencia nacional decimos. Ni siquiera
voluntad nacional. Si la hubiera, del querer brotaría el pensar. Pero los españoles, como tales, sólo parecen querer
que se les deje morir en paz. Morir, no vivir. España no
quiere nada fuera de sí misma, es decir, no quiere nada.
No quiere dominio territorial; no quiere dominio espiritual
tampoco. Ni quiere soñar ensueños que dar a los demás.
Duerme sin soñar.

Mi voluntad ha muerto una noche de luna
en que era muy hermoso no pensar ni querer.
Mi ideal es tenderme sin ilusión alguna...

Así cantó Manuel Machado. Y así España. Tal es también su ideal.

«¿Qué quiere España?» —me preguntaba un amigo extranjero [2]. Y le contesté: «España no quiere nada, sino que la dejen». Y así hasta Dios la deja de su mano.

Apenas hay hoy nación histórica de algún bulto que no pretenda tener en algo la primacía. Menos nosotros. En todo, tomados colectivamente, en todo lo que puede valer con valor universal, nos reconocemos inferiores. Y en esta falta, no ya de orgullo, de dignidad colectiva, el orgullo individual de los pocos españoles que por gracia de Dios la tengan, aparece más monstruoso. ¡Enorgullecerse de ser español en España!

Que no haya deseo alguno de expansión territorial o espiritual se comprende, aunque haya que lamentarlo; pero es que no hay deseo de nada. Unos cuantos se quejan, dicen que a nombre de los demás; pero los demás no se quejan. Viene un azote cualquiera, una plaga del campo, y los perjudicados mismos parecen no conmoverse. La insensibilidad, hasta para con los propios males, pone espanto. Y no se diga que es resignación, no. ¡Es callosidad!

Oigo decir que el país despierta, pero lo que yo veo es que a nadie le importa nada de nada. Con dejarle a cada cual echar su partidita o lo que sea y engullir su puchero, que no le den quebraderos de cabeza. «¡Déjeme usted en paz, hombre!». Y en paz estamos. ¡Y tan en paz! A pesar de las apariencias en contrario.

Y tú, lector, que lees esto, tú eres casi de seguro, uno de tantos, esto es, un neutro. ¿Y sabes lo que es un neutro? Pues uno que no es ni masculino ni femenino, uno que es cosa y no hombre. Porque si pareciendo hombre en cuanto al cuerpo fueses mujer de instinto —y mujer en

[2] La pregunta se la hizo Giovanni Papini y luego el general italiano Luis Cadorna.

cuerpo de hombre es cosa muy triste; más triste que hombre en cuerpo de mujer— serías algo aún. Pero ni eso. Porque no sólo no obras, pero sí sufres. Dejas que ruede el mundo porque dices que no lo has de arreglar tú.

«¿Y qué voy a hacer yo?» —me dirás—. ¡Qué sé yo…! Es decir, sí lo sé. Revolverte, agitarte, querer algo. ¿Qué? ¡Lo mismo da! ¡Querer, querer, querer! Y ya la voluntad encontrará su objeto y se creará su fin.

No se quiere sino lo que se conoce de antemano —dijeron los escolásticos—. Pero yo te digo que no se conoce sino lo que de antemano se quiere. El mamoncillo busca y encuentra la teta de su madre sin haberla conocido antes. Pero aquí ni ese instinto, como a nación, como a colectividad, nos queda.

Acaso estés alistado, lector, en algún partido político, bajo un jefe más que bajo un programa. Pero eso entre nosotros no tiene nada que ver, de ordinario, con la voluntad nacional. Los que forman el comité de un partido político no quieren nada para la nación. A lo sumo para sí mismos. Mas de ordinario no quieren sino matar el tiempo. Y si eres diputado provincial, por ejemplo, peor que peor, porque eso es ya el acabose de la inanidad política. Te pones a hacer elecciones con el mismo espíritu —¿espíritu? ¡no! ¡bueno, lo que sea!— con que te pones a jugar al chamelo. Y a lo mejor se te ocurre decir que está ya comprometido tu amor propio. ¿Amor propio? ¡no! Eso que llamas tú amor propio no es sino tontería. Tontería, sí, así como suena, tontería. Lo único que tú quieres es que te dejen en paz.

¿Sabes, lector de un rincón de provincia, lo que hace ese tedio que, como una llovizna helada, cae sobre nuestras almas, y las cala hasta el tuétano, y nos arrece y nos envejece antes de tiempo? Pues es que no queremos nada como pueblo, como nación. Alguna vez, esa tu aldea, villa o ciudad, se quejará diciendo que la tienen abandonada,

que es una Cenicienta —este tópico de la Cenicienta se
emplea mucho en nuestras soñolientas ciudades provincia-
nas—; pero repara en que esa tu aldea, villa o ciudad,
no quiere nada, absolutamente nada para España.

Y si perteneces a algún Instituto, mira bien cómo ese
Instituto a que perteneces tampoco quiere nada, absolutamente nada, sino que le dejen en paz. Y dejar él en paz
a los demás, es decir, no hacer nada. A lo sumo, cada uno
de los que lo componéis deseáis que os suban el sueldo
y os disminuyan el quehacer. Medro de jornal y mengua de
jornada. ¡Y a vivir! Lo que quiere decir: ¡a morir!

¡Haragán, haragán, haragán! No eres nada más que
un haragán. Y eso aunque cumplas estrictamente con lo
que llamas tu obligación. Y a las veces ese estricto, esto
es, rutinero cumplimiento de tu obligación es la más ex-
quisita forma de haraganería. No conozco haraganes mayores que esos celosos funcionarios a quienes les salen
canas en la cabeza y callo en el trasero después de cuarenta
años de servicios en su oficina. Ellos no se metieron nunca
con nadie.

«¿Y qué podemos hacer? —me preguntarás—. Pues
mira, podemos hacer una cosa y es sugerirnos una inquietud, por vaga que sea, y empezar a dar vueltas y a chillar,
aunque sea inarticuladamente. Y tú puedes empezar a querer llevar el nombre de tu patria, sobre el tuyo o sin él,
fuera de ella. Todos, cada uno según sus fuerzas y su voz,
podemos gritar algo de la frontera allá. Y para ello enterar-
nos de qué es lo que embarga los ánimos a los otros hombres y dar nuestro parecer, nuestra palabra. ¿Que no nos
lo piden? ¡Y qué importa! Si todos los españoles nos pusié-
semos a gritar algo a los que no lo son, acabarían por
oírnos y por preguntar: «¿Y qué dicen esos?». Y entonces
llegaríamos a tener voluntad nacional.

Sí, hay quienes creen que acaso preocupándonos de lo
que pasa fuera, de las preocupaciones de los otros, acaba-
remos por tener propias preocupaciones.

No hay voluntad nacional, no hay conciencia nacional, porque no hay voluntad internacional, no hay conciencia internacional entre nosotros. Y estoy convencido de que hasta la resolución del más ínfimo problema de índole local depende de que nos sintamos nación frente a las demás naciones y junto a ellas. El régimen de administración local depende de la posición internacional. Es perder el tiempo, vergibracia, hablar de los males de la emigración y buscarles remedio mientras no pongamos en claro qué es lo que quiere España, como nación, para con las naciones americanas que surgieron de sus colonias de antaño y adonde van esos emigrantes. Es perder el tiempo discurrir sobre derechos de importación, tratados de comercio, zonas francas, etc., mientras no se quiera que España sea algo más que un mercado de compraventa para con las demás naciones de cuya concurrencia industrial y mercantil queremos defender a nuestros industriales y mercaderes.

Para vivir como nación hay que vivir con las demás naciones, y para vivir con las demás naciones hay que pensar y hay que querer como nación algo más que vivir: «¡Que nos dejen en paz...!». No; harán bien en no dejarnos en paz, en la paz mortífera de esta *voluntad* nacional.

Y luego dirán algunos pobres diablos que se nos desprecia y se nos desdeña. Hacen muy bien; porque para los más de nosotros el horizonte del mundo termina en las fronteras de la patria.

Y esto os dice un español que lleva años trabajando con su pluma desde España, pero fuera de España y para ella, y buscando —si no lo encuentra no es su culpa— un anhelo que sea el anhelo de su patria. Pero es más cómodo apuntarnos, a lo sumo, en un partido político y echar la partida de chamelo o de tute por las tardes. Y no pensar ni querer nada.

España, 19-III-1915

Salamanca, 30.III.15

Sr. D. Gilberto Beccari [3]

No le sorprenda mi silencio, mi querido amigo. A mi destitución del cargo de rector, llevada a cabo violenta y groseramente a primeros de agosto, se siguió una campaña que hicimos mis amigos y yo. No quiero entretenerle con cosas de nuestra política interior. Tuve luego que mudarme de domicilio —vivía en la Universidad misma— y mis trabajos particulares han aumentado. Necesito también escribir más para compensar lo que me significa de pérdida económica el no seguir en el rectorado. Continúo con mis dos cátedras diarias. Añada usted que la guerra me ha interesado e interesa mucho más de lo que habría yo supuesto. Me puse desde un principio de parte de los aliados y más aún que por simpatía hacia a ellos —que la siento, sobre todo por Inglaterra— por aversión a Alemania y a su *Kultur*. Esta empezaba aquí a hacer estragos por medio de los pensionados que venían de allá henchidos de pedantería tudesca.

No conozco *La Malquerida*. Esta palabra ha sido forjada por analogía con la de *malmaridada* o mal casada. Es la querida que es desgraciada por ese mal querer.

Aquí la vida literaria está casi en suspenso. No sé de novedad alguna que no sea algo de Azorín muy sólo para nosotros los españoles.

¿Le envié a usted al cabo dos ejemplares del *Sentimiento trágico* que hace tiempo me pidió? No lo recuerdo. Dígamelo. Ahora me lo traducen al alemán.

[3]   Hispanista florentino, traductor y amigo de Unamuno.

Niebla que le envié encontrará acaso algo extraño. Es una bufonada dolorosa. Farinelli [4] me ha escrito una carta muy interesante sobre esa novela.

Estoy a ver si me representan en Madrid la *Fedra*.

Voy a escribir a Ortega y Gasset que le remita un ejemplar de sus *Meditaciones del Quijote*.

¿Qué hay ahí de guerra? Aquí se habla mucho de Italia, pero nadie sabe nada de cierto.

Sabe cuan su amigo es

[Inédita]

MIGUEL DE UNAMUNO

RETÓRICA PROFÉTICA-APOCALÍPTICA

¿Se acuerdan ustedes, lectores, de aquel Noherlesoom o Noerlesohom —no sé a punto cierto cómo se escribe ese anagrama— que se didicó a predecir el tiempo y que fue a dar sus calendarios en los órganos de la buena prensa? ¿Y de aquel vicario de Zarauz, también de ciencia infusa? Pero, Señor, me he dicho muchas veces, ¿por qué estos profetas meteorológicos han de ser curas o curoides, frailes o afrailados, presbíteros de sotana o de levita? Cualquiera diría que la Meteorología es una rama de la Teología. Aunque, según un ferviente dominico, para quien conozca a fondo la *Suma Teológica* de Santo Tomás de Aquino, todo eso de la Física y la Química y la Astronomía es cosa de coser y cantar.

El oficio de profeta es uno de los más tradicionales, y sin duda por eso nuestros tradicionalistas gustan dedicar-

---

[4] Arturo Farinelli es un hispanista italiano que mantuvo una nutrida correspondencia con don Miguel.

se a la profecía. ¡Y hay que oír sus oráculos! El órgano periodístico de nuestro tradicionalismo castizo, para amenizar la beocia a que alimenta de encendidas frases, suele dedicarse a la profecía más o menos apocalíptica. Pero siempre contando con aquello de que de aquí a entonces el burro, el rey o yo nos moriremos. Porque lo mismo los burros, que los reyes y los periódicos son mortales. Y mortales de necesidad.

Ahora, con motivo de la guerra, se han publicado fantasías y profecías verdaderamente estrepitosas y estridentes. Hay libros de esos proféticos que para hacerlo pasar finge su autor que es tan sólo un ensueño, una visión sin consistencia, pero que está pensado en serio. Y esto es lo terrible, que se piense en serio cosas tan ridículas y grotescas. Valiera más pensar en broma, y como por juego, cosas serias. Es decir, cosas basadas en verdadero conocimiento.

Un periodista extranjero, muy buen amigo mío, me contaba una vez algunas de sus entrevistas con políticos españoles, y al darme cuenta de la que tuvo con cierto tribuno que se dedica a la apocalipsis pseudo-histórica, me decía: «Me estuvo hablando durante largo rato de mi propio país, y en mi vida he oído cosas más peregrinas; me parecía imposible que se pueda fantasear más desenfrenadamente sobre lo que se tiene a la puerta de casa. ¡Por supuesto, me encantaba oírle desbarrar!». «Pues eso es lo malo —le contesté—, que hay aquí mucha gente a quien, como a usted entonces, le encanta oírle desbarrar a ese hombre; pero sin sospechar que desbarra, cosa que a usted no le pasaba».

Cuentan que Carlos Dilke, hablando una vez de nuestro Moret —y lo cito así, nominativamente, porque ya murió—, decía que a nadie había oído hablar mejor de lo que menos conocía. De lo de hablar bien o mal, nada he de decir a este respecto, pues si hablar es algo más que ensartar rítmicamente palabras, yo no sé que Moret hablase ni bien ni mal. Y no es que no tuvieran arquitectura cada uno de sus discursos; es que carecían de ella hasta cada uno de sus párrafos. No tenían esqueleto ni forma interna, eran pura pulpa; no ya músculos sin hueso, es decir, resortes sin palanca, sino mero tejido adiposo. «¡Vea usted —me decía de él una vez un amigo mío— qué arte tiene para las transiciones!». Y le contesté: «¡Como que todo es transición en sus discursos!» [5].

¿Y aquel otro orador apocalíptico que fue D. Alejandro Pidal? Cuando se disparaba era cosa de arrebatar al auditorio. Y no cabía preguntar qué era lo que había dicho. ¿Qué más daba? El tribuno, el verdadero tribuno, sea de la plebe que quiera, no tiene obligación de decir cosa alguna.

¡Pero, Dios mío, qué estragos causó en nuestra patria y la suya aquel D. Juan Donoso Cortés, marqués de Valdegamas, autor del *Ensayo sobre el catolicismo, el liberalismo y el socialismo, considerados en sus principios fundamentales,* y que no fue sino una triste caricatura del recio y denso Conde de Maistrel? Yo no sé cómo Louis Veuillot, que era mucho más que un retórico, que era un verdadero poeta, un escritor de fibra, de calor concentrado, y no sólo de llamarada de estopa, pudo entusiasmarse con nuestro Valdegamas.

Porque siempre, y nos es triste confesarlo, esos ultramontanos franceses han sido más robustos, más llenos de pensamiento, más jugosos, más poetas y a la vez dotados de más sentido de la realidad que los nuestros, los españoles, que nunca pasaron de ser unas sombras exangües y hueras de aquéllos. Porque el ultramontanismo español es de origen francés, aunque ahora nuestros ultramontanos se dediquen a renegar de Francia. Cuanto saben —¡y es tan poco, tan poco!— lo han aprendido en fuentes fran-

---

[5] Segismundo Moret y Prendergust (1838-1913), fue jefe del gobierno español.

cesas. Aunque luego han convertido las ideas en frases y las imágenes en tópicos de retórica.

La historia de nuestros tribunos profético-apocalípticos no es sino la historia del *Discurso sobre la Historia Universal,* de Bossuet, con sus grandes síntesis... oratorias. Sólo que sin la elocuencia de Bossuet.

Castelar siquiera tenía una cierta imaginación gongorina y paría metáforas, lo que no es poco. ¡Pero estos Juanillos de Patmuelos!

La cosa, en el fondo, es triste. Una juventud a la que se le enseña cómo las razas humanas, que se reducen a tres grandes troncos, el blanco, el negro y el amarillo, proceden de Sem, Cam y Jafet, y cómo Túbal y Tarsis poblaron a España, y otras cosas del mismo calibre, está muy bien preparada para extasiarse boquiabierta al oír las flatulencias sonoras de la retórica profético-apocalíptica tradicionalista. ¡Dios nos tenga de su santa mano!

España, n. 13, 23-IV-1915

EL TURNO DE LA CANCILLERÍA MAURA-VENIZELOS

Con este segundo título públicó *La Veu de Catalunya* del día 27 de abril último un artículo que, traducido al pie de la letra, dice así:

«¿Ha pasado algo en la política española —vieja, desgraciadamente, en todos los errores que le señala— que determine la actitud incomprensible del Sr. Maura desde la caída del Poder? Antes de 1907, como durante la gobernación maurista —con cierta honorabilidad y enaltecimiento—, como después de 1909, todo es igual. Si no ha pasado nada en la política, es que ha pasado algo en el Sr. Maura. ¿Qué ha pasado?

Algún diario lo ha señalado concretamente; en los discursos del Sr. Maura hay, entre líneas, pequeñas exteriorizaciones: la incompatibilidad entre el Rey y el Sr. Maura. No revelamos un secreto, no hacemos un descubrimiento.

¿Cómo ha ocurrido esta incompatibilidad, este divorcio? Esto es lo difícil de explicar tratándose de hechos actuales. La Historia lo exteriorizará con más libertad que los comentarios de ahora.

Y he aquí repetido el hecho en Grecia. Entre el Rey y el primer ministro, Sr. Venizelos, estalla un conflicto. El Rey de Grecia cree que el pueblo griego ha de permanecer neutral en el conflicto europeo; el Sr. Venizelos, primer ministro —el salvador de Grecia—, cree que el porvenir de su pueblo le obliga a la intervención armada. El Sr. Venizelos dimite y explica los hechos, su criterio, su conducta. Entre el Rey de Grecia y su primer hombre de Estado el conflicto se hace irreductible. Y el Sr. Venizelos expone claramente la trágica lucha entre sus sentimientos monárquicos y patrióticos.

Un jefe de partido, un representante de una opinión fuerte no tiene, en estos casos, más que dos caminos que seguir: el de la revolución o el del destierro. Tumbar a la Monarquía o dejar libre completamente el camino a la voluntad, al poder real. El Sr. Venizelos, con fuerza para hacer la revolución, para derrocar al Rey, no quiere la responsabilidad de llevar la República a su país, y deja la Patria para confinarse en Egipto. Es desde El Cairo de donde escribe y declara todo eso.

Admiramos la conducta del gran hombre de Estado de Grecia: es la patriótica. Cuando un jefe de un gran partido se hace incompatible con el Rey, no le quedan más que estos dos caminos: o hacerle caer, o alejarse de toda acción política, alejándose hasta la Patria. En política, las situaciones han de ser claras, definidas. Si el señor Maura se siente divorciado del Rey, si el Rey cierra el camino del

Poder al Sr. Maura, si hay el conflicto que se asegura y el Sr. Maura, como el Sr. Venizelos, cree imprudente la revolución, lo leal, lo patriótico, lo respetuoso, lo digno, es alejarse.

Las cartas del Sr. Maura debían estar fechadas en París; al menos, en un riconcito apacible de la isla dorada, lejos del mundanal ruido».

Hasta aquí *La Veu de Catalunya*. Ahora, nuestro pequeño comentario.

En primer lugar, Maura no es Venizelos. Este es un hombre de acción, un viejo revolucionario; Maura es un hombre de palabra y un abogado. Muy sincero, y honrado, y leal, pero un abogado, atento a probar la coartada. Y hasta cuando habló de la rápida y radical revolución desde arriba hizo, en un momento de sincero ardor oratorio, una frase más.

Además, acaso Maura espere un cambio en el criterio del Rey, y está ello muy bien. Porque sabe que las decisiones de los hombres, aunque sean reyes —ya que éstos no son menos falibles que los demás—, son revocables, y que se han dado casos de que un Monarca, mejor informado, ha vuelto sobre sus decisiones. Sabe, además, que en un país democrático constitucional —como pretende ser el nuestro—, los cargos públicos son nacionales y no palatinos. Es decir, en Inglaterra hasta los cargos palatinos son nacionales, y en cambio, en el régimen kaiserista germánico hasta cargos nacionales se hacen palatinos. Pero es que en Inglaterra hay opinión pública y en España no la hay.

Y como Maura sabe que en España no hay opinión pública política, quiere hacerla, y para eso se queda en España. Sabe, sin duda, que la falta de opinión pública política es la que hace el turno de las Cancillerías y los Ministerios de camarilla, pues las mesnadas políticas —la turba de caciques, senadores, diputados a Cortes y provin-

ciales, ex-gobernadores, concejales y toda laya de políticos
de oficio— se van con el que creen que ha de ser llamado
al Poder —aunque privadamente renieguen de él y le mal-
digan—, y éste se sirve de esa admirable disciplina para
que se le llame. Es un círculo más que vicioso.

Y conviene que Maura se quede a hacer opinión y llame a sí a esas fantásticas derechas desinteresadas y ab-
negadas, que acaso así haga opinión contraria a la de
éstas. Y si lograse provocar la formación de un partido
liberal democrático verdadero, de veras liberal y de veras
democrático, popular, no cancilleresco; de ciudadanos, no
de profesionales de la política; un partido del lema aquel
de: «*Y si no, no*», bastante habría hecho. Pero es más
práctico y de mejor pestaña entrar en esa romana del diablo, que es el actual partido liberal cancilleresco.

Todo el problema político de España es un problema de
opinión y nada más. Y como ésta ha de tardar aún mucho
en formarse, los que se dediquen a formarla tienen que
resignarse a eso que los mendigos de la política profesional
—almas de esclavos— llaman la peregrinación por el desierto y hasta a quedarse solos y a pasar por locos entre
los muertos que se creen vivos.

Hace, pues, muy bien, Maura en quedarse en España,
y continuando monárquico, sincero monárquico, monárquico de la Monarquía y de la Realeza legales, trabajar por
hacer opinión. Lo que sí le pedirían muchos es que él,
el hombre de la palabra, supiese hablar tan claro como
Venizelos, el hombre de la acción, y dijera en público,
si es que en privado lo dijo, el «*Y si no, no*». Haría con ello
un servicio al Rey, a la Patria y a la libertad [6].

España, n. 16, 14-V-1915

    [6] Antonio Maura fue presidente del Consejo en mayo-no-
viembre de 1918 y lo había sido también de 1907 a 1909. Eleute-
rios Venizelos fue primer ministro de Grecia en 1910.

SOBRE EL TEMA DE UN GOBIERNO NACIONAL

Me pregunta usted, mi buen amigo, si creo conveniente a los intereses generales del país la constitución de un Gobierno nacional. Mas es el caso que no sé bien qué pueda ser y significar Gobierno *nacional* en una nación, como es España, en que no cabe decir que haya opinión pública política y menos en asuntos internacionales. ¿Quién elegiría ese Gobierno? A tener que ser nacional, claro que el pueblo. ¿Pero cómo? Porque formarlo, mediante tratos y contratos y dimes y diretes, y toma y daca, entre los cabecillas de los partidos que tienen asiento y voz en el Parlamento, no es hacer un Gobierno *nacional,* al menos en España.

Teniendo usted esto en cuenta ha pensado, a falta de sufragio universal, en una especie de sufragio restringido, y me pide que vote, esto es, que dé los nombres de aquellos españoles a quienes crea más idóneos —¡ojo con el apelativo!— para formar un Gobierno nacional que salve..., etc. ¡Dios me libre de votar! ¡Dios me libre de pronunciarme sobre la mayor o menor idoneidad, para servir a la Patria, de mis compatriotas! ¡Nada de individualizar así! y no digo personalizar, que es muy otra cosa. Cada español consciente de su propia dignidad personal y de la dignidad de su Patria harto tiene que hacer con defenderse del aliento de los políticos profesionales, lacayos del Poder, que no suelen conocer, por lo común, ni una ni otra dignidad.

Y si ese Gobierno que usted llama nacional —mítica fanfarria aquí— es para traernos una unanimidad de acción, fíjese en que esa unanimidad es hoy entre nosotros imposible. Lo que hace falta, a mi sentir, es ahondar y acrecer la guerra civil latente. Mientras uno de los dos bandos no sea reducido a la impotencia es inútil pensar en otra cosa. Donde se hacen oír y aplaudir espíritus troglodíticos, cavernarios, y abogaduelos traviesos, no hay re-

constitución económica, política y pedagógica posible. Sólo
podemos unirnos en el no hacer, en que nos dejen en paz
irlo pasando, en una abyecta neutralidad moral, en fin. Y
para eso, el más idóneo de los Gobiernos es el actual Gobierno de idóneos, aunque de nacional no tenga absolutamente nada.

España, n. 21, 18-VI-1915

EN EL MAYOR DE LOS RIDÍCULOS

Parece ser que Blasco Ibáñez trajo de París la especie
de que los aliados descontaban nuestra neutralidad y aun
nuestra inercia, y no hacen esfuerzo alguno por lograr la
ayuda material de España. Y comentando un prestigioso
diario de Madrid la tal especie, decía:

«Si este es el estado de opinión en Francia e Inglaterra,
no hay duda que, unos más otros menos, desde el Gobierno al último ciudadano español, pasando por los gremios
políticos y por la Prensa, todos estamos un poco en ridículo. El Gobierno, porque, sacrificándolo todo al temor de
que se desflore la neutralidad, no vacila en afrontar los
riesgos de esa supuesta dictadura que se le echa en cara;
los periódicos, porque no se aviene la prosa inflamada de
algunos colegas con el estado de indiferencia que a los
aliados se atribuye, y, por último, están en el mayor de
los ridículos aquellos de nuestros conciudadanos dispuestos
a molerse a palos por una Dulcinea que ni ha de agrade-
cérselo ni ha de tener una mirada para los presuntos
descalabramientos».

Este párrafo ha debido inspiralo el bachiller Sansón
Carrasco, y yo, que soy uno de esos últimos ciudadanos

españoles, si es que no de los primeros, y que he tomado parte en la contienda esta de la neutralidad, me doy por aludido y digo que sí, que he quedado, gracias a Dios, en el mayor de los ridículos, en un ridículo quijotesco. Pero debo declarar también que por mi parte nunca pensé en que Dulcinea, la Dulcinea a que ahí se alude, me agradezca mi campaña de pluma, ni la he llevado en espera de mirada alguna suya.

No sé qué provecho material le podría reportar a España el ponerse resueltamente del lado de los aliados, por la causa de la justicia y de la civilización cristiana, y en contra del nuevo y bárbaro paganismo que amenaza a Europa, no sé qué le darían por ello, ni si le darían algo, ni en rigor me importa. Tenemos que ganar algo que vale más, muchísimo más, que todos los peñones y todas las costas fronteras.

Ningún hombre, y tampoco ningún pueblo, que es al fin y al cabo hermano, puede inhibirse de tomar partido, de pronunciar su juicio en una contienda como la actual de Europa. No pronunciarse en uno u otro sentido, es renunciar a la consecución de la humanidad culta. Aunque luego, no sólo no nos lo agradezcan los combatientes, mas ni aun se enteren de ello.

Pero hay otra razón. La guerra europea se ha traducido —¡y alabado sea Dios por ello!— aquí, en España, en una guerra civil, o, más bien, en un despertamiento de nuestra guerra civil que parecía estar durmiéndose, por desgracia. Yo no me pregunto quién vencerá en la guerra —el éxito de momento significa poco—, me pregunto tan sólo quién tiene justicia. Y me basta ver quiénes se ponen aquí, en España, de parte del nuevo paganismo, que son los que, santiguándose cada día, apenas si tienen sentimiento cristiano y han perdido la clara noción del supremo derecho de la libre personalidad humana, libre de toda tiranía colectiva. Me aterra el que se nos tradujese eso

que llaman disciplina, y orden, y organización, y que no
es sino la muerte de la libre conciencia personal cristiana
y humana.

No sé quién vencerá, digo, ni me he preguntado nunca
eso para comprometer mi simpatía; pero me horroriza
pensar que de rechazo de una —quiero creer que ya imposible— victoria del neo-paganismo imperial y militar co-
brase fuerza y predominio en mi patria cierta beocia troglodítica que hoy se resuelve, y agita, y conspira, y barbota
enormidades. Antes que bajo el dominio de esas gentes
prefiero ver a mi patria colonia de una nación civilizada
y cristiana. Porque hay independencias nacionales que no
lo son sino de nombre.

No me importa, pues, ni aun quedar en el mayor de
los ridículos. Todo antes que apagar nuestra guerra civil
contra la beocia troglodítica y contra la malicia de los que
se dicen gentes de bien y de orden, contra los fariseos,
contra los paganos que por pura liturgia se santiguan.

España, n. 22, 25-VI-1915

EL POR QUÉ DE LA CRISIS

Con este título publicó *La Veu de Catalunya* del día 26
de junio un artículo que merece comentario. Precédele un
ante-título que dice: «*La Epoca*» *y la industria nacional*.

El diario catalanista nos dice que desde el primer
momento de la guerra Cataluña ha tratado de prevenir los
conflictos de producción industrial, de crédito y de trabajo,
que habrían de surgir a consecuencia de ella.

Dice *La Veu:* «Al Gobierno francés se le ha acabado
el metálico, o lo escatima. Ha creado unos *bonos* que ven-

cerán un año después de acabada la guerra, y paga con esos *bonos* lo que compra. Aquí los comisionados franceses se pasean sin hacer compras; no van a decir a los fabricantes o almacenistas: os compraremos esto o aquello, pagándoos con bonos, es decir, con promesas, sino que esperan tranquilamente que los fabricantes o almacenistas vayan a ofrecerles los géneros; entonces, imponen la condición de pagar con bonos, y como el vendedor no puede aceptar el trato porque con el bono no puede pagar a los obreros, ni la contribución, ni las primeras materias, ni saldar las cuentas de los banqueros, no hay trato. Así van acabándose las exportaciones a Francia, que no sean de armas, de bestias o de materia alimenticia».

Hasta aquí va bien, y el Gobierno francés anda muy bien en lo que hace, aunque no se le haya acabado el metálico ni mucho menos. Es una manera indirecta de interesar a los industriales extranjeros en el éxito de la guerra.

Dice luego *La Veu* que esa es la razón de la paralización del tráfico industrial de Cataluña con Francia y de la gran crisis que se avecina, y añade:

«Francia, como Inglaterra, compra a los Estados Unidos. Allí el Gobierno actúa, el Gobierno hace patria; prevé y resuelve. ALLÍ SE HA CONSTITUIDO UN SINDICATO BANCARIO QUE, CON LA GARANTÍA DEL GOBIERNO, DESCUENTA LOS BONOS FRANCESES O HACE EMPRÉSTITOS A FRANCIA E INGLATERRA (Es *La Veu* quien publica esto en mayúsculas), y los fabricantes de los Estados Unidos, que no venden más que al contado, cobran de los Bancos negociadores de los empréstitos o descuentan los bonos que reciben. Así EL MERCADO DE FRANCIA HA DEJADO CATALUÑA, Y HA IDO A COMPRAR A LOS ESTADOS UNIDOS».

Cierto es, pero también por eso un submarino alemán echó a pique al *Lusitania*. El que algo quiere algo le cuesta. Porque lo que al parecer quiere *La Veu de Catalunya* que haga nuestro Gobierno, no es, en el fondo, sino romper la neutralidad ésta que sostiene el Gobierno que preside el inexistente Sr. Dato.

Ya presumíamos que eso de la neutralidad no era ajeno al fracaso del último empréstito. Y perdónenos el amigo Olariaga. El capital es esencialmente internacional y apenas puede haber empréstito, y menos en España, que se haga sin contar, de un modo o de otro, con el extranjero. Y esta nuestra absurda neutralidad en todas formas y a todo trance, no hará sino aislarnos hasta económicamente del resto de Europa.

En esto de la guerra, las cosas se ponen de modo tal, que hasta prescindiendo del sentimiento de la solidaridad en la justicia humana, hay que pronunciarse en un sentido o en otro. Lo que no quiere decir que enviemos soldados españoles al frente de batalla si la patria no está preparada para ello ni el corazón de las madres y los padres españoles, y de los mismos mozos —tengo un hijo en el servicio activo— al temple que se requiere. Pero España puede y debe convertirse en proveedora de los aliados. Puede y debe incluso suministrarles armas. Y abiertamente, como lo hacen los Estados Unidos, no de tapadillo y a contrabando.

¿Que eso provocaría quejas y reclamaciones de parte de Alemania? Harto se sabe. Mayormente cuando se dice que la chinchorrera Embajada de esa nación, provocadora de la guerra —en Madrid apenas se pasa día sin que se vaya al Gobierno con alguna queja, hasta de que tal o cual semanario dijo esto o lo otro irrespetuoso para el Kaiser o para su mesnada. Pero a eso queda aquello de oídos sordos.

¿Qué peligro se puede correr conduciéndose nuestro Gobierno como se conduce el Gobierno —que lo es de verdad, y fuerte— de los Estados Unidos? No creo que la mentecatez germanófila española vaya a creer que si nuestro Gobierno hace lo que, según *La Veu,* ha hecho de los Estados Unidos, garantizar el descuento por los Bancos de los bonos franceses, vaya Alemania a enviar submarinos a nuestras costas a echar a pique las traineras del bonito o de la merluza, o a emplazar en Metz unos cañones del 62 para bombardear desde allí Fuenterrabía, Jaca, Benasque, Puigcerdá y Figueras, si es que no Madrid mismo. O bien nos dañen con alguno de esos formidables secretos que sólo posee el Estado Mayor alemán y de que no da secreto conocimieno más que algún que otro extranjero privilegiado, muy pocos, entre los que se cuenta el Sr. Vázquez de Mella.

Queda el temor a los que aquí están en el secreto del éxito de la guerra, y tienen iluminada su mente por el postulado, de ciencias infusa, de la invencibilidad de Alemania con sus acólitos Austria y Turquía. Queda el temor a que trastorne el orden interior la barbarie troglodítico-tradicionalista, capitaneada hoy, como el Ejército turco, por oficialidad extranjera. Pero hace tiempo que el Gobierno debió ordenar a la Policía que desarmase a los «requetés», vergüenza de España.

El Gobierno... ¿Pero es que aquí hay hoy Gobierno? ¿Es que es acaso Gobierno esa camarilla de la neutralidad a toda costa —aun a costa de la ruina del país— presidida, que no dirigida, por el inexistente Sr. Dato?

Sí, creemos con *La Veu de Catalunya* que la razón de la crisis —no solucionada sino temporal y aparentemente— de la honda crisis que roe a la camarilla ministerial, no es otra que el tozudo empeño de mantener a España en un aislamiento suicida, que no es otra cosa lo que aquí llaman neutralidad. Pues o se ayuda a los aliados, como les ayudar los Estados Unidos, exponiéndonos a lo que ellos se exponen, y sin hacer caso de reclamaciones y quejas, o el mal vivir y acaso la ruina. Y para después de la guerra y la victoria, el arrinconamiento y la mezquindad y el desdén de unos y de otros y el quedar en impotencia de primera clase.

Y que hablen ahora los energúmenos de la germanofilia
de la conquista de Gibraltar y de Portugal, y hasta de los
dominios aquellos en que no se ponía el sol, los que fueron de Carlos de Austria, o más bien de Habsburgo, primer Rey de España y quinto Emperador de Alemania entre los de su nombre, y que quieran volvernos a aquellos
tiempos de la dinastía de Austria por odio a Inglaterra, o
sea a la libertad. Porque en cuestión de alianza espiritual,
a eso se reduce todo: o con la austriaca, o con la inglesa.

Y que vengan los profetas apocalípticos a que le alivie
a España su historia, ya muerta, del siglo XVI. ¡Aquí, en
Salamanca, tienen las cenizas del tercer duque de Alba,
mastín de Felipe II y primer verdugo de Flandes! ¡Mentecatos!

Salamanca, 28-6-15.

España, n. 23, 2-VII-1915

A LA «REVISTA CRISTIANA»

Desde hace treinta y cinco años se publica en Madrid
una llamada «Revista Cristiana». La edita la llamada «Librería Nacional y Extranjera» de la calle del Caballero
de Gracia, librería que de nacional tiene poco o nada —es
denominación para despistar—, que cuando yo era estudiante —entonces estaba, creo, en Jacometrezo— la llamábamos protestantes, y no es nada más que alemana.

En el último número de dicha revista, el 835, nuestro
amigo el misionero protestante alemán en España, Sr.
Fliedner, inspirador de la revista, se cree obligado, como
alemán, por supuesto, que no como cristiano, a comentar
las «Palabras de algunos españoles» sobre la guerra euro-

pea, lo que han dado en llamar el manifiesto de los intelectuales españoles, y no está esto mal.

El misionero alemán en España, al decir como proclamamos ponernos en el actual conflicto mundial del lado de la justicia y de la verdad, añade: «No vamos a discutir este último extremo. Pero nos parece que quien quiere luchar por la justicia y la verdad, tiene amplio campo de acción en España. El coronel Labador, Piedralabes, Sotillo, Ibahernando y otros, son nombres que claman al cielo por justicia y verdad».

Cualquiera diría al leer esto que esos cuatro nombres simbolizan las más grandes injusticias y los más grandes errores que se hayan cometido en España. Y no es así. Los ha habido y los hay mucho mayores. Sólo que no atañederos al protestantismo. Es más aún; esos cuatro casos han sido exageradísimos, y no ha sido la acción oficial la que ha delinquido en ellos. Lo del coronel Labrador se arregló muy a satisfacción de los actuales germanófilos españoles. De las cosas de la escuela protestante de Ibahernando, podría yo con autoridad para ello, decir bastantes, y, entre otras cosas, que siendo el Sr. Rodríguez San Pedro ministro de Instrucción Pública, y yo rector de la Universidad de Salamanca, no pudo el obispo de Plasencia impedir que fuese autorizada su apertura y que se abriese en España.

No, los nombres que más claman al cielo por justicia y por verdad no son esos, aunque ellos hayan susurrado —no clamado— un poquitín. Ha habido, y hay en España injusticias y errores más gordos, y no se nos puede acusar de habernos callado a su respecto a los firmantes del manifiesto que tanto escuece al misionero alemán en España Sr. Fliedner.

«¿Qué diríamos —agrega— de una señora que fuera a barrer la casa de la vecina y lavar sus niños, y, en cambio, dejara la suya abandonada o a merced de mercena-

rios?». Pues diríamos que hacía algo como lo hecho por
la familia Fliedner, al venir a pretender cristianizarnos
—más bien germanizarnos— a los españoles, dejando que
invadiera su patria el más imprudente paganismo cesarista.
Ya sé que en este mismo número de la «Revista Cristiana»,
D. Jorge Fliedner nos dice que «mientras la religión sea
relación del alma con Dios, será la conciencia del hombre
religioso la que decida si es pagano o no», doctrina peligro-
sísima, y que le pondrá en más de un aprieto al Sr. Fried-
ner cuando se la retruquen. Porque con ese presupuesto,
toda su misionería cristiana cae por su base. Si es mi
conciencia la que me dice si soy pagano o no, es también
nuestra conciencia española la que nos dirá la gravedad
de esos cuatro casos que cita, sin que haga falta que súbdito ninguno del Kaiser venga a aleccionarnos. Pero como
el alemán nace dómine, no puede menos que meterse a
dar lecciones en casa ajena.

«La realidad es —sigue diciendo— que en España, a
la chita callando, está levantando la cabeza la reacción,
mientras que los que debieran combatirla en primer término, se están descuidando mucho». ¡Gracias!, y digo gracias
porque al escribir el Sr. Fliedner esto de «los que debieran combatirla en primer término», refiriéndose a los firmantes del susomentado manifiesto, nos reconoce implí-
citamente por amigos de la reacción. Y por enemigos de
ella es por lo que principalmente firmamos el manifiesto,
ya que hoy en España reacción y germanofilia viene a ser
casi lo mismo.

¡Y lo que un hombre como Fliedner, a quien creo liberal, sufrirá al ver qué aliados espirituales (??) le han
salido a Alemania en España! ¡En qué compañía van hoy
aquí los de la «Revista Cristiana»!

¿Qué puede unir a los protestantes alemanes de esa
revista y a los romanistas trogloditas de «El Correo Español» y aledaños? Pues, sencillamente, la ortodoxia. La

cuestión es una ortodoxia cualquiera, sea la que fuere la doxa; algo autoritario, algo dogmático. En el fondo es un común odio a la herejía, al sentido propio, al verdadero libre examen. Y la prueba está en un trabajo titulado «La Iglesia de Cristo y su cometido en nuestros tiempos», que D. Jorge Fliedner viene publicando en su revista alemana, y que no es sino un embozado ataque a Inglaterra y al protestantismo inglés. El individualismo es mucho más inglés que alemán, ya que el pueblo germánico es un pueblo rebañego, dispuesto siempre a creer lo que le dicen sus autoridades y a ejecutar lo que le mandan, sea lo que fuere. Y a todo el que nació para creer y obedecer sin criterio propio al que manda, sea evangélico tudesco o sea romanista troglodita, le parece muy mal el espíritu disidente inglés y su salvadora tendencia a disgregarse en tantas sectas religiosas, como individuos. Pues «mientras la religión sea relación del alma con Dios, será la conciencia del hombre religioso la que decida» de su fe y no Kaiser ni Papa alguno.

También del Kaiser trae el mismo número de la «Revista Cristiana» una anécdota en que se nos muestra una vez más como un ridículo histrión. No es sino hipocresía, o más bien locura estarse rezando de rodillas al lado de un teniente moribundo, el que tanto a él, como a tantos miles de hombres, ha lanzado a la muerte por satisfacer una vesánica megalomanía.

Y para terminar con esto, pues suponemos a nuestro amigo el Sr. Fliedner contristado por los defensores y propagandistas que le han nacido en España a su Patria, y por ver que los que, según él debemos combatir, en primer término, la reacción, tenemos que combatirla ahora combatiendo a la Alemania kaiserista y militar, que es la reacción; para terminar, digo, conviene deshacer un añejo error. El cual consiste en creer que las misiones todas evangélicas en España se deben al oro inglés, que protes-

tantismo y anglicismo es igual en España. Pues, no; la
«Revista Cristiana» es germánica, y la misión de Fliedner
una misión germánica y germanizante. Y puedo decir más,
y es que la acción evangélica inglesa en España ha logrado
españolizarse más, mucho más —aunque no sea mucho en
sí— que la alemana, y ello porque los ingleses respetan
siempre mucho más la personalidad, sea política o religiosa, de los demás pueblos. Son los protestantes alemanes,
no los ingleses, los que principalmente han sido en España
viajantes de su patria terrenal, de su reino de este mundo,
y es porque el alemán, y no el inglés, sobrepone su nacionalismo al cristianismo. ¡Como que los tudescos tienen
un Dios para su uso particular, aquel de quien dicen repi-
tiendo lo de Gustavo Adolfo, el sueco «¡Gott mit uns!»
«¡Dios con nosotros!», pero no haya cuidado de que se
les oiga «¡Wir mit Gott!» «¡Nosotros con Dios!». Como
que Gott está al servicio del Kaiser, y creó el mundo para
que lo organizara el pueblo tudesco, que es el escogido.

Y siga nuestro amigo el misionero germanizante en
España, Sr. Fliedner, barriendo nuestra casa y lavando a
nuestros niños, y más ahora que tiene de pinches para esa
tarea a nuestros romanistas trogloditicos los que hubieran
dado de baja al coronel Labrador.

España, n. 27, 29-VII-1915

A GIOVANNI PAPINI [7]

Salamanca, 15.VII.1915

Gracias, querido Papini, por su artículo «Cosa fa la
Spagna?». Gracias en nombre de mi patria, agitada hoy,
gracias a la guerra europea, por una fuerte lucha civil

[7] Giovanni Papini. Escritor italiano y amigo epistolar de
Unamuno. Ambos estuvieron en relación desde 1906.

íntima. La batalla de nuestras dos Españas parecía adormecida o en tregua; ahora, loado sea Dios, se reenciende. Yo tomé partido como un hombre, desde el principio de la guerra, desde mucho antes de estallar. Hace ya cuatro años que di la voz de alerta contra la *Kultur,* burlándome de su *K* mayúscula, con cuatro puntas, como un caballo de frisa, y abogando por nuestra cultura. Empezaba a infestar a España una especie de germanización traída por pensionados en universidades alemanas. Todo se reducía a método, técnica, especialización, y, en resolución, pedantería. Aborrezco a un pueblo de soldados, pero más aún a un pueblo de catedráticos. Y si los catedráticos lo son en milicia, ¡horror de los horrores! Se trata de ver que nuestros latinos, maestros en el arte de la guerra, pueden batir a esos catedráticos en la ciencia de la milicia. Y vea usted lo que son las cosas: los más de nuestros jóvenes intelectuales técnicamente en Alemania, y desde luego los mejores, están hoy por la causa de los aliados. No sólo en las revistas que usted señala, sino en otras, como *Nuevo Mundo,* de Madrid; *Hispania,* de Londres, y *La Nación,* de Buenos Aires, hago la causa de los aliados. Y de Italia desde luego [8].

Cuando esa noble nación, harta de ser la víctima de la Tríplice, se lanzó a dónde la llamaban el honor y la gloria, nuestros tradicionales trogloditas repitieron todos los insultos austro-germánicos contra Italia. Porque nuestros germanófilos no hacen sino repetir. Son un ejército de pluma dirigido como el turco de armas, por oficialidad germánica. Y salió lo de Judas y lo de la traición. No quisieron enterarse de lo que dijo Salandra de las razones de ustedes.

---

[8]   Las revistas «Nuevo Mundo», de Madrid; «Hispania», de Londres; y «La Nación», de Buenos Aires, fueron juntamente con «España» e «Iberia», las principales tribunas desde las que Unamuno desarrolló su campaña a favor de los aliados.

Nuestros trogloditas no se quieren enterar. Han recibido por ciencia infusa el postulado de la invencibilidad del ejército alemán y esto les basta. Ellos no se preguntaron quién tiene razón sino quién tiene más fuerza. O creen que la tiene. Y cuando esa nobilísima Italia fue a la guerra hubo aquí —¡aquí, en la patria de Don Quijote!— quien dijo que eso era peor que un crimen; una tontería. Es que por una parte, ellos, nuestros trogloditas iluminados por ciencia infusa y profética, saben lo que ustedes, los pobres italianos, no saben —Vázquez de Mella [9] está en los secretos del Estado mayor alemán, o sea de la Providencia divina— y por otra parte, su repugnante mezquindad de espíritu materialista no les deja comprender que se lance nadie a una guerra sino con la seguridad del triunfo. Y para mí lo más grande de Francia es cómo fue a la guerra en aquellos terribles y angustiosos días de agosto del año pasado. ¿Habría ido a ella Alemania si en su ciego orgullo pedantesco no hubiese descontado la victoria? Y éste es para mí el mayor pecado de ese pueblo de presa. Se equivocó en sus previsiones —es a lo que lleva el *Gott mis uns,* en vez de *Wir mit Gott*— pero si no hubiera confiado, como confió, pedantesca y orgullosamente, en el triunfo, habríase tragado las mayores humillaciones. Fue a vencer, no a salvar su honor. Todo lo contrario al espíritu de nuestro Don Quijote, el heroico vencido, el que venció siendo vencido.

Cuando usted dice en su artículo acerca de España es exactísimo. Este mi pobre pueblo está cansado, desilusionado, sin fe en sí mismo. La guerra de Cuba, aquella otra a que los Estados Unidos nos llevaron con su ¡*remember the «Maine»*! —ahora, en cambio, no hacen sino cambiar notas con Alemania, que no es España, por lo del «Lusitania»—, lo de Marruecos, tiene postrado aquí el ánimo.

9   Fue embajador de España ante el Kaiser.

Y los alemanes, apoyándose en nuestros católicos troglodíticos y en unos cuantos cientificistas —los hay que en
edad madura leen todavía a Julio Verne— aprovechan esa
depresión de ánimo y tratan de enconar viejos prejuicios.

Sí, la gente que aquí piensa y vale conoce a Italia y le
hace justicia. Y sabemos más, y es que en Italia se nos
conoce y aprecia mejor que en Alemania y se nos quiere
mejor. Estoy harto de repetir que acaso los mejores his-
panistas están en Italia. Y en Francia, desde luego. No tolero al *Herr Professor* tudesco, especialista en Calderón o
en Gracián o en un período que va de 1561 a 1658, que
se nos viene con la pretensión de enseñarnos cómo hemos
de aprender lo nuestro. No tolero a esos pretendidos orga-
nizadores de Europa que nos reservan el papel de buscarles noticias en nuestros archivos y hacerles papeletas y
fichas para que ellos redacten la monografía en que se
pruebe que Cervantes, Calderón, Velázquez, Goya, etc.,
fueron de raza gótica. ¡Al diablo con esas gentes que se
proponen catalogar el universo para poder luego, llevados
de su *Schadenfreude*, destruirlo! ¡Y destrucción pedantesca! Si Werther no se suicida habría estado entre los bom-
bardeadores de la catedral de Reims. Y no por barbarie,
sino por pedantería de barbarie. Enamorado de Carlota
se propuso ser el más desgraciado de los hombres; en la
guerra habríase propuesto ser el más inhumano. Hay que
guardarse de la hipócrita bonachonería de esos que lloran
lágrimas de cerveza al oír tocar a Schumann.

Sería un horror que triunfase en Europa la *Weltanscha-
uung* de ese pueblo tosco que hasta en sus desesperaciones
lo es. Porque no hay sino cotejar aquel ridículo pesimismo,
pesimismo metódico y profesional, de Schopenhauer con
la noble desesperación de Leopardi. Este llegó al fondo,
al tedio, a la infinita vanidad del todo, mientras que el
pedante prusiano se quedó en lo que de que la suma de los
dolores excede a la de los placeres! ¡Bruto! No vio sino

dolores y placeres y creyó que cabe contarlos, como si
fuesen soldados, o pesarlos, como balas de cañón. ¡Ni la
nobleza de la desesperación! Y en la crítica lo mismo.
Dudarán, o mejor, harán como que dudan, por profesión
y método, de la realidad del mundo exterior, pero no de
los boletines del Estado Mayor. Ya vio usted aquellos
noventa y tres *Gelehrte* —¡sabios!— afirmando dogmáti-
camente, ¡en la tierra del libre examen luterano!, no ser
cierto cosas que no conocían. ¡Oh, la investigación!

Pero ya, gracias a Dios, pase lo que pasare, no volverá
a apestar a los claros y nobles países latinos esa bárbara
escolástica tudesca. ¡Creo que hemos salvado el alma, nuestra alma, creo que la hemos redimido de la *Kultur*! La humanidad no será un hormiguero. Porque en esta guerra se
pelea por los fueros de la libre personalidad individual cristiana, se trata de salvar al hombre de la tiranía del Estado. El héroe nato, *ein geborener Held,* que es, según
Treitschke, el alemán, comprenderá que no se puede dominar al mundo con cañones, submarinos, zepelines, mi-
croscopios, telescopios, droguería, ingeniería y todo género
de ciencia y técnica y disciplina, teniendo un alma cavernaria, troglodítica, y careciendo del sentido de la libre personalidad propia. Verán lo que es lo que ellos llaman la
anarquía latina. Y una de las que le dará la lección será
esa eterna Italia, esa Italia de las muchas vidas, esa Italia
del incesante Renacimiento, esa cuna de la libre personalidad y de la vida civil. ¡Le alza el Dante, creador de
almas!

Mucho más le diría pues me rebosan pensamientos en-
cendidos por la guerra. Pero tengo aquí la tarea de des-
pertar, de animar, de consolar a mi pueblo.

Adelante, pues, y ¡viva Italia! Y a encerrar a esas
gentes en su caverna.

Sabe cuán su amigo es

[En M. García Blanco, *Unamuno y Papini,*
Annali dell'Istituto Universitario Orientale, julio 1964]

SOBRE ESO DE LA UNANIMIDAD

Pero hombre —me dijo—, parece mentira que después de las cosas que le he oído a usted tantas veces hable ahora así. ¿Es que no admira usted ya la organización y la disciplina?

—La organización y la disciplina, sí —le contesté—; pero no *esa* organización, ni menos *esa* disciplina. Y en todo caso, organización y disciplina no son más que medios, y así como el fin no justifica a éstos, tampoco los medios justifican al fin. Y yo renunciaría al engrandecimiento de mi patria y hasta a su hegemonía mundial si habría de lograrse por ciertos medios y a costa de mi personalidad y las de mis compatriotas.

—¿Pero no admira usted la unanimidad casi completa de todo un pueblo? —me dijo luego, torciendo algo el curso de nuestra conversación.

—Menos que nada —le contesté—. No sé si esa unanimidad existe, y aun dudo que exista, pues me resisto a creer en un tan completo *deshumanamiento* de todo un pueblo; pero si existiera, sería el más triste prodromo de una terrible decadencia espiritual...

—¡Bah! —empezó a decir—, y le atajé, añadiendo:

—Sí, ya sé que a usted y a sus congéneres, atacados ahora de un rabioso paganismo, la espiritualidad les tiene muy sin cuidado. Lo que importa es el éxito; lo que ustedes llaman el éxito. Y en cuanto a eso de la unanimidad me da lástima un pueblo unánime, así como me da lástima un hombre unánime.

—¡Un hombre unánime! —exclamó.

— Sí —dije—, un hombre en quien estén de acuerdo las varias almas que cada uno de nosotros guarda en el arcón de su conciencia, un hombre sin luchas interiores, sin guerra civil íntima...

—¡Pero un hombre así es el que vence! —arguyó.

—Pero no vive —le repliqué—, y a la vida hemos venido a vivir, y no a vencer. La victoria es de Dios.

—¡Todo reino dividido en sí mismo, perecerá! —exclamó sentenciosamente.

—Y el reino unánime, no dividido en sí mismo, perecerá también tarde o temprano —le repliqué—. Y perecerá más miserablemente que el otro, perecerá cómicamente, no trágicamente, y perecerá por consunción. Y ya que está usted, señor mío, en vena de textos escriturarios, le recordaré que el Cristo dijo que vino al mundo no a traer paz, sino guerra, y que por él estarían los hombres divididos, hermanos contra hermanos, hijos contra padres...

—¡Pero ya ve usted —retrucó con sonrisa de malicia— cómo en Francia han proclamado la unión sagrada de los partidos todos!

—¡Naturalmente! —le repliqué—. ¡Ante el enemigo común... naturalmente! Pero para volver después de la victoria —y le doy a esto de victoria muy otro sentido que usted y los paganos y trogloditas— a sus luchas intestinas, a aquéllas en que humanamente, es decir noblemente, estaban empeñados, mientras el pueblo de presa preparaba su agresión bajo una inhumana unanimidad. Porque aquello del *affaire* Dreyfuss fue grande, muy grande, noble, muy noble, de una parte y de otra, como lo ha sido en Inglaterra las luchas intestinas por el *home rule* irlandés y por los presupuestos Lloyd George, y lo ha sido en Rusia las batallas aquellas del nihilismo, por establecer el régimen constitucional de Duma. Esos son pueblos. Esas luchas son grandes, y no las maniobras políticas de parada de una democracia social imperialista organizada a modo militar, y que va a lograr ese tremendo embuste que es el socialismo de Estado al modo bismarckiano, el más terrible matadero de la personalidad.

—¡Y dale con la personalidad! —exclamó.

—Naturalmente, señor mío —le repliqué—. Los que

la sentimos, la defendemos, como el mayor bien de la tierra, como el supremo tesoro espiritual. Y la queremos para los demás. Y nos duele, nos duele en lo más vivo oír que pidan ustedes su propia muerte. Verdad es que *esa* organización y esa disciplina que ustedes reclaman es... para los otros. Sería cosa de oírles a ustedes en una España organizada y disciplinada humanamente. Pero yo, ya lo sabe usted, lo que pido para mi patria es que no se apague en ella la guerra civil.

—¡Hombre, no! —me replicó—. Lo que usted pedirá es que venza el partido en que usted milita...

—Poco a poco —le atajé—. En primer lugar, yo no sé bien qué sea eso de vencer, y en todo caso sé que usted y yo le damos muy opuestos sentidos; además, yo no milito, eso que usted llama militar, en partido alguno, ni es a partido a lo que yo sirvo. Yo no sirvo más que a la personalidad, a que ésta sea libre, compleja, variada, cambiante, aunque sufra. Y si viera que lo que usted llama el otro partido, el de *esa* disciplina y *esa* organización, el que absorbe al individuo en el Estado, el del dogma, el de la quietud espiritual íntima y el de la paz de la conciencia, el de consagrarse a los dos negocios, si viera que ese partido de la Inquisición y de la envidia —pues no es otra cosa—, si yo viera que la causa de los conservadores, «desvergonzadamente ramplones» —*svergognatamente triviali*— que los llamó en un momento de inspiración Carducci [10], si yo viera que iba a perecer, abrazaría, aunque sólo fuese como abogado del Diablo, su causa, para que el liberalismo, que es perpetua lucha, no pereciese también. No quiero *esa* victoria; no quiero *esa* unanimidad.

—¡Continuaremos! —me dijo.

—Cuando usted quiera.   *España*, n. 32, 2-IX-1915

[10] Giosuè Carducci, premio Nobel italiano de literatura, fue un escritor al que siempre admiró don Miguel.

MIGUEL DE UNAMUNO Y LA CLASE MEDIA

A continuación damos algunos párrafos de la conferencia pronunciada recientemente por Miguel de Unamuno en Bilbao.

Y esta clase, cuando llega un momento de conmoción de las entrañas de un pueblo, uno de estos terremotos sociales, que por lejos que ocurran siempre llegan ramalazos de ellos hasta los pueblos más lejanos, entonces muestra sus entrañas al desnudo. Ahora, estalla la guerra, y esta nuestra clase media ha encontrado su fórmula precisa, que es la neutralidad.

No me refiero, naturalmente, al caso concreto de tomar o no tomar parte, con las armas en la mano, en una guerra, no; eso es para mí una cosa secundaria. Cuando dicen neutralidad hasta en sentido sentimental, dicen otra cosa. Y ellos no es que sean neutrales, es que son neutros en el peor sentido de la palabra.

Costa, increpándolos, los llamó una vez eunucos; ni eso; el eunuco alguna vez fue hombre; hay gentes que no han sido hombres nunca (ovación).

Y ahora los veis con el alma al desnudo, mostrando las más tristes lacerías de un pueblo que va, en el sentido espiritual, no sé si decayendo o buscando por obscuros subterráneos un camino nuevo.

Oyéndoles se observa que no anhelan el triunfo de uno ni de otro, que anhelan la derrota de éste o de aquél.

Yo he oído esta horrible blasfemia que sólo puede brotar de almas viles y hambrientas: que España no puede alzarse sino sobre las ruinas o el abatimiento de su vecino. Son gentes que tienen podrida el alma, corrompido el corazón hasta decir una blasfemia tan enorme como esa; no merecen redención de ninguna clase; esas gentes no son hombres, no pueden llegar a serlo nunca.

He oído decir eso, y he recordado aquel terrible aforismo que cuando la guerra de Crimea tomó cuerpo por tierras de Castilla: Agua, sol y guerra en Sebastopol: ahora vamos a hacer nuestro agosto a cambio de la guerra del vecino.

Y están apoyados en todo un tejido de embustes, de falsificaciones y de calumnias que se ha extendido sobre toda España, diciéndose que nuestros vecinos no nos han dejado desenvolvernos. Eso, no es que sea falso, es mentira —esta es la palabra— mentira, es faltar a la verdad a sabiendas. Somos nosotros los que no hemos sabido desenvolvernos (muy bien, muy bien).

España, n. 34, 16-IX-1915

ANTE LA TUMBA DE ALBA

Fui al templo de San Esteban que en esta ciudad de Salamanca tiene la Orden de predicadores, templo en que se guardan las cenizas del que en vida fue el tercer duque de Alba, D. Fernando Alvarez de Toledo, verdugo de los Países Bajos, mastín de Felipe II de Austria, Rey de España y de las Indias, en cuyos dominios no se ponían ni el sol ni la intransigencia. Alba murió en Portugal que conquistó para su amo y señor, no para España. Y yo llevé ante su tumba el refulgente poema *Patria,* de Guerra Junqueiro [11], ese evangelio del patriotismo cristiano.

Lo que fue de Alba descansa en la cabecera de la nave central, al lado que llaman del Evangelio. En lo alto del

---

[11] Guerra Junqueiro, poeta portugués y amigo de Unamuno, fue uno de los escritores ibéricos preferidos por nuestro autor.

dorado retablo de José de Churriguera, alarde de retorcida grandiosidad, un cuadro de Claudio Coello nos representa la lapidación de San Esteban, primer mártir de la fe cristiana.

Cuando yo llegué a Salamanca, hace veinticuatro años, los restos del llamado Gran Duque, de aquel a quien Goethe puso para siempre en el rollo, en su *Egmont,* estaban en una sencilla caja de madera, en un nicho, sin inscripción alguna. Aquella austera desnudez decía más al alma que este monumento, debido al marqués de Cubas, que en 1893 erigió a su antepasado, en cumplimiento de la última voluntad de éste, el decimosexto duque de Alba, un Estuardo. Mas de tres siglos estuvo el gran mastín ducal sin mausoleo.

Abrí el poema portugués, evangelio del patriotismo cristiano. Al final de él, la trágica confesión del pueblo portugués, representado por un loco. Reconoce que sus glorias pasadas, por las que sufre y se incrimina, fueron infamias de ladrón, de pirata y de asesino; se arrepiente de su epopeya gigante, que fue locura de un momento y eternos crímenes; confiesa que la codicia feroz guió sus pasos y movió sus brazos el orgullo vengador; execra aquel imperio que levantó en Oriente segando vidas, y exclama: *Venha o remorso egual a iniquidade, Deus de justiça e luz, Deus de perdao!* Invoca luego al olor y bendice el llanto que baña sus ojos por ser el mar de lágrimas que sus crímenes vertieron por el mundo el mar de sangre de su orgullo y de su iniquidad. Acaba crucificado y en la cabecera de la cruz, dibujada a sangre, esta ironía: *¡Portugal, rey de Oriente!*

Cerré el libro del poema, miré primero al San Esteban, que, arrodillado bajo la pedrea, alza los ojos al cielo, y luego miré a aquella triste tumba fría que encierra el que fue último cuerpo del tercer duque de Alba. Y sentí, una vez más, que nunca un pueblo, por boca de algunos de sus profetas, alzó al cielo más noble oración y más grande protesta del patriotismo que esa, puesta por Guerra Junqueiro en boca de su noble pueblo portugués. Y pensé en nuestra epopeya y en lo que se llama nuestro siglo de oro.

En tiempo de nuestros Reyes Católicos, de nuestra castiza Isabel I de Castilla, nacida en Madrigal de las Altas Torres y muerta no lejos de su cuna, en el castillo de la Mota, de Medina del Campo, y que duerme en Granada, la recobrada, descubrió Colón en paz la América. El nieto de los Reyes Católicos e hijo de una loca, Carlos I de España y V de Alemania, fue nieto a la vez de Maximiliano de Austria y por aquí rodó España a un trágico destino. Por el eslabón del Rey Emperador viose ligada nuestra Patria al Imperio germánico y arrastrada a las luchas de la Reforma. Y lo que se llamó luego decadencia no fue sino expiación.

Aquí, en este triste y frío sepulcró salmantino, queda el montoncito de polvo del que fue tercer duque de Alba, brazo del imperialismo inquisitorial de nuestro Rey Felipe de Austria. Atormentó a Flandes y le apretó el dogal al cuello por el delito de creer que sólo la fe salva y no acatar al Papa de Roma y a la vez para hacerle vomitar sus tesoros, como lo confesó él mismo, con frescura de esbirro.

Llegó el día justiciero en que aquella Armada, a la que con necio orgullo se le llamó Invencible antes de haber luchado, pereció miserablemente en el Canal de la Mancha. Y dicen que el Rey, que debía de creer que Dios era su ministro, más bien que él mismo ministro de Dios —«¡Dios conmigo!», y no «¡Yo con Dios!»— exclamó que no había enviado su Armada a luchar contra los elementos. Olvidábase de que el Señor, a quien profesaba adorar, Jehová, el de las batallas —*Dominus Deus Sabaoth*— castigó a David por haber éste hecho un censo de sus soldados, fiándose en el número de hombres que sacaban espada (I Crónicas, XXI). Porque aquel Rey devoto, de pluma y bufete,

que no de espada ni de campamento, se fiaba en el número de sus soldados y en la eficacia del Santo Oficio.

Y desde aquel día justiciero, la casta de los Asturias
españoles, los que brotaron de un Hermoso tudesco y de
una Loca castellana, fue arrastrando, por providencial de-
signio, a España a la sima de la expiación.

> Un pastor y una grey sólo en el suelo,
> un monarca, un imperio y una espada!

Así cantó con inspiración pre-cristiana, pagana, Hernando de Acuña, poeta de Carlos de Gante, el hijo del
Hermoso y de la Loca, el conculcador de las libertades
españolas. ¿Llegó a verle la cara a Dios en Yuste, al pie
de Gredos, que es como el Sinaí de España? Su hijo Felipe de Austria, o, más bien, de Habsburgo, el segundo de
su nombre en España, murió en El Escorial —escorial, de
escoria!— con la herencia ya mermada. «Durmió en el
Señor escribió el P. Sigüenza— el gran Felipe segundo,
hijo de Carlos quinto; en la misma casa y templo de
san Lorenzo que avía edificado, y casi encima de su misma sepultura, a las cinco de la mañana, cuando el alva
rompía por el Oriente, trayendo el Sol la luz del domingo,
día de luz y del Señor de la luz, y estando cantando la
Misa del alva los niños del Seminario, la postrera que se
dixo por su vida y la primera de su muerte». ¿Y al dor-
mirse en el Señor le vio a Este la cara? ¿Oyó su voz terrible como el trueno de noche, aunque susurre en silencio
en el cáliz de la orgía del corazón? ¿Se encontró con Alba
y con Egmont?

Repasando en la memoria la cuenta de nuestras des-
venturas y nuestros errores y nuestros crímenes, es decir,
los de nuestros abuelos, o mejor aún, de quienes los guia-
ban, allí, bajo las bóvedas del templo levantado para la
Orden del Santo Oficio, frente al sepulcro de Alba, tenía

en la mano la poética confesión de un pueblo mellizo que también hubo tiempo en que soñó con un Imperio. Y pensé en D. Sebastián y en Alcazarquivir y en el naufragio del reino de Portugal. Y luego en el naufragio del Imperio de las Españas. Y llegué a Trafalgar, y a Bailén, y a aquella batalla de los Arapiles que ganó para España, no para el abyecto Fernando el Deseado, el duque de Wellington, el que luego derribó en Waterloo a Bonaparte. Y me dije ¡Ay de aquel pueblo del que Dios no se acuerda en sus juicios y no le pone la mano encima como castigo cuando quiere imponer a otros su ley, su Rey y su fe! ¡Ay del pueblo que, blasfemando como blasfemó Hernando de Acuña, no se encuentra un día con que tiene que morderse la lengua y tragar ceniza!

Alcé la vista al cuadro en que se representa la muerte de Esteban, el protomártir del cristianismo, el que fue lapidado por confesar su fe, en el que dijo: «Mi reino no es de este mundo», en el que peleó sin otra arma que la palabra —y él mismo era la Palabra—, y a quien dieron muerte los sumos sacerdotes y los fariseos del pueblo judío por estimarle un perturbador antipatriota (Juan XI, 48). Y teniendo en la mano el cristiano poema portugués, cabe la tumba del empedernido Mastín del Rey, Felipe II, me dije: «¿Y qué es el patriotismo? ¿Cuál el humano? ¿Cuál el cristiano? ¿Cuál aquél del que nunca, ni en vida ni en muerte, tendremos de que arrepentirnos?».

Salí del templo a la plazuela que le antecede. A lo lejos, los Arapiles se recortaban bajo este cielo de tan tersa azulez, este cielo de Castilla que no tapa la verdad a quien le mira con la conciencia limpia como él y creyendo en él. El alma de mi patria se me confesaba. Lloraba dentro de mí por aquellos de sus hijos perdidos todavía en las tinieblas del peor paganismo, del que esgrime la cruz a guisa de espada. Y me juré combatir por que mi patria conquiste ante todo una conciencia, convicta, confesa y contrita, y el anhelo del reino del espíritu que se gana con la lengua inflamada del verbo, no con la hoja fría del acero, quemando en amor y sembrando la propia sangre, no derramando la ajena en brutal sumisión.

¡Duerman en paz las cenizas de Alba!

Salamanca, 1915.

España, n. 37, 7-X-1915

Sr. D. Gilberto Beccari

Mi querido amigo:

Acabo de poner en el correo un paquete certificado, dirigido a V. conteniendo 19 artículos míos referentes a la guerra, uno de ellos en francés. Dieciséis de ellos han sido publicados en «La Nación», de Buenos Aires. No se los envío para que los traduzca todos —sería caso demasiado—, no, sino para que escoja los que crea pueden ahí interesar más. Uno de ellos *El caso de Italia* apareció en itailano en «La Patria dagli italiani», de Buenos Aires. Lo que sí le recomiendo es que me los guarde bien para devolvérmelos luego que haya traducido los que le convengan, pues con ellos, y algunos otros, pienso publicar después de la paz un tomo que se titulará *Ensayos de durante la guerra*. Otro día le enviaré los de «Hispania», de Londres [12].

Recibo números del «Nuovo Giornale»; vi lo de Blasco Ibáñez, lo de Ugarte y lo que usted dice de éste. ¡Bien! Está usted haciendo por la inteligencia espiritual entre los pueblos de lengua italiana y española más que ha hecho otro alguno. Y pronto he de proclamarlo aquí así.

---

[12] Ese tomo de artículos no llegó a publicarse en vida de Unamuno, aunque buena parte de ellos fueron incorporados al tomo IX de la edición de las Obras Completas, publicadas por Escélicer.

Prosigo mi campaña en pro de los aliados, del latinismo y de la justicia y contra la Kultur kaiserista y germana. ¡Pero no sabe usted bien lo que cuesta! Esos demonios de tudescos están halagando todas las peores pasiones de nuestro crédulo pueblo y engañándolo. Por lo que respecta a Italia da vergüenza y rabia oír las inepcias que se dice, sobre todo los curas y frailes. No les perdonan a ustedes la unidad. Y la ignorancia que aquí reina respecto a las cosas italianas es espantosa. Pero algo se va consiguiendo y aumenta el número, aunque aún pequeño, de los que saben y pueden hacer justicia a esa madre de la cultura, a esa Italia de las muchas vidas.

¡Buen año! Y que en él veamos el triunfo de la justicia.

Pinilla muy agradecido, le saluda.

Vaya un abrazo de

[Inédita]

MIGUEL DE UNAMUNO

¡ESE PÚBLICO...!

¡Pues bueno, las cosas claras! Araquistain [13] ha querido llamar la atención a los ingleses, desde un diario inglés, sobre eso de que tengan abandonada la propaganda en España y no se opongan más a los manejos de los misio-

---

[13] Luis Araquistain fue un escritor de este período y director del semanario «España». Visitó el frente de guerra italiano y contribuyó con sus artículos a defender la causa de los aliados.

neros de la tudesquería aquí, y el director de *La Correspondencia de España* escribió unas líneas ingenuamente cínicas sobre el desamparo en que dejan los aliados a los que, sin duda desinteresadamente y por convicción, sirven su causa. Pero yo ni creo que los alemanes gasten aquí lo que se dice, ni me parece mal que los aliados gasten tan poco o no gasten casi nada. ¿Para qué?

No es precisamente el dinero lo que corrompe y extravía a una buena porción de la opinión pública española respecto a la guerra. Con los dedos de muy pocas manos se podría contar a los que aquí en España se preguntan: ¿quién lleva más razón? ¿quién sirve más a la justicia? ¿quién representa un ideal de cultura más humano, esto es, más cristiano, y en que se respete más la libertad de la personalidad? Aquí no se preguntan más si no quién pega más; y se inclinan del lado de aquél que creen que pega más.

Alemania no necesita emplear mucho dinero en España; sus aparatosos y espectaculosos triunfos le bastan para imponerse a nuestros jóvenes turcos. Cuando empiece a flaquear, sea por lo que fuere, empezará a desvanecerse el kaiserismo troglodítico español, y cuando al fin sucumba al peso abrumador de sus vistosas victorias ese kaiserismo se habrá casi apagado. Y quedarán los que digan, como decían al fin de la partida los carlistas: ¡traición! Porque los adoradores de la fuerza bruta —y puede ser muy *científica* y metódica y organizada sin dejar de ser bruta— no comprenden que ceda sino a la traición. Toda fuerza moral es para ellos traicionera.

Esa parte de la opinión española se va detrás del que cree que va montando, y su grito es: «¡Viva quien venza!». Y con hacerle creer que se va venciendo se la tiene adicta. Lo que satisface la vanidad del que necesita creerse vencedor frente al que no se da por vencido. Y no hace falta gastar un ochavo en corromperla. Por lo cual hacen muy bien los aliados en no malgastar en España su dinero que lo necesitan para otros menesteres: para hacer la guerra. Ya se ganarán esa opinión española cuando ganen la guerra. Y si no la ganaren —lo que no creo— no se la ganarían por mucha razón que les sobrase y por muy justa que su causa fuese. Sansón Carrasco ha derrotado entre nosotros a Don Quijote.

Y no necesita Alemania comprar aquí escritores y publicaciones. Aquéllos y éstas se venden al público, a su público, y le dicen no lo que creen que se le debe decir, sino lo que saben que su público quiere que se le diga. Lo mismo pasó cuando la guerra de Cuba y en la tragedia que acabó en 1898. Y en cuanto al público...

El público que compra esas publicaciones y compra a esos escritores se alimenta de malas pasiones y es profundamente misólogo. Ha olido de qué lado se inclina la intelectualidad y él se inclina del otro por odio y por miedo a la intelectualidad. Y encuentra intelectuales que vendiéndosele, le sirvan.

Ese público suspira por la disciplina kaiserea y por la organización tudesca y por la jerarquía férrea, porque se siente un público de hormigas, de abejas o de térmites y le molesta todo lo que es personal. El mayor pecado de Francia para ese público fue aquella nobilísima guerra civil del *affaire* Dreyfus, cuando la República descuidó la preparación de su defensa contra el pueblo enemigo, que con la unanimidad del rebaño de presa, se preparaba a la agresión, y la descuidó para resolver un caso que afectaba a los Derechos del Hombre, a la intangible y sacrosanta dignidad de la persona humana, que debe estar por encima de la razón de Estado y hasta de la seguridad de la patria. Y esto a ese público, pura colectividad, montón de almas anónimas, con el propio sentimiento personal adormilado, le importa poco. ¡Es más, no quiere personalidades!

Con un seguro instinto husmea que el triunfo de la tudesquería refluiría en nuestra triste patria en un mayor prestigio del sistema de: «¡palo y tente tieso!» y «¡zapatero, a tus zapatos!» y «eso no me lo preguntéis a mí que soy ignorante...», en un mayor prestigio del materialismo político.

Y no importa que no crean ni en Dios ni en el Diablo; son profundamente reaccionarios. Si creyeran de veras en Dios, no lo serían. Pero para ellos Dios no es más que el Supremo Guardia Civil, si es que no es el Supremo Verdugo. Su religión es una religión policiaca. Su lema: ¡orden! Y ven tras el triunfo del kaiserismo una nueva Santa Alianza, aunque sea luterano-mahometano-católica, que imponga el orden y meta en cintura a los que se empeñan en pensar y en sentir por sí a su manera.

Añádase que entre esas gentes hay ancianos que todavía leen a Julio Verne y que se imaginan que la ciencia consiste en contruir skodas y zepelines y hacer gases asfixiantes. Para ellos la ciencia debe concretarse a ingeniería, droguería, estadística y cosas así. Todo lo demás no tiende sino a hacer descontentos, soñadores y utopistas. ¡A lo sumo una ciencia... patriótica! O si no, ortodoxa.

La batalla aquí está clara. Es una batalla contra la ramplonería que se enmascara de neutralidad. Todos esos adoradores del Leviatán le quieren para que proteja su romplonería. Quieren un patriotismo que nos distraiga de luchar por la otra Patria. Y hasta quieren la verdad oficial.

Ostwald, clarividente profeta del pangermanismo, ha dicho que hay que acabar con el individualismo anarquista latino. Yo diría más bien que con el personalismo. Y es lo que sienten todos esos que odian el personalismo porque no han descubierto su propia personalidad.

Todo esto parecerá, ya lo sé, fantasmagorías mías y una psicología caprichosa y paradójica de esa opinión española; pero creo conocer algo a nuestra lamentable y ramplonísima burguesía y las ruines pasiones de que se alimenta.

Ahora la azuzan contra Inglatera, pero no es por lo de Gibraltar, ¡no! Es porque Inglaterra ha sido el campeón de la libertad de conciencia, y es acaso también porque la Inglaterra de los presupuestos de Lloy George era un peligroso ejemplo. Es porque Inglaterra ha sido la verdadera maestra del liberalismo, y Francia es para esos la Francia de la gran Revolución y de los Derechos del Hombre. ¡Mientras Kant formulaba el imperativo categórico y se sometía a imposiciones jerárquicas!

La libertad tudesca, la de pulverizar académicamente cualquier doctrina y dogma y meterse hasta con Dios y proclamar el escepticismo absoluto... ¡pase! ¡A eso le llaman libertad interior! Pero nada de la otra, de la exterior, de criticar en medio de la calle el mandato del que manda y de silbarle y hasta de echarle de su sitio. ¡Eso no! Sí, en la cátedra cuanto se quiera; pero nada de rebelarse eficazmente. Y hasta en la cátedra... que pase en Alemania, pero lo que es en España... Necesitamos, según sienten esos, un kaiser, y un canciller, y un Reichstag; no un Parlamento constitucional a la latina, y un paso de parada y todo, en fin, lo que reduzca a aquéllos que quieren ser ellos, personalidades, a no ser más que piñones de las ruedas del Leviatán. Porque es lo que dicen: «¡aquí todos somos unos!».

Hay una quisicosa hórrida que Menéndez y Pelayo llamó la democracia frailuna española. Su ramplonería, su envidia, su ruindad, su materialismo, se han enconado ante el espectáculo de la guerra. Preveen tras de la lección un pueblo atento a enriquecerse, a hacerse poderoso hacia fuera, sumiso, obediente, disciplinado, y que no haga lo que debe hacer todo pueblo digno; es decir, todo pueblo compuesto de personalidades, y es: ¡revoluciones! La vida de un pueblo digno, no de un hormiguero, debe ser continua guerra civil y revolución continua. Y que nadie duerma sobre la almohada del dogma tradicional.

Hay que haber sufrido la estúpida modorra de nuestras muertas villas españolas esteparias, con sus hórridos casinos, islotes de ramplonería en que se rompen las olas de todas las nobles inquietudes —religiosas, políticas, sociales, filosóficas, artísticas...— y haber sentido el vaho inespiritual de sus tresillistas o chanelistas, y observar cómo sus buenos burgueses, tan atiborrados de sentido común como horros de propio, sin haber nunca luchado, al modo de Jacob, con el ángel del Señor van los domingos y fiestas de guardar a estar en Babia en la iglesia, a lo que dicen oír misa, y cómo, sin haber jamás pensado —¡pensar ellos...!— en problema alguno político, se mueven en las elecciones, pues suelen ser lopecistas o sanchecistas; hay que haber pasado por eso, por esa ciénaga de materialismo de nuestra acorchada burguesía, para comprender lo que les entusiasma la perspectiva de ese Sacro Romano Imperio Germánico, que imponga a esta Europa inquieta y demagógica la paz y el orden de una Beocia harta de bienes materiales, y de ciencia útil, y de verdades oficiales. Porque... ¡nada de extremos!

No, no necesita Alemania comprar publicaciones ni escritores, ni deben los aliados comprarlos en España. ¿Para qué?

La lucha es, no precisamente entre dos Españas, como se ha dicho, sino entre esa España de la susodicha democracia conventual y los españoles que se sienten tales; es decir, personas, yos conscientes de una españolidad futura.

¡Y si no está claro, que venga Dios y lo vea!

España, Madrid, n. 56, 17-II-1916

TRABAJO PERDIDO

AL EXCMO. SR. D. JULIO BURELL [14]

He leído en las columnas de este mismo semanario que una veintena de doctores y licenciados en ciencias se han dirigido al señor ministro de Instrucción Pública y Bellas Artes, pidiéndole que intervenga en el caso del ya famoso catedrático de la Central, autor de las amenidades que salieron a relucir también en este semanario.

Esos licenciados y doctores pierden el tiempo en cuanto al efecto inmediato y eficaz de su acción. Hablando de las esferas ministeriales dicen que en ellas, «desgraciada y casualmente, son desconocidas las fechorías científicas del Dr. Vidal». Son desconocidas esas y otras muchas fechorías. Es más, allí no importa nada de eso.

El ministerio de Instrucción Pública y Bellas Artes es en España administrativo y político; pero no técnico. De la marcha íntima de la enseñanza, de la calidad de lo que se enseña allí no le importa nada a nadie. Además, la competencia de todo catedrático es un dogma indiscutible, promulgado y sancionado por el gran Concilio o Sanedrín del Consejo de Instrucción Pública. No se puede ni siquiera poner en duda la competencia técnica de un señor catedrático, que además de catedrático es elector. Y la electorería y la politiquería están por encima de todo.

No sólo se puede dar y se da el caso de ese señor catedrático tan asendereado ahora; se da el caso de un catedrático que fue regularmente capaz y competente en su tiempo; pero que con los años, pasados acaso los ochenta, se ha incapacitado por completo, hasta el punto de no salir de casa ni asistir a cátedra un solo día en todo

---

[14] Julio Burell desempeñó la cartera de Instrucción Pública en el segundo gabinete del Conde de Romanones.

el curso y sigue en activo (!!!) servicio y estorba la buena marcha de la enseñanza. Porque lo de las jubilaciones forzosas y el expediente que a partir de los setenta de edad se hace cada dos años es otro de los escándalos de nuestra deplorable administración electorera y politiquera. Con la misma tranquilidad se declara útil a uno que ha caído por completo en la última infancia, que se le declararía inútil, por sano y fuerte capaz que estuviese, si así importara para satisfacer *necesidades* políticas y de caciquería. Aquí suelen jugar unos absurdos respetos y unas no menos absurdas consideraciones que ocultan algo muy feo.

Y no es sólo que se quiera escogitar modo de quitar de en medio al incompetente; es que se le puede nombrar catedrático a un incompetente, y no a pesar de serlo, sino precisamente por que lo es. Se ha dado el caso de nombrar a más de uno titular o numerario de una asignatura cualquiera, sea N, por haber estado desbarrando, como auxiliar, en esa misma asignatura tantos o cuantos cursos. ¡Porque como nadie se podía cuidar de si lo hacían bien o mal...! Pues lo de la inspección técnica —no administrativa— para auxiliares y numerarios o titulares es la bestia negra de la enseñanza, el horror de los horrores.

Esa veintena de ingenuos licenciados y doctores que se han dirigido al señor ministro de I. P. y B. A. (en iniciales están mejor, como el R. I. P.), hacen notar que es harto difícil encontrar eco en la opinión y «en el mismo claustro universitario». Ese *mismo* vale cualquier cosa. Donde menos se puede encontrar eco para esa obra de verdadero saneamiento pedagógico es en los claustros universitarios. Pues éstos, cuando convertidos en colegios electorales votan quien les represente, se cuidan de que sea alguno que contribuya a mantener ese estado de cosas, cuando no a amañar tribunales de exámenes para que ingresen en el profesorado espíritus de esos rebosantes de la amenidad que en este semanario se denunciaba.

No, el mal no tiene por hoy remedio ni lo tendrá en mucho tiempo. No puede tenerlo mientras en la más alta esfera oficial reine el espíritu de arbitrariedad y de capricho; cuando no, que suele suceder a tiempos, el de un profundo filisteísmo, más o menos abogadesco, y hasta el del más tremendo beotismo. Los intereses de la cultura son lo de menos. Ante todo y sobre todo, las cosas llamadas personales, que suelen consistir no pocas veces en el más absoluto desprecio a la personalidad. Mejor que personales sería llamarlas *fulanescas*. Porque no es personalismo; es fulanismo lo que todo lo trastorna en nuestra vida oficial. Es cosa sabida que hasta cuando se da una disposición de carácter general algo justa y razonable, no es porque sea tal, sino a pesar de serlo; es para servir con ella a fulano, zutano o perencejo. Y después, suele abolirse. Y ocurre también que una barbaridad de carácter individual se arregla con otra barbaridad de igual carácter. Todo, menos hacer las cosas como es debido y poner coto a la arbitrariedad y la desidia.

Este tema por la depuración pedagógica de carácter técnico, este empeño de que se nos pueda revisar los papeles a todos los catedráticos, este ahinco porque se inicie, mal que bien, la inspección técnica —que la hay para la primera enseñanza—, esta obstinación porque la competencia profesional del catedrático no sea un principio indiscutible e inviolable, algo regio e irresponsable, es en mí antigua. Lo saben casi todos los que fueron ministros de I. P. y B. A. durante los catorce años que fui rector de la Universidad de Salamanca, hasta que me echó del cargo, supongo que por venganzas de origen electorero y para servir al conde de Romanones, un ministro idóneo sin sentimiento alguno de la dignidad personal ajena y no sé hasta qué punto de la propia. Alguna vez intenté que se incoara el expediente de competencia y capacidad profesional, y de ello puede atestiguar don Santiago Alba [15]. Y por cierto, el consejero de I. P. que vino a incoar el expediente empezó diciéndome que suponía estaría yo con él conforme en que *no se puede* poner en tela de juicio la competencia técnica de un catedrático por oposición. A lo que le respondí, claro está, que hay que revisar y examinar, cuando convenga, la de todos, la de él y la mía inclusives.

No, esa veintena de licenciados y doctores no conseguirán lo que buscan. El catedrático es, por ignorante que sea, o por loco que esté o que se ponga, intangible en España. Se le puede separar de su cátedra a un exaltado, generoso y quijotesco, como fue el Dr. Moliner, que no era, ni mucho menos, incompetente, pero a un loco o enloquecido, a un tonto o entontecido, a un perfecto ignorante o a uno que por la edad o los achaques olvidó cuanto sabía, a ese no se le puede separar de su cátedra. Y si llegase a separársele a alguno por eso, no habría si no escarbar en el asunto y aparecería *ella*. ¿Quién es ella? La politiquería, que no la política. Pues este bello y noble nombre no debe degradarse aplicándolo a lo que aquí se llama, por abuso, con él.

En las oficinas del ministerio de I. P. podrá llevarse cuenta de todo, hasta de las más menudas chinchorrerías fulanescas, pero de la verdadera competencia o incompetencia técnica de cada profesor no se sabe nada. Ni se quiere saber. Como no sea si tienes tales o cuales librejos declarados de mérito por tal o cual Academia. Que esta es otra triste historia. ¡Porque hay cada libro declarado de mérito!... De mérito a los efectos del R. D. tal o cual.

Y el remedio no vendrá del profesorado que de todo se cuida, si es que cuida de algo, más que del prestigio de la clase. Se reunirá alguna vez para pedir, como pobrecitos obreros explotados, aumento de jornal y disminución de

[15] Ministro de Hacienda en 1917.

días de trabajo, pero revisión de competencias y barrido pedagógico, eso... ¡nunca! Es lo intangible; es el quicio de la llamada libertad de la cátedra. Y es claro, no van a atentar contra esta sacrosanta e inviolable libertad éstos que se llaman a sí mismo, no sabemos por qué, liberales. ¡Pues no faltaba más!... La cátedra es y debe ser libre, y el catedrático debe tener derecho a explicar todos los desatinos y herejías científicas —mientras no sean más que científicas, como v. gr. explicar como válido el sistema astronómico de Ptolomeo o la química de Paracelso— o a no explicar nada. Lo cual es mejor muchas veces.

Ante todo y sobre todo hay que hacer pedagogía... politiquera. O politiquería pedagógica. Cuanto más brillante mejor y por arbitraria que sea.

Continuaremos.

España, n. 68, 11-V-1916

¡ES EL ÁBREGO!

«La luz viene de Oriente», dijo, y al oírselo le respondí: «sí, por la mañana, pero por la tarde la luz viene de Occidente»; y cuando oigo hablar de la luminosidad del mediodía, pienso que el día es en verano mucho más largo en Noruega que en Andalucía. Y en cuanto a frondosidad, no he visto desolaciones mayores que las de algunos campos calcinados del Sur y el Levante de nuestra España. Y nada hay más terrible que ese encendido ábrego —*áfricus,* viento africano— que ahornaga las hojas y resquebraja de sed los campos. Es algo sahárico; es como un *simún.*

Pues, ¿y el otro ábrego, el del espíritu? Parece traer

también arenilla del desierto de la inteligencia, de la imaginación beduína. Siente uno como si le fregaran con arena el corazón. Y se acuerda de aquel bautismo de arena de que habla el Corán, cuando no hay agua.

Hace unos días leímos que al pronunciar un señor senador la palabra *culebra* salieron algunos del salón, algunos de los abuelos de la patria, haciendo no sé qué prestidigitaciones y murmurando: «¡lagarto!, ¡lagarto!». El suceso, con ser tan sintomático, no mereció sino algún que otro leve y amable comentario más o menos irónico en los diarios de la Villa y Corte de los milagros; pero uno de Barcelona, al comentarlo, llamaba a esos senadores saháricos *mamarrachos*. El epíteto nos parece demasiado suave y eufemístico.

Pase que un señor senador se estremezca y sienta escalofríos de tontería al oír la palabra culebra; pero la dignidad del cargo le obliga a aguantarse y hacer sus conjuros y exorcismos con la mano metida en el bolsillo del pantalón y sin moverse de su asiento. Salir de estampía del salón al oír mentar a la bicha, es como si un coronel, al oír por primera vez silbar las balas, echara a correr.

La cosa, aunque lo parece, no es regocijada. Revela una mentalidad, y, más que mentalidad una callosidad tal de la imaginación, que da una triste idea del país y de sus hombres. Porque eso de estremecerse al oír la palabra culebra revela una imaginación sahárica, molida y desgastada por la friega de la arenilla del ábrego espiritual.

Apostaríamos cualquier cosa a que esos abuelos de la patria que huyeron al oír mentar a la bicha son *aficionados*. Aficionados por antonomasia, es decir, a las corridas de toros. Porque sólo a la córnea imaginación del aficionado le pone así el oír la palabra culebra.

Y luego estas cosas tristes, bárbaras, degradantes, se encerezan las unas con las otras. Así, por ejemplo, el que pueda darse el caso vergonzoso de que huyan del salón de sesiones del Senado unos senadores aficionados al oír mentar a la bicha, tiene relación con que se pueda decir que en la formación de un tribunal de oposiciones a cátedra de la Universidad Central jueguen influencias de... ¡Belmonte! Era mucho mejor que, puesto que Belmonte tiene algo de cirujano, le nombrasen competente. Y no lo sería menos que otros competentes oficiales.

¡Es el ábrego, es el terrible ábrego!

Es un viento temeroso, seco, cálido, que agosta la verdura, y hasta produce una retórica suya, una retórica de hojarasca seca que cruje sobre campos calcinados.

¡Cuántas verduras del alma no ha agostado en España el ábrego espiritual!

Es el viento del «qué se me da a mí», y del ser amigo de sus amigos, y del «la cuestión es pasar el rato» y de tantas abominaciones más. Es el viento de la arbitrariedad ingenua, de la que no puede comprender lo que no sea arbitrariedad.

No, no es lo peor llevar al gobierno y administración de las cosas públicas un espíritu de aprovechamiento propio, de enjuague o de chanchullo. Un hombre rapaz y sin escrúpulos para lucrarse puede ser un hombre útil. El que no puede ser útil al bien público es un jándalo aficionado que lo tome todo peor que a broma. Todo menos las corridas de toros y las culebras.

¡Es el ábrego!

Y en esta pobre España donde, no siendo en el Norte, llueve menos que nos hace falta, el ábrego es devastador.

¡Y no es lo más terrible que el ábrego espiritual acabe con la formalidad y la seriedad, no! Lo peor es que sustituye a aquéllos con cierta *formulidad* —a la forma con la fórmula— y a la seriedad con cierta gravedad. El que tiene el alma desollada por el ábrego suele ser formulista y grave, aunque no sea ni formal ni serio. ¿Hay nada más grave que un aficionado? ¿Hay gravedad más ritual y ritualidad más grave que las de la afición?

¡Es el ábrego!

Bajo la acción de la friega de sus arenas hay abuelos de la patria que huyen despavoridos del nombre de la culebra, y dicen que hay matadores de toros dispuestos a dar la alternativa —¡cuestión de *competencia*!— a cirujanos de hombres.

Y el ábrego acaba por amontonar médanos secos en la conciencia de la patria.

En un tiempo se habló mucho en Italia de una cuestión de Nápoles. Y de la *maffia*.

En el Norte de España, en mi propio pueblo natal, en Bilbao, ha hecho ya su aparición el señorito que pega al sereno y arma camorra en las calles más equívocas durante las altas horas de la noche. Esos señoritos, que en mi juventud no eran conocidos por aquellas latitudes, se preparan a padres y abuelos de la patria, acaso a algo más. Llegará un día en que lleven a la administración de la cosa pública lo que les salga de los calzones.

La mayor fuerza espiritual parece ser en España la real gana, esto es, la santísima voluntad. No una voluntad virgen, no; sino una voluntad desnuda, en pelota, que no es más que voluntad; salvaje. Una voluntad endurecida y encallecida al ábrego.

¡Y aun hay quien cree que va a celebrarse en España la firma del tratado de paz con una corrida de toros solemne, asombro de los plenipotenciarios extranjeros y regocijo de nuestros trogloditas!

España, n. 91, 19-X-1916

LA FISIOLOGÍA PARLAMENTARIA

«Prevaricar (del lat. prœvaricare) n. Faltar uno a
sabiendas y voluntariamente a la obligación de la
autoridad o cargo que desempeña, quebrantando la
fe, palabra, religión o juramento».
Diccionario de la Lengua Castellana, por la Real
Academia Española. Decimocuarta edición. Madrid,
1899. Página 810, columna 1.ª.

Otra vez más ha logrado el señor Urzáiz [16] provocar
un escándalo farisaico en el Congreso diciendo desnuda-
mente y a la faz del país lo que todos los escandalizados
dicen en el seno vergonzoso de la intimidad.

En cierta ocasión clamó Cánovas en ese mismo ruedo
parlamentario diciendo que no se podía llevar a él voces
del arroyo. Y es, sin embargo, el agua viva y corriente del
arroyo la única que puede sanear esa charca anidadora de
paludismo moral.

Y la enfermedad es tal y tan grave que pasa por lo
normal, por lo fisiológico, y cuanto de ella se desvía, lo
sano, lo verdaderamente sano en el orden moral, aparece
como enfermo y patológico. Un manto mugriento y andra-
joso de convenciones verbales, bordado y festoneado de
frases y de vergonzosos eufemismos —esa miserable jerga
de abogados de malas causas y de hipócritas profesionales
de la arbitrariedad—, es lo que es el llamado lenguaje
parlamentario. Que es, además, como lenguaje, y sobre
todo en el respecto estético y literario, la cosa más lamentable. Su fondo es el miedo a la verdad.

Así se ha constituido la normalidad, la fisiología del
Parlamento. Y todo aire colado de la calle que se haya
refrescado en el arroyo en que se bañan y de que beben

[16] Angel Urzáiz y Cuesta fue Ministro de Hacienda en el
período 1915-1917.

los que sufren hambre y sed de verdad y de justicia, lleva enfermedad a esa charca.

El Presidente del Consejo de Ministros, casero y minero, y desde ayer académico de ciencias morales y políticas, dijo que había tenido que echar al señor Urzáiz del Consejo de Ministros por sus especiales condiciones de carácter, de todos conocidas. Es decir, que las condiciones de carácter del señor Urzáiz no son las generales o genéricas de aquellos de que se sirve el Conde y el señor Sánchez Guerra [17], aclarando aún más el concepto condal, algo velado en su vaga expresión de índole parlamentariamente eufemística, habló de que el señor Urzáiz se presta a que se le considere como un enfermo y dijo que tendrían que decir que se encontraban frente a un caso patológico.

Y con relación a la fisiología del Parlamento, resulta el señor Urzáiz, sin duda alguna, un enfermo y un caso patológico. Lo que honra mucho moralmente al señor Urráiz. Porque en ese Parlamento la mejor ejecutoria de nobleza que pueden extenderle a uno es considerarle y reputarle como a un enfermo, un soberbio, un díscolo, un esquinado, un perturbado o siquiera un hombre de condiciones especiales —es decir, no las allí generales—, de carácter. Entre gentes que viven de fórmulas, de acomodos, de enjuagues y a las veces de abyecciones —sólo disculpables por cierta triste tradición de pordiosería y de holgazanería—, esos dictados son los que puede apetecer todo hombre que a un vivo sentimiento patriótico una el de su propia dignidad personal. Y lo más deshonroso, lo más penoso, lo más bochornoso para todo el que se estime es merecer pasar en ese ámbito por un hombre listo, hábil o travieso que se hace cargo pronto y que sabe donde está.

---

[17]   José Sánchez Guerra desempeñó el cargo de Ministro de la Gobernación en 1917.

Hay acomodamientos al ámbito que no suponen selección
alguna progresiva, sino regresiva.

El señor Urzáiz logró que los fariseos hicieran como
que se escandalizaban al hablar de prevaricación, cuando
es un valor entendido y corriente lo de que entre los que
ocupan autoridad o cargo, con frecuencia profesionales de
la arbitrariedad, es cosa de cada jueves faltar a sabiendas
y voluntariamente a la obligación de la tal autoridad. Y no
siempre interesadamente, sino que a las veces, y esto es lo
peor, por ostentación de prepotencia e impunidad y hasta
por desprecio manifiesto a la opinión de los buenos. Como
quien dice: «yo hago esto porque me da la real gana y
puedo hacerlo».

Pero el que estuvo verdaderamente inefable en esa ya
histórica y gratamente memorable sesión fue el inexistente
señor Dato —y el no existir de veras es su disculpa—, que
dirigiéndose al señor Urzáiz soltó, a modo de un fonógrafo,
estas palabras estereotipadas y dignas del que vendió al
señor Maura: «¡Diga que no ha tenido el propósito de
ofender con sus palabras!». ¡Estupendo de ramplonería
ética!

*¡Diga que no ha tenido el propósito de ofender con sus
palabras!* Este conjuro, genuinamente idóneo y típicamente
parlamentario, pinta al país y al tiempo que puede admitir
a que rija sus destinos a quien tan solemne vaciedad moral
pronuncia. Porque eso no es sino una vaciedad moral y las
vaciedades morales son más perniciosas que las vaciedades
mentales. El que después de oírse inculpado de prevarica-
dor, o de otra inculpación tan concreta y precisa y tan defi-
nida como ésta, se contentara con que se le dijese que al
echársela en cara no era con el propósito de ofender, está
juzgado.

Este triste criterio convencional es de la misma laya que
aquella nefanda doctrina de la doble naturaleza, la del
hombre público y la del privado. Con esta doctrina infame

y el blasfemo apotegma de que «la política no tiene entrañas», se quiere cohonestar las mayores degradaciones y los más feos atropellos morales. Pero no nos quepa duda de que no hay diferencia entre quien roba un acta de diputado, v. gr., y quien roba otra cosa, así como los llamados delitos políticos suelen ser delitos vulgares en el peor sentido. Y sólo donde domina esa terrible confusión moral y se puede creer que cabe ser un caballero en la vida privada y un pícaro en la pública política, es donde cabe darse por satisfecho cuando se le dice a uno que no hubo propósito de ofenderle con tales palabras o tales hechos.

Esos son los de «mi querido amigo personal...», y esos arrumacos y lagoterías con que se acarician en torpes y nefandos tratos los que luego, como hombrezuelos, se echan la zancadilla y se dan puñaladas traperas en eso que llaman conjuras. ¡Qué asco!

La sesión del día 4 de noviembre de este año fue, sí, triste, muy triste, pero no por lo que la ha considerado así la prensa de los diputados, escrita, cuando no inspirada, por profesionales de la política y en servicio de ellos, que forman una sola legión con uniformes y consignas, distintos y hasta opuestos; fue triste, por lo de las *especiales condiciones de carácter,* por lo de *enfermo y caso patológico,* y por lo de: ¡diga que no ha tenido el propósito de ofender con sus palabras! Sí, dígalo, y aquí no ha pasado nada, y todos somos unos, y a quien Dios se la dé San Pedro se la bendiga, y puede el baile continuar. Convendría que resucitase Echegaray, que fue un diestro parlamentario dramatúrgico, y nos explicase lo de mancha que limpia.

No hay nada que horrorice más a los abogados que la desnudez de la verdad.

España, 9-VI-1916

¡O MILICIA O CARRERA!

LA VEU DE CATALUNYA del día 9 de este mes de noviembre publicaba un suelto titulado: «La carrera política» y dedicado al «Sr. Salvatella —ahora traduzco citando—, aquel joven formado a la sombra de Sol y Ortega, orador precoz, mundano más o menos legendario, diputado habitual por Figueras, que con su nombre puede decirse que compendiaba toda la fuerza y toda la historia catalana del federalismo ampurdanés» y que «acaba de ser proclamado diputado a Cortes por el artículo 29... en Granada».

«El patronazgo del Gobierno es evidente», añadía La Veu. Sí, es evidente. El distrito de Figueras, un distrito catalán, es decir, de opinión pública, democrático, no quiso ya por representante, por unas u otras razones, al señor Salvatella [18] y el Gobierno le encasilló, con el vergonzosísimo artículo 29, por uno de los distritos electorales políticamente más abyectos, cual es el de Granada; por un distrito sin opinión alguna y donde las pocas conciencias libres que allí, por milagro, queden sufren bajo el abrasador hostigo del ábrego espiritual. Porque aquel caciquismo podrá no ser de los más violentos, pero es de los más vergonzosos. Achica las almas.

Comenta luego La Veu la evolución del señor Salvatella desde el federalismo al *liberalismo independiente,* pero de artículo 29 granadino, y concluye:

«Merced a los que se dicen o se decían republicanos y tildaban a la Lliga de poca intransigencia, la política vuelve a parecer entre nosotros, como es en Madrid, una carrera. Procuremos nosotros, con nuestro ejemplo, que todavía

[18] Joaquín y Gibert Salvatella, liberal monárquico y Ministro de Instrucción Pública en 1922.

entre las grandes multitudes y personalidades del nacionalismo catalán, como por ahí en Europa, la política sea una especie de milicia, con toda la técnica formidable y con toda la sencilla abnegación de una milicia europea».

¡O carrera, o milicia! Está bien. Y cuando hablamos, execrándolos, de los políticos de oficio o profesionales de la política, entendemos los que forman la política como carrea, y aun peor, como deporte, cual algunos señoritos ociosos y vanos, no como milicia. ¡Milicia, sí!

Pero milicia no puede ser la política más que en los pueblos de opinión pública, de conciencia civil, de ciudadanía, de civilidad, de civilización. En pueblos formados de distritos como el de Granada y todos los demás que manejan, con el 29 ó sin él, los caciques electoreros, la política no puede ser más que carrera. Milicia puede ser la política en los pueblos con conciencia de la cosa pública, en las verdaderas repúblicas, estén o no bajo un rey.

Porque llamaríamos mejor repúblicas a las naciones regidas por opinión pública, tal Inglaterra, tal Bélgica, tal Italia, tal Noruega, etc., aun cuando tengan al frente un monarca hereditario, mientras que son *res privatae* o monarquías las que llamándose repúblicas estén bajo el albedrío de un presidente. Tal fue Méjico bajo D. Porfirio. No es el tener al frente rey vitalicio y hereditario o presidente temporal y electivo lo que hace una monarquía o una república. Un presidente puede ser monarca y un rey puede ser el supremo magistrado que sanciona la opinión pública donde la haya y tiende a suscitarla donde duerma. Puede haber republicanos del rey, y uno de ellos es en Grecia Venizelos, empeñado en salvar la realeza helénica a pesar del mismo Constantino, muy convencido, según parece de la superioridad de su propio juicio e intelecto, y puede haber y ha habido y hay y habra monárquicos de un presidente dictador. El punto estriba en apoyarse o no en la opinión pública.

En relación con esa aplicación del triste 29 granadino dícese que se trata de heñir en Cataluña un partido, no ya liberal dinástico, sino romanonista, o de cualquier otra laya de fulanismo, un partido político de carrera y no de milicia, un partido de profesionales. Los partidos del turno, los de los furrieles que dijo Maura, quieren tomar pie en Cataluña, ya que Cataluña, país de opinión pública, es hoy el mayor estorbo para la política profesional, la de componendas y la de servilismo. Son los diputados catalanes los que más descomponen la comedia parlamentaria, los que más veces se tiran a dar en la escena del duelo, donde los actores ensayados, los de la empresa, saben que el estoque es de caña y además embotado.

Se trata de heñir, digo, esto es, de aparentar en Cataluña un absurdo partido como el que ahora hace de mayoría, un partido de carrera, sin verdadero programa político, sin idealidad ni realidad, una empresa. Y para eso los mal llamados liberales que explotan el prestigio de la realeza, se aprestan a llevar al rey a Barcelona, donde se dice que se le hará por suscrición de magnates otro palacio y donde se trata de ganar el ánimo de ciertas gentes. ¿El ánimo del pueblo?

¡El ánimo del pueblo, no!, ¡la opinión pública, no! Los empresarios de ese viaje no saben lo que es opinión pública, no conocen la conciencia de un pueblo. Son grandes electoreros acostumbrados a manejar el encasillado y el cohecho electoral y el artículo 29 y otras vergüenzas por el estilo y no se dan cuenta de lo que es un pueblo en que haya conciencia política, civilidad, civilización, democracia. Y es muy fácil que tomen por pueblo a una pobre turba de señoritos o señorones vanidosos y hueros a la caza de cintajos o de pergaminos frescos o acaso de sinecuras.

Sería, en efecto, un grave error creer que a un pueblo, a un verdadero pueblo, a un pueblo de opinión pública, con conciencia política, un *demo* y no a una turba —y en

Cataluña hay ya pueblo— se le gana con cruces, títulos, senadurías vitalicias o prebendas y honores repartidos entre los cachicanes y rabadanes.

Ni a los mismos a quienes así se les agracia cabe llevarles luego, con ello, a aventuras fantásticas o empresas que no arraiguen en la opinión o no tengan fundamento de clara realidad, de conveniencia pública. Supongámonos v. gr., que repartiendo esas mercedes honoríficas entre los potentados catalanes, se les quisiera luego meter en una fantástica y utópica empresa colonizadora en Marruecos, pongo por caso, o en otro proyecto brotado de cualquier cerebro patriótico y bien intencionado, pero soñador y no enfrenado, y que ellos, mirando la cosa fríamente, se negarán a secundar tal fantasmagoría; pues bien, no habría entonces derecho a quejarse de ellos diciendo: «parece mentira que se nieguen a realizar este patriótico empeño luego que se les ha hecho condes y marqueses y cruzados». No, porque así se gana la vanidad, pero no la opinión. La opinión, y no ya la de un pueblo, mas la de una triste turba vanidosa de señoritos y señorones, se gana con razones y con justicias.

Y aun podría haber otra cosa peor y es lo que ha expresado un diario barcelonés, *La Lucha,* recordando el letrero que apareció en Bristol durante un viaje oficial y que decía «Bienvenido sea el príncipe, pero sin *baccarat*». Porque sería triste habilidad que para prepararle mejor recibimiento contentando a ciertas gentes se diese rienda suelta a las tolerancias. No, no es ni debe ser aneja a una corte cuando viaja la licencia de la alta y baja vida para que, por agradecimiento a la indulgencia, hagan ambiente de cortesanía. Son procedimientos de electorería. Se cree ganar ovaciones como se gana votos.

Y en Cataluña, en Barcelona sobre todo, hay un pueblo. Y hay milicias políticas, cada una con su credo y su bandera, de oscuros combatientes que sólo piden justicia

y razón y claridad y política democrática, milicias que ca-
pitanean hombres que no están todos dispuestos a dejar la
milicia por la carrea y a pasar porque se les encasille y se
les saque diputados por el 29 en cualquier abyecto distrito
electoral manejado por cualesquiera caciques. No, no todos
se prestan a ir de actores al tablado del Parlamento, a representar la escena del duelo, después de haberlo ensayado
y llevando los cómicos, por si acaso, por si el estoque de
caña les hiriera, una cota de malla en el bolsillo. Cota que
puede ser un papel providencial de efectos aparentemente
redentores.

Hay en Barcelona milicias políticas, hay un pueblo y a
un pueblo no se le gana satisfaciendo la vanidad barata de
sus prohombres o encasillando a éstos por el vergonzoso
artículo 29, escarnio a la inconciencia pública de la España
amodorrada y amordazada con mendrugos de pan negro
y duro.

España, n. 96, 23-XI-1916

PANTERRE

PANTERRE; así llamaban y no sé si siguen llamando en
Alba de Tormes, con un vocablo que parece ser corrupción
de *parterre,* al trabajo de movimiento de tierras o apisona-
miento de suelos que en los inviernos duros se da a los
pobres para justificar una limosna que parezca jornal. Y
eso no se hace sólo en Alba de Tormes. Aquí, en Salamanca, iban unos desencachando —o desenchinarrando,
como aquí se dice— las calles para que otros las tuvieran

que volver a enchinarrar. Con lo cual quedaban peor que antes, según los eternos descontentos. Pero otros opinaban que no podían quedar peor.

«Pero, ¿por qué no se les da la limosna y que no hagan como que hacen y lo echen todo a perder?», decía el eterno descontento. A lo que no faltaba quien contestaba que la limosna degrada y que siquiera para no herir el quisquilloso pundonor de los necesitados, de los mendigos vergonzantes, había que darle apariencias de justa retribución. Pero el eterno descontento no se daba por vencido y volvía a la carga. Y decía: «que les den, sí, que les den el jornal, pero no por estropear las calles; que se lo den por ir a cantar a la alameda!

Mas he aquí que he encontrado algún concejal —¡claro está!— que me ha asegurado muy serio que ese trabajo de *panterre* no era inútil, y que le parecía muy bien, no sé si para la salud, para la comodidad o para el ornato, el frecuente desenchinarrar y volver a enchinarrar. Hay gustos y opiniones para todo. Y además la lógica concejalesca tiene un argumento irresistible, que es éste: «usted tiene su criterio, que respeto, pero yo tengo el mío, tengo mi criterio». Con lo que uno se exime bonitamente de tener que razonar sus acuerdos.

Pues bien, hay muchas clases de *panterres*.

¿Se quiere subvencionar a un ingenio desconocido o incomprendido, a quien nuestro voluble e inculto público no atiende como él se merece? Pues bien, se le encarga oficialmente que escriba una obra sobre lo que sea. ¡Qué más da! Y cobra por ella y luego la escribe —se dice que ha habido caso en que luego no la ha escrito el ingenio, y acaso hizo muy bien— y luego la reparten entre las bibliotecas que gozan de estos donativos de que en este mismo semanario dijo algo Eugenio Noel. ¡Qué obras esas del donativo oficial!

El eterno descontento opina aquí, como en lo del des-

enchinarramiento y vuelta a enchinarrar, que es mejor que
se le dé al necesitado ingenio su subvención y que no
escriba la obra. «No es lo malo lo que ha costado —me
decía uno de esos eternos descontentos de una de esas
eternas obras—, lo malo, lo peor es la obra; ¡que le den
el dinero, sí, que se lo den, pero que se lo den por no
escribirla!

Mas así como hay concejales que de buena, de bonísima fe, creen que es útil el panterre y encuentran bien
el nuevo piso recién reenchinarrado, hay diputados y senadores y directores generales y subsecretarios y secretarios
o ministros que encuentran muy bien el otro panterre y
opinan de buena fe, de bonísima fe —lo digo, te lo juro,
lector, sin sombra de ironía ni de humorismo—, que la
obra subvencionada no está mal. Ellos, por lo menos, no
la harían mejor.

Porque eso es lo terrible, que se pueda dar la limosna
vergonzante de la subvención porque no se ve la maldad
intrínseca del panterre de la obra hecha. El mal es de
origen intelectual.

Quejábaseme una vez un opositor a cátedras de uno
de los jueces del tribunal que iba a juzgarle, diciéndome
que era un hombre venal y necesitado —creo que jugador— que tenía vendido su voto y había sido nombrado
para que votase al opositor. N Y yo le dije: «No tenga
usted cuidado por ese juez. Es, sí, según todos dicen, venal, pero es competente, muy competente. Le han puesto
ahí para que vote a N., en efecto, pero N. es ¡tan bruto,
tan bruto! y tan ignorante, que en cuanto empiece a dis-
paratar verá usted cómo el juez ese se indigna y lo echa
todo a rodar, y se chifla en sus promesas y no le vota.
Conozco algo al juez ese, y por embotada que tenga la
conciencia moral tiene muy sensible su conciencia científica. Y fíese usted más de un verdadero competente, por

golfo o venal o político que sea, que no de un incompetente austero, a quien se le engaña».

Y así es. La mayor garantía de moralidad es la verdadera competencia.

¿Por qué no se les pone nada por delante a los profesionales de la arbitrariedad que tanto abundan en nuestra
administración política? Es por incompetencia, por ignorancia, por amentalidad muchas veces. Y eso aunque pasen
por listos.

Me contaba hace poco un compañero que en unas
oposiciones a unas becas en Granada un caciquillo local
recomendó a uno de los jueces dos opositores: B. y C.
El opositor B. obtuvo plaza y el otro, el C., no la obtuvo.
Y vino el caciquillo y le dijo estas claras razones: «Hombre, yo comprendo que usted tenga que atender a más
compromisos que los míos y que de mis dos recomendados
no haya usted podido colocarme más que uno, B; pero
resulta que tengo mucho más interés por C. que por B.
Cámbiemelos, pues, que a usted le da lo mismo». El juez
así interpelado, nuevo en la plaza y llegado de muy otra
latitud ética, quedó estupefacto de la proposición y empezó
a querer razonar su conducto. Y entonces tocó la vez de
asombrarse al otro, al caciquillo granadino. ¡Aunque no
de asombrarse, no! no se asombraba. Sencillamente no
entendía palabra. «Es como si se le hablase en otra lengua» —me decía mi compañero.

«Y en otra lengua se le hablaba —le dije—, en una
lengua que no podía comprender. Y no sólo ni precisamente por defecto ético. Hay más. Al caciquillo aquel le
parece que lo mismo da dar la beca a B. o a C. si es por
cuestión de que sepan más o menos. Comprenderá que
se le dé al más pobre, o al mejor recomendado, ¿pero al
que sabe más? ¿Y qué es eso de saber más? ¿Y qué es
saber? Para ese sujeto, que probablemente no sabe nada

bien, el saber, como no sea lo que se llama saber vivir, no significa nada».

Y así es. El manadero último de los panterres y de las polacadas y de los nepotismos y de los favoritismos y de las arbitrariedades es ignorancia. Y no ya sólo ignorancia, sino incapacidad de salir de ella, incapacidad de aprender, incapacidad de enterarse.

Lo he dicho mil veces; el mal hondo es la incompetencia invencible. El régimen de arbitrariedad y confusión y barullo y merienda de negros, ese régimen que prospera bajo el ábrego —y bajo el noroeste, el viento de las tercas lluvias de que hablábamos otro día— es hijo de la incompetencia invencible, es hijo del triste atraso intelectual de nuestras clases dirigentes. No padecemos tanto bajo desaprensivos o desahogados o frescos —como se les llama— como bajo incompetentes por naturaleza y por educación.

El mayor castigo de los buenos que huyen de la responsabilidad del gobierno es, según Platón, que serán gobernados por los peores. Pero hay algo peor que ser gobernado por el peor en sentido moral, y es ser gobernado por el más torpe, por el menos inteligente. ¡Y hay cada político!...

Me han contado que uno de nuestros mayores prestigios científicos, el mayor prestigio científico de España hoy, salió escandalizado de las cosas que le oyó a un gobernante que por oponérsele una corporación a algo que pedía, exclamó: «¡Creí que estaba entre amigos!...». Y si ese nuestro prestigioso sabio salió así escandalizado es porque el cultivo austero de la ciencia le ha pulido la conciencia. Como la pule el cultivo austero del arte y de cualquier actividad inteligente cuando es inteligente el cultivo.

Y habrá *panterres* y cosas por el estilo en esta pobre España oficial donde se hacen, como se han hecho y siguen haciéndose, tantos prestigios; en esta España oficial a cuyo frente aparece hoy un fresco —así le dicen— sin frescura

alguna. Porque si en el fondo hubiese las cosas maquiavé-
licas —¡pobre Maquiavelo!— que muchos susurran, menos
mal, pues aun sería ello tragedia. Pero lo peor es que no
debe de haber nada de eso sino oquedad y cobardía arriba
y abajo [19].

España, n. 98, 7-XII-1916

[19] La palabra «panterre» no la recoge el Diccionario de la
Real Academia de la Lengua en su última edición, pero sí «parterre» con el significado de «jardín» o «parte de él».

La comida de «España» en el palace.
La garra de Unamuno apretando el cráneo microcéfalo de un
troglodita germanófilo español.

LAS BIBLIOTECAS POPULARES

Don Miguel de Unamuno ha pasado por Eibar, la villa guipuzcoana de los armeros, y en la Casa del Pueblo, con motivo de la formación de su nueva biblioteca, les ha dejado en una conferencia unas cuantas ideas y consejos sobre el cultivo del espíritu por el libro. He aquí algunos fragmentos:

Las bibliotecas populares contribuyen a la labor más necesaria y urgente en España: a crear conciencia pública. Es igual que esta conciencia sea derechista o de la izquierda. En este particular opina como un amigo suyo que divide a los hombres en dos clases: los que piensan y los que no piensan. Los que piensan, sean lo que fueren, son progresistas; los que no piensan, llámense como se llamen, son reaccionarios.

El Parlamento es una indecente chapuza. Lo más grande que queda es crear conciencia pública; el problema más grave, el de la necesidad de que los pueblos actúen por su cuenta. Lo peor no es la violencia, sino la torpeza. Esta guerra, que es la lucha de los pueblos armados contra los ejércitos de casta, traerá, a su terminación, un gran ajuste de cuentas y contraste de valores.

Vosotros que hacéis armas de fuego debéis también fabricar armas de fuego espirituales para contribuir a crear una conciencia pública en esta región. Hay que presentar guerra al cacique: el cacique bueno es peor, porque da margen a aguantarle. Debéis crear conciencia de todos los problemas: desde los más íntimos de la administración municipal hasta las elucubraciones más transcendentales. Nada peor que aquel principio que delega el pensamiento en la autoridad y dice: eso no me lo preguntéis a mí que soy ignorante... Hay que preguntarlo todo, hasta tomar cuentas a Dios del por qué de las cosas. Claro que no se dignará contestarnos, pero en ese caso nos asiste el derecho de la protesta.

No es menester que vuestra biblioteca sea brillante. Lo importante es que no sea intervenida por ninguna razón dogmática, ya sea del Estado o de la Iglesia. Un buen método consiste en adquirir aquellos libros que pide la gente, buscar lo que interesa a la gente. Esto, sin embargo, no quiere decir que no haya de guardarse cierta orientación.

Ejemplo de los estragos que hace la intervención del Estado en la formación de las conciencias, es el grado de ceguedad, rebajamiento y degradación que representa el manifiesto de los 93 intelectuales alemanes. Estos sabios que en el orden científico no hubieran afirmado jamás cosa alguna sin haberlo previamente confirmado por la experiencia, han venido a decir que esto fue o no fue, sucedió así o de otra manera, sencillamente porque un Estado Mayor, consagrado como infalible por el Estado, así lo afirma. Y esto en el país donde Lutero llevó a efecto la revolución religiosa, basado en el derecho del libre examen. En último término, ello se explica porque son gentes que viven del Estado y están sujetos a él.

En cambio en la Francia independiente se ha podido decir por un conspícuo militar, que los franceses no hubieran hundido el *Lusitania* porque los oficiales que recibiesen tal orden no se hubieran creído obligados a obedecer, poniendo por encima de las necesidades de la guerra los derechos de la Humanidad; palabras que son las más hermosas que se han dicho durante la guerra.

Este espíritu de independencia no se adquiere siempre con la enseñanza oficial. De ahí la importancia de esta otra enseñanza espontánea, incongruente y fragmentaria, sí, necesariamente, pero no impuesta, mejor que aquella otra modelada por conveniencias extrañas.

Una biblioteca así tiene que ser bastante deficiente, pero hay que tener en cuenta que es para vosotros y no para sabios. Libraos de solicitar obras del depósito del Ministerio de Instrucción Pública. Os inundarán los estantes de todos los malos libros que han escrito los diputados tontos, de todo lo invendible, de todo lo que nadie lee. Antes de ahora he dicho: que mejor fuera les dieran su dinero, no por hacer el libro, sino por no hacerlo. No sirven para nada bueno si se exceptúa esto: que en algunos momentos de insomnio ayudan a dormir más pronto.

Hay que formar la biblioteca con los libros que pide la gente. Afortunadamente, vosotros no pediréis libros de texto: es lo peor que se da. Los catedráticos son los entes que cobran más por hacer menos. Sólo les falta pedir la jornada legal de ocho horas al año.

Sin embargo, no puede dejar de haber en una biblioteca los tesoros del clasicismo. No conviene abarrotar los estantes de libros de técnica profesional. Sí es útil, en cambio, que no falten los libros de imaginación, de viajes, etc. Los obreros tienen que aprender también a soñar, a ejercitar su inventiva. No se aprende sin diversión. La distracción es un elemento esencial.

Es de suma importancia que las gentes sepan que los pueblos viven de las más opuestas maneras y con las costumbres más diversas, y, sin embargo, viven y realizan su fin social.

Aquí estuve yo en otra ocasión con un amigo a quien no olvidáis: Tomás Meabe. Era él un soñador que pasó la vida mirando al cielo. Su vida fue corta, pero no triste ni infecunda. Era el soñador que os prestaba sus sueños, os contagiaba de sus dulces esperanzas. Quiso dar un más alto sentido a la vida y elevaros a otras esferas. Debéis recoger cariñosamente su espíritu y continuar su obra.

Todos recordaréis aquella fábula inmoral, profundamente inmoral, de la hormiga y la cigarra. La hormiga se nos presenta en ella inmensamente egoísta. O ¿es que la hormiga pudo atesorar sin que le endulzara sus fatigas el

canto de la cigarra? Por otra parte, he comprobado que la
hormiga es el animal más hipócrita de la creación. Hace
como que hace y no hace nada; por cada vez que tira de
su carga lo deja nueve veces. No hacen más que andar
muy deprisa de un lado a otro. Esto me recuerda a los
señoritos de automóvil, que van a la mayor velocidad posible de un sitio donde nada tienen que hacer, a otro donde
tienen menos que hacer.

Hacen falta coleccionadores de sueños. Cosa triste es
vivir sin trabajar: hay que trabajar para vivir y vivir para
soñar. Que el espíritu se distienda por otras regiones y que
podamos olvidar las asperezas de la vida. El pan es un
medio y no un fin. Hay otro pan espiritual que debemos
pedir a las bibliotecas, recordando a los hombres buenos
que han pasado por el mundo prodigando el tesoro de sus
sueños.

España, n. 102, 4-I-1917

UN MAESTRO EN DIGNIDAD PERSONAL

*Días atrás dio Unamuno una conferencia sobre
la Universidad española en la Academia de Jurisprudencia de esta Corte. La prensa publicó extractos
de ella; pero ningún periódico recogió el final que
aquí publicamos, magnífico compendio de una gloriosa vida dada a los españoles en pedazos de espíritu, dilacerante grito de noble amargura ante la des-
consideración personal de quienes debieran ser, como
supremos funcionarios del Estado, los primeros en
colmar de honores a este maestro insigne, D. Miguel
de Unamuno, a quien toda España tiene que estar
agradecida por lo que de él ha recibido directamente
y por la gloria refleja que le viene de contar entre
sus hijos a un hombre admirado mucho más allá de*

nuestras fronteras. Lejos de eso, el premio a una severa y fecunda existencia de altísimo magisterio ya sabe todo el mundo cuál fue: el despojo de su cargo de rector, y no sólo eso, sino además el agravio recalcitrante e inconcebible de no haberle dado lo que se da por un codazo involuntario a cualquier transeúnte: una explicación. El conde de Romanones, si pudiera elevarse sobre todo personalismo, si pudiera objetivarse —y nosotros somos de los que creen que sí puede—, haría una gran obra de justicia, que seguramente llenaría de nobilísima satisfacción su espíritu y que merecería el reconocimiento de todos, dando a D. Miguel de Unamuno una reparación moral que a todas luces se le debe. No estamos tan sobrados de hombres realmente insignes para humillarlos con inmerecidas e innecesarias desconsideraciones.

Empieza hablando de la grave crisis porque pasa la Universidad, de la que huyen profesores y alumnos, sin que nadie lo remedie.

Las actuales Universidades españolas, dice fueron fundadas en 1857, en virtud del art. 128 de la Ley de Instrucción pública y fueron una pura ficción oficial, sin que sus claustros gozaran de autonomía alguna. El extraordinario es algo puramente ceremonial y ridículo. La Universidad no es organismo, sino mecanismo.

Intentose establecer cierta autonomía universitaria; preparó la ley, previos informes de los claustros, el primer ministro de Instrucción Pública, D. Antonio García Alix, y tuvo que acoger el proyecto el ministro que le sucedió, Romanones. El proyecto de 21 de octubre de 1901, aprobado por el Senado y el Congreso y la comisión mixta, fue hundido, antes de votación definitiva en el senado por el duque de Tetuán, de acuerdo seguramente con el hábil Romanones, que aunque lo presentó no lo quería. Ni podía quererlo, pues en él se limitaba las facultades indiscrecionales de los ministros y se daba a los claustros intervención en el nombramiento de decanos y rectores. Según su art. 17, el rector, cuyo cargo duraría cinco años, habría de ser nombrado por Real Decreto a elección del claustro, sin que se le pudiese separar sino previa formación de expediente que se resolvería en Consejo de ministros. Lo que no conviene a nuestros profesionales de la arbitrariedad política, que necesitan hacer de estos cargos, llamados de confianza política, algo que deprime siempre la dignidad del que lo ejerce y poder separarle, no ya sin formación de expediente más sin advertencia previa y sin darle a saber, ni pública ni privadamente, los motivos de tal acto, sino estableciendo más bien la doctrina inmoral, atentatoria a la dignidad del ciudadano, del secreto de la confianza ministerial.

El proyecto de 1901 fracasó y vuelto a presentar en 1905 tampoco cuajó. Ni hubiera remediado gran cosa. Con claustros universitarios que no están hechos ni por Universidades autónomas ni para ellas la autonomía universitaria sería un desastre. La Universidad, criatura artificial del Estado, carece de personalidad moral hoy por hoy. Los catedráticos no son sino unos funcionarios públicos, de hecho irresponsables y faltos de inspección. Si se les encomendara, v. gr., el nombramiento de personal, entronizaríase el nepotismo y el indigenismo. La intervención de los claustros ha resultado funesta tanto en los expedientes de jubilación, cuando ellos intervenían, como en aquel desgraciado ensayo de reparto de premios sobre que se echaron a la rebatiña.

Es un mal lo del Estado docente pero un mal necesario. Por mala que la enseñanza oficial sea, la otra, la privada, y la de las Asociaciones, es peor. El mal de la oficial es la irresponsabilidad de los que enseñan, la falta de inspección técnica. Las dos principales preocupaciones de S. M. el Catedrático son el escalafón y las vacaciones; toma la cátedra como un beneficio de por vida, con derecho de abusar.

Las oposiciones son el medio menos malo de entrar en el profesorado. El libre nombramiento ministerial sería lo mejor en un país de verdadera opinión pública, pero no donde pasa por tal el vocerío de los pregones del mercado de la prensa enciclopédica cotidiana y la representan ministros atolondrados, profesionales de la arbitrariedad con el brío de no saber o no querer aconsejarse de capaces.

El orador cuenta algunos casos de *camarrupadas* [20] para demostrar la falta que hace la inspección técnica.

El art. 170 de la Ley de 1857 establece que se puede formar expediente al catedrático que vierta «doctrinas perniciosas»; pero esto se entiende de orden religioso y está en relación con los arts. 295 y 296 que establecen la inspección de los obispos y prelados. Los evidentes errores científicos, los disparates técnicos, no son doctrinas perniciosas. Puede un mal profesor de cirugía hasta matar a los enfermos de la clínica.

Considérase el Ministerio de Instrucción Pública como de entrada y allí no se legisla, en parte por miedo a cierta guerra civil. Y cuando se legisla es ridículamente. Un ministro de mala letra creó la cátedra, perfectamente inútil, de caligrafía en los Institutos.

No se hace política pedagógica, pero en cambio interviene la politiquilla electorera en la enseñanza. Un ministro, de cuyo nombre dice el orador no querer acordarse, dio una Real orden privada a un hijo de Romanones para que fuese a examinarse fuera de tiempo y con un tribunal *ad hoc.* Hay ministro que pretende dar por sí los premios ordinarios que compete dar a una Facultad, y al oponérsele dice: «¿si no puedo eso, para que estoy aquí?».

Agrávase el mal con que los claustros sean colegios electorales para elegir senadores. Con no menos razón podían serlo las Delegaciones de Hacienda, las Oficinas de

[20]   Chanchullos, fraudes.

Obras Públicas o las Audiencias Territoriales. Porque la Universidad no es nada independiente ni con vida propia. Y así se introduce en ellas la plaga de la electorería. Siendo ministro el Sr. Bugallal separó de su cargo al director de la Normal de Salamanca por haber inducido a unos amigos, no subordinados, a votar contra el candidato ministerial en unas elecciones municipales. Siendo el orador rector de Salamanca recibió un telegrama del ministro, que lo era Romanones, diciéndole que si el catedrático D. Luis Maldonado pedía licencia se la negase pues era para ir a preparar su candidatura a diputado a Cortes, y posteriormente, no hace un año, ha estado todo el curso, parte con licencias ilegales, parte sin ellas, otro catedrático de aquella misma Universidad, pero ministerial, preparando sus dos sucesivas elecciones a diputado.

El remedio a estos males más que la autonomía sería por una parte la inspección técnica y por otra el robustecimiento de la ley que limitara las atribuciones indiscrecionales y arbitrarias de los ministros. Y así como en Guerra se ha encomendado los planes y reformas militares al Estado Mayor del Ejército, acaso convendría pensar en una especie de Estado Mayor de la enseñanza, elegido por sufragio de todo el cuerpo docente de los tres grados, y no el actual Consejo de Instrucción Pública, hechura ministerial, que preparase una nueva ley, fuera del trasiego de ministros, entre los que se puede dar quien quiera hacer las cosas por verija y no por seso.

Lo peor de todo es que no hay opinión pública sobre enseñanza, que a los padres sólo les importa que sus hijos cojan el título que les capacita para el destinillo; que las ciudades no ven en la Universidad sino un medio de ingresos o algo de vanidad lugareña —que es lo que ha dado origen a la oncena y última— y el profesorado se ha convertido en el sacerdocio escéptico de una religión oficial que no tiene creyentes.

Al finalizar el último curso, dice el orador que cumplió los veinticinco años de su profesorado, dando en él día a día su vida a la patria. «He tratado en este tiempo —acaba diciendo— de dar a esas generaciones que han pasado por mí, no ya sólo el amor a la verdad, a la belleza y al bien, sino un amor a la perenne e inacabable conquista de esos bienes. Vale más estar continuamente conquistándolos que no poseerlos. Es lo que decía Lessing: que si Dios le ofreciera la verdad en una mano pero teniendo que reposar en ella y en la otra el anhelo inacabable de conseguirla, le diría: «la verdad es sólo para Ti, Señor; dame este último». He tratado de darles un cierto sentido de inquietud que a mí nunca me ha faltado, un descontento íntimo, acaso tanto mayor cuanto van mejor las cosas, por creer que todavía están muy lejos de lo que deberían ser, y hacer de ellos unos ciudadanos, no ya sólo de esta España transitoria y terrestre, sino de la otra España celestial y eterna con que he soñado tantas veces y que pueda ser una ilusión mística, e infundirlos el que hagan una labor en el sentido del pasaje de Tucídides, que tantas veces, en años, he comentado en mi clase cuando decía escribir su historia *eis dici,* para siempre. He procurado no convertir la cátedra en trampolín para otro empleo, otra función, otro cargo cualquiera, seguro de que allí, oscuramente, con muy poca gente, recogido en derredor del tradicional y clásico brasero, estaba también haciendo política, civilidad.

«Ocho hijos de carne me ha dado Dios, y muchas docenas, muchos racimos de hijos del espíritu, que han ido pasando por allí y recibiendo de mí lo que yo había recibido del espíritu de nuestros padres, y he tratado de acrecentar, por lo menos de calentar cuanto podía al calor de un corazón que todavía, a pesar de los años, no se ha convertido en pavesa, este legado de los siglos y de la historia, que es el pensamiento de Dios, y he tratado de inculcarles la dignidad del hombre, la dignidad no ya del hombre este transitorio, la dignidad del hombre eterno, que es siempre alumno de la vida, que es siempre ciudadano del espíritu del universo [21].

Todavía, gracias a Dios, no ha decaído mi espíritu; al contrario, cuantas más contrariedades —y no soy el que las ha encontrado mayores ni me ha ido tan mal en la vida—, cuantas más contrariedades he podido encontrar más me he enardecido y Dios quiera evitarme el dejar un día de encontrarlas; entonces estoy perdido —cuando uno no puede luchar, ¿qué le queda por hacer?—. Nunca de todos esos que han pasado por allí, que ya están desparramados por toda España y algunos fuera de ella, de todos esos que han sido mis discípulos, nunca he recibido sino pruebas de la mayor consideración y hasta de cariño; que este erizo, que si se obstina en no querer venir aquí es por miedo a que, gastándole las púas, le conviertan en conejo, este erizo ha sabido atraerse siquiera el cariño de aquellos con quienes ha convivido.

«En estos veinticinco años no he tenido más que una experiencia aunque muy útil, también muy dolorosa, y es que siempre que tropecé con alguno de esos que llamo profesionales de la arbitrariedad, que toman al hombre de instrumento y de juguete, he pasado por grandes amarguras; por las amarguras que pasa todo el que desea ejercer una función pública seria y en bien de la cultura y ve que en el fondo no se le considera. He sabido lo que es la jerga indigna de esas gentes que todavía están en la aplicación del secreto inquisitorial. Pero ha tenido ello la gran ventaja de despertarme el orgullo. En este país sin ambicio-

---

[21]   La equiparación que Unamuno hace entre «hijos de carne» e «hijos del espíritu», responde a una vieja y constante teoría unamuniana según la cual, son los hijos de carne y sus personajes literarios los que le harán vivir eternamente.

nes y con vanidad, lo que hay que tener es orgullo, que,
a mí se me ha exaltado y Dios quiera que se me exalte
todavía más. Es lo único que a todos los profesores puede salvarnos: un orgullo que nos ponga enfrente de esas
gentes que cubren la oquedad interior unas veces con ci-
nismos y otras veces con falsos bríos».

España, n. 104, 18-I-1917

PROFESIONALISMO ANTIPATRIÓTICO

Para explicar ciertas timideces y ambigüedades del Poder público español frente a las demasías germánicas, y más
aún a las demasías germanófilas de algunos que oficialmente al menos aparecen como españoles, se dice que es
temor a la prensa germanófila, al espectro carlista a algún
que otro ministro y a cierta parte del ejército. Vamos a
decir algo de este último.

El ejército español sabe perfectamente que su misión
es ejecutar los acuerdos de la nación y que ésta tiene sus
órganos de deliberación en los que no entra el ejército
como tal. Y estamos todos seguros de que si las cosas
llegasen, como no es difícil que lleguen, por parte de Alemania, o mejor de la oligarquía kaiserista que la esclaviza,
a tal punto por los agravios a la dignidad y a la libertad
y a la seguridad de la vida de España y de los españoles
pasasen aún más de la raya de que ya han pasado, el
ejército español estaría todo él, como es su deber, al servicio de la voluntad nacional. Y esta voluntad no se decide
por las chillerías de unos cuantos fanáticos y de otros cuantos asalariados. Y algún órgano en la prensa de ese ejército
bien claro lo ha dicho así.

Que hay militares españoles germanófilos no cabe duda , como los había en Italia, y en Rumanía, y en Rusia,
y en Inglaterra misma, antes de entrar estas naciones en
guerra con Alemania. Esos militares germanófilos, sean o
no los más y sean los más o los menos cultos y entendidos,
no sólo en milicia sino también en ética, tendrán sus razones para su germanofilia, pero hay una cosa que no podemos, porque no queremos, creer de ellos. Es que, siendo
germanófilos por profesionalismo, lleguen a poner el profesionalismo por encima del patriotismo.

El que en Alemania está en gran predicamento el ejército, el que allí sea temido más que en otras partes el militar de profesión, el que goce de privilegios y de una consideración social de que en otras partes no goza, podrá ser
un motivo, más o menos discutible, para que un militar
español sienta admiración y hasta afecto a Alemania; pero
no lo es bastante para que crea que por eso lleva la razón
en esta guerra y menos para que esa admiración y ese afecto le lleven a creer que España tiene que sufrir todo género de molestias y afrentas de ese país militarista.

¿Qué diríamos de un español catedrático de alemán que
se declarase germanófilo en esto de la guerra nada más
que por creer, con más o menos razón, que si Alemania
no obtiene la victoria que busca y sí la que le quieren
imponer los aliados, se despretigiaría de tal modo que se
suprimirían en España las cátedras de alemán? Conocere-
mos, sin embargo, catedráticos universitarios españoles, y
no de alemán, que desean el triunfo de Alemania porque
creen que en ella los catedráticos gozan de más prestigio
y de más sueldo que en otras partes. Es decir, que estos
nuestros catedráticos se sienten germanófilos por creer que
Alemania es un país catedraticista como es militarista. Y en
general funcionarista. Como que allí la profesión abroga
al hombre y el profesionalismo al humanitarismo.

Nosotros creemos, por el contrario, que el hombre ha

de ser ante todo hombre, hombre civil, ciudadano, y que no debe juzgar las gravísimas cuestiones de ética internacional, y una es la guerra con criterio profesional. No tiene más razón ni más justicia en la guerra el que técnicamente la lleve mejor —mientras la lleve—, ni el que un país tenga mejor preparado su ejército es prueba de su superioridad. Tanto valdría creer que porque habiendo en un país más enfermos y más graves que necesitan más asistencia médica y estando, por lo tanto, más en auge en él la medicina, ese país está más adelantado que otro en que, por gozarse de más salud natural, hay menos médicos. O juzgar de la superioridad en civilización de Petrogrado sobre Sevilla, en caso de que la hubiera, porque en aquél, en Petrogrado, la calefacción está más adelantada que en ésta, en Sevilla. El que un país tenga la guerra por principal industria, como la tiene Prusia, según el economista Wagner, no es ninguna superioridad.

Es más; así como conocemos catedráticos celosísimos y que cumplen a toda conciencia, y hasta con entusiasmo, su cometido y que aborrecen el catedraticismo —que empieza a haberle— y maestros muy maestros que ven el peligro del pedagogismo, comprendemos que haya sacerdotes dignísimos y celosísimos que sean anticlericales y militares antimilitaristas.

Desde luego, todo hombre, todo verdadero hombre, todo hombre civil —y los militares también son civiles, o deben serlo—, todo ciudadano patriota no debe creer que su servicio profesional sea más patriótico ni más heroico que otro servicio profesional cualquiera, ni más digno, ni más meritorio, ni menos. La dignidad está en los motivos íntimos porque uno lo rinde, y si es *pro pane lucrando,* para ganarse la vida, cualquier profesión no es más que profesión en el peor sentido.

¿O qué diríamos de los abogados españoles si combatieran y censuraran a una nación cualquiera extranjera, que había llevado sus costumbres jurídicas a tal punto que se hubieran reducido allí al mínimo los pleitos y temieran la influencia en nuestro país de semejante orden de cosas?

No, no queremos creer que haya ciudadanos españoles dedicados a la honrosa profesión de las armas —pero no más ni menos honrosa que otra profesión pública cualquiera de servicio patrio— que traten de justificar los atropellos de Alemania contra el derecho de gentes, hasta cuando se ejecutan contra españoles, por la miserable razón de que si Alemania no obtuviese la victoria que buscaba decrecería el auge y el prestigio de la profesión de las armas en todas partes o vendría una época de desarme mayor o menor en toda Europa. Yo no sé si con la derrota de Alemania recibiría o no un fuerte golpe la *catedraticina* alcaloide inespiritual de producción germánica; pero si así fuera, me alegraría de ello. Porque lo que acaso más necesitan nuestros centros de enseñanza es que entren en ellos muchos de los que nuestros pedantes de la cátedra consideran como *zurupetos*. No hay que execrar tanto el diletantismo cuando éste tiene entusiasmo y alma. Y, además, entre nosotros los zurupetos se diferencian poco en competencia de los profesionales titulados o con patente, si es que no los superan.

Puede haber otras razones que no las aquí sugeridas que induzcan a nuestros profesionales a aconsejar, no ya prudencia y calma, sino hasta la más sumisa paciencia y la más vergonzosa neutralidad. Si nos pidieran un cierto número de catedráticos para ir a establecer en una nación extranjera una universidad española que diera allí muestra de nuestra cultura, es fácil que no pocos de nuestros catedráticos declinasen tal honor declarándose neutrales en eso de la cultura científica europea. Pero esta neutralidad no significaría sino la conciencia de una impotencia.

Aquí entramos en consideraciones más quebradizas.

Dejémoslas, pues, para otro día. Pero hoy quedemos en que no puede haber profesionalismo alguno que se sobreponga al patriotismo.

España, n. 108, 15-II-1917

EL ALBOROQUE DE LA PAZ... AJENA

Hubo un tiempo en que se habló en España de la neutralidad neutral o a toda costa y pasara lo que pasase. No sabemos si quedan aún energúmenos o asalariados de Alemania o alemanes disfrazados de españoles para hablar de eso. No sabemos si quedan después que Alemania, con su pretendido bloqueo por submarinos y la forma en que quiere llevarlo, ha declarado de hecho la guerra a todos los neutrales, especialmente a los europeos y muy en especial a España.

Los Estados Unidos, sin declarar la guerra a Alemania —es ésta la que acabará teniendo que declarársela—, han roto la neutralidad e intervienen en la guerra, lo mismo que sigue interviniendo en ella el Japón aunque no tome parte directa, con hombres, en la campaña. Y por ello los Estados Unidos podrán mañana intervenir en la paz y aprovecharse en ella cuanto puedan. Pues no se olvide que sólo intervendrán en la paz los que de un modo o de otro intervengan en la guerra. Y que intervenir en la paz será lo que dé a las naciones europeas dignidad y hasta verdadera independencia.

Mas no faltan aquí gentes entre ingenuas y traviesas que se imaginan que España, merced a una persistente neutralidad neutral y a costa de toda humillación y agravio, ha de intervenir en algún modo en la paz. Entre ellos se cuentan los que, descartada ya la probabilidad de la victoria germánica, o mejor, prusiana —de esa Prusia cuya principal *industria,* según uno de sus economistas áulicos (y el más famoso) es la guerra—, creen, partiendo del dogma *apriorístico* de la invencibilidad de Alemania, que la guerra quedará en tablas. Y en una guerra que hace tablas, se dicen, el neutral, el mediador, puede hacerse oír. Y cobrar el alboroque.

Porque, aunque parezca mentira, hay aquí, en España, hombres públicos, supuestos políticos de altura —de altura por los cargos que han ocupado y no por otra cosa— que no sueñan más que en el alboroque. O acaso en presidir alguna de las sesiones del Congreso de la Paz. Cualquiera diría que no son más que agentes del Fomento del Turismo o corredores de la empresa del Ritz y el Palace. El airoso papel que quieren reservarle a España es el de patrona de una casa de huéspedes internacional, acaso con una corrida de toros, con grandes de ella, de España, como caballeros en plaza, y esto a modo de postre de día que repican gordo.

Claro está que lo digno y lo noble es pensar en que la paz que se firme sea una paz justa, y por justa duradera; una paz civil con pueblos libertados de la barbarie del imperialismo militarista, y no una paz estratégica con ejércitos oprimidos y opresores; una paz que acabe con el absoultismo monárquico y afirme la democracia constitucional en todo el mundo. Y luego fírmese esa paz donde se firmare, aunque sea en el Principado de Mónaco, que ofrecería, sin duda, más alicientes y atractivos que no España a los plenipotenciarios tales como aquí parecen figurárselos esos a que aludimos.

Cuando llegue *la hora del idilio...*

Tenemos que explicarnos, porque esto no es nuestro. Esto de llamar *la hora del idilio* a la de firmar la paz es... ¿De quién ha de ser, sino del Excmo. Sr. D. Eduardo Dato

Iradier, expresidente del Consejo de Ministros? Se lo dijo a un amigo nuestro, quien merced a la recomendación del camisero de su excelencia, celebró con él una entrevista en San Sebastián, donde le recibió elegantemente ataviado con un pijama y después de haber despedido al manícuro.

Este mismo excelentísimo señor de la hora del idilio, del camisero, del manícuro, de la pijama y de la neutralidad a toda costa y todo trance, hablaba no hace mucho en el Congreso de que no se debe romper la unión moral de España. ¡La unión moral de España! ¿Pero qué entenderá ese grandísimo profesional de la política por unión, por moral y por España?

No, en España no hay hoy unión moral, ¡no puede haberla, no debe haberla! El pueblo español no es un partido político que, como el que parece dirigir ese hombre de la hora del idilio, lo supedita todo, incluso la lealtad a sus principios y sus promesas, a poder turnar en el disfrute del poder delegado. Y no por el pueblo.

No, eso no es unión ni menos es moral. Esa unión es la unión de los rebaños o la de los muertos. ¡Porque en un cementerio sí que hay paz! Sólo que esa paz no es una paz civil, porque no es viva. La paz civil en España, si es que alguna vez se consigue —y el que estas líneas escribe cree, por su cuenta y en virtud de la convicción que tiene respecto a la dialéctica de la historia y de su progreso, que tal conseguimiento sería el estancamiento y la muerte espiritual—, la paz civil en España no puede hacerse sino merced a la guerra civil. Es más aún: puesto que es una manera de esa misma guerra civil, una manera de civilizar aún más esa guerra; de hacerla, en cierto modo, más pacífica. Pero guerra siempre y desunión moral.

Por encima de eso que el hombre de la hora del idilio llama la unión moral de España —mantenida, siquiera aparentemente, a fuerza de deslealtades como la de él y los que le siguen con su jefe de un tiempo, con aquel a quien

pública y solemnemente ratificaron su confianza cuando
aún no dudaban de que otra, más eficaz, le faltaría —por
encima de eso están la dignidad y la paz .La paz, sí, la
verdadera paz, la que sólo se consigue con la guerra.

Hay, parece, hombres influyentes en la marcha de nuestra política internacional...

¿Política internacional? No, aquí no hay tal cosa. Aquí
domina el anti-internacionalismo, aquí domina el más sel-
vático y cabileño localismo. Todos los españoles parece-
mos regionalistas, y más que nadie los que más combaten
el regionalismo. Todo español, sobre todo si se jacta de
neutralista, es separatista; separatista de Europa y hasta del
mundo, separatista de España. Esta España que un acerbo
humorista llamó «vice-nación» y otro «Estado interino»,
es una región más. Y aquí es difícil un verdadero nacionalismo, porque no hay internacionalismo. Después que
a la caída de Napoleón se celebró un Congreso de las naciones europeas, España, que había peleado contra el imperialismo napoleónico, pero regionalísticamente, separatis-
tamente, no tuvo papel en aquel congreso. ¡Y querrá tenerlo ahora!

Sigan el hombre de la hora del idilio y los que en su
mesnada y fuera de ella, como él sienten, preocupándose
de esa miserable indignidad que llaman la unión moral de
España, y que no es unión, ni es moral, ni es de España,
y sigan supeditando la dignidad nacional y el porvenir civil de la patria al empeño entre de vanidad y de pequeña
industria de posadero, de cobrar el alboroque de la paz,
cuando ha villa y corte de patrona de casa de huéspedes
internacional —si es que llega a hacerlo—, y llegará un
día en que este año de 1917, o a lo sumo el de 1918, será
tan fatídico para España como lo fue, en otro sentido el
de 1898.

Tenía razón el Sr. Lerroux [22] al decir, muy patrióticamente por cierto, que las cosas irían a dar a donde tienen que ir. No sirve querer resistir a la historia, que es el destino moral, con política de cuarto de tresillo. La hora del idilio puede llegar a ser para los neutrales a toda costa, incluso la de la dignidad, la hora de la tragedia.

España, n. 110, 1-III-1917

CARTA DE UNAMUNO
AL DIRECTOR DE LA «REVUE D'ITALIE»

Señor Director:

Acepto con gusto en tomar parte del comité español de protección de la «Revue d'Italie».

Una liga latina para la defensa del espíritu greco-latino de la civilización cristiana me parece responder a una necesidad. No creo que las represalias alemanas sean de temer mucho. Después de la paz, Alemania tendrá que pensar en su reconstitución, pero es de temer que ella recurra a sus procedimientos habituales para acaparar los mercados. Y estos mismos procedimientos, incluido el «dumping», ya los ha utilizado para imponer su cultura, para subyugar intelectualmente a los diversos pueblos.

Un gran número de hombres de ciencia y letras de los países latinos habían sido fascinados por Alemania. El pensamiento científico latino iba poco a poco germanizándose y «pedantizándose». Una supersticiosa veneración por la «Wissen Schaft» alemana paralizaba a numerosos espíritus latinos. El famoso manifiesto de noventa y tres intelectuales alemanes ha abierto los ojos a mucha gente. Los

---

[22] Alejandro Lerroux, líder republicano y Ministro de Estado en el 1.er Gobierno de la 2.ª República española.

alemanes luchan, es cierto, para saciar codicias económicas, pero luchan también por megalomanía.

Alemania querría ser reconocida como la raza más fuerte y más sabia. Para satisfacer su orgullo, habría querido que nosotros hubiésemos confesado que éramos discípulos suyos. Había tomado respecto a nosotros una actitud de superioridad y de desprecio que habíamos acabado poco a poco por soportar. Y no nos conoceríamos los unos a los otros, o, lo que es peor, nos conoceríamos mal.

Uno de los objetivos de la Unión Latina debe ser el de ofrecer a los pueblos que la componen el medio de conocerse mejor. Hay que cuidar más nuestras relaciones intelectuales. Es tiempo también de poner fin al prejuicio según el cual no se puede ser consagrado hombre de ciencia más que en Alemania.

El desorden y la confusión en las relaciones culturales de los países latinos ha hecho que, en España, por ejemplo, se conozca poco o mal el movimiento intelectual italiano. Lo que se tomaba de Italia no era, ni mucho menos, lo mejor de su producción literaria y científica.

Los alemanes, al contrario, vigilaban con la mayor solicitud y con gran perseverancia el desarrollo de las relaciones culturales y del comercio intelectual. Y tan es así que la mayoría de los españoles que iban a estudiar al extranjero iban preferentemente a Alemania.

A medida que el tiempo me lo permita, le enviaré otras notas sobre lo que convendría hacer para activar el comercio de ideas, para regular y seleccionar las traduciones, para atraer a estudiantes pensionados, para recoger y coordinar informaciones serias sobre el movimiento cultural en los otros países latinos, lo que, hasta hoy, había sido dejado al azar, o, todavía peor, al capricho de individuos no siempre bien informados.

Salamanca, 10 mayo.

En la *Revue d'Italie,* junio 1917, pp. 502-504

DEBER DE ESPAÑA PARA CON PORTUGAL

España está moralmente obligada a ayudar a Portugal en su lucha contra el imperialismo conquistador. España está moralmente obligada a suministrar recursos de vida a la vecina y hermana república ibérica. Tenemos los españoles la obligación moral de partir con los portugueses lo que tengamos, ya que ellos luchan por ellos y por nosotros.

Portugal lucha, en efecto, por España, por aquello por lo que no sabe luchar España. Portugal lucha por libertarnos a los españoles de una lamentable España germanófila o agermanada, absolutista, imperialista, agresora.

Ahora, después del Marne, después que se ha visto claro que la Alemania agresora imperialista no lograba asentar su hegemonía y arreglar a su antojo el mapa de Europa, se han puesto a hacer arrumacos y lagoterías a Portugal, y a hablar de armonía ibérica los mismos que hace cuatro o cinco años soñaban con la conquista de Portugal. Si Alemania hubiera vencido cuando esperó vencer, ya estarían empujándonos a esa conquista fratricida los que hoy predican belicosamente la neutralidad incondicional a todo trance y costa.

En Portugal no se puede hablar del difunto Canalejas, no se puede hablar del todavía vivo general Weyler, no se puede hablar de otros políticos españoles. Ni tampoco de aquel embajador marqués de Villalobar, que no hizo sino buscar el modo de provocar conflictos. Cuando fue imprudentísimamente nuestro buque de guerra *España* a Lisboa, fue debido a la prudencia de su comandante como se evitó algún grave conflicto. Imitó a Prim cuando le mandaron contra Méjico.

La España oficial, la España absolutista, la España imperialista, la España a la que le estorba la Constitución del Reino, la España que no quiere someterse a la suprema soberanía popular —única soberanía suprema y que no admite otra sobre ella—, esa España ha estado más de una vez conspirando contra la independencia portuguesa. Y esto no lo olvidan ni pueden olvidarlo en Portugal. Y eso no se borra con frases, ni con saludos, ni con distinciones puramente honoríficas; eso se borra con actos de otra clase.

En Portugal saben muy bien a qué atenerse respecto a las recientes manifestaciones de simpatía y de respeto hacia él por parte de la España oficial, y saben que eso no es sino arrepentimiento forzoso.

Cuando aquí se creyó que la República portuguesa estaba anarquizada, pensóse en intervenir en ella, y los más rabiosos enemigos hoy de la intervención a favor de los aliados —entre los que está Portugal—, pensaban entonces repetir lo que el tercer Duque de Alba hizo bajo Felipe II. En las más altas esferas de la España oficial, enloquecida a las veces de imperialismo absoluto, se pensó en atentar contra la plena independencia portuguesa.

Y Portugal ha ido a la guerra a defender la causa sagrada de la independencia de las pequeñas naciones. Sabía que si Alemania se anexionaba Bélgica y Austria se anexionaba Servia, no tardaría la España imperialista, agermanada, en tratar de anexionarse Portugal.

Debajo de esa insensatez de que Portugal no es más que una colonia inglesa —desatino que repiten de carretilla aquí los que no conocen ni Portugal ni Inglaterra—, no hay sino el despecho de que Inglaterra, protegiendo la plena independencia portuguesa, impida que someta la España oficial a su desgobierno absolutista la pequeña república ibérica.

Hundida la vergonzosa dinastía brigantina, el Portugal republicano se convirtió en un peligro para el régimen de arbitrariedad anticonstitucional en que está cayendo España. Era un ejemplo y una advertencia; era un reproche.

La unión moral ibérica sólo puede establecerse bajo un

régimen de voluntad nacional, de soberanía popular. Y a este régimen se opone la germanofilia española disfrazada de neutralidad incondicional y a todo trance y costa.

Portugal enseña hoy el camino a España.

A un tiempo estuvo la España imperialista del pasado en guerra con Portugal y con Cataluña. Retuvo a ésta y perdió a aquél. Y Portugal, el Portugal republicano de hoy, lucha en la defensa de la independencia de las pequeñas nacionalidades y lucha a la vez por incorporarse, por encima de la España oficial y absolutista y arbitrarista, a la historia de la humanidad civil, de la democracia europea.

Y si nuestros mal aconsejados imperialistas, si nuestros agermanados absolutistas, si los que han querido forjar una triste España pretoriana y de poder personal, quieren mostrar que es sincero y no fingido su arrepentimiento de los tenebrosos propósitos que respecto a la República portuguesa abrigaban, y aun de las conspiraciones que contra ella tramaban, no les queda otro recurso que apoyar decididamente a Portugal en su lucha contra el imperialismo conculcador de la libre voluntad de los pueblos. Sin esto, todo eso de armonía ibérica no es sino hipocresía, la hipocresía del zorro que dijera: «¡están verdes!».

Pero la República portuguesa sabe bien cuáles son sus verdaderos, sus únicos amigos sinceros en España. Y en Portugal saben bien cuál es el único medio de establecer sobre sólidas bases la unión moral, la suprema unidad acaso, la confederación de todas las naciones ibéricas.

España está obligada moralmente y en reparación de los insidiosos propósitos de su gobierno de hace pocos años, a romper la neutralidad para apoyar a Portugal en su lucha por la independencia de las pequeñas nacionalidades [23].

España, n. 124, 7-VI-1917

[23] Un artículo muy semejante fue publicado por Unamuno con el título de *Portugal independiente,* en el «Álbum de la Guerra. Los aliados en 1917». Publicación del Comité de periodistas catalanes para la propaganda aliadófila, 1917, Artir, Barcelona.

EN LAS AFUERAS DE LA CORTE

El gobierno faccioso y separatista de la Corte... Decimos de la Corte y no de Madrid, porque son éstas dos entidades que conviene distinguir y día llegará en que la villa misma de Madrid tenga que declararse autonomista. El gobierno faccioso y separatista que en la Corte opera después de la última crisis, la crisis antiparlamentaria que llevó al poder a la servil mesnada de Dato y Cía., perdió todo sentimiento de la realidad.

Se ha empeñado, esgrimiendo, merced a una bárbara censura, la mentira, que es su arma, hacer creer que cree que no se celebró la Asamblea de parlamentarios independientes en Barcelona, esa Asamblea que al desdichado Burell la parecía una reunión de juego de pelota tenida en las afueras. Y no se olvide que en circunstancias análogas a las presentes, las más gloriosas Cortes españolas se celebraron en las afueras también, en Cádiz, por estar la Corte dominada por un poder extranjero.

El gobierno separatista y faccioso que preside nominalmente Dato no podía consentir que, abierto el Parlamento —a cuya apertura eran opuestos Mella y sus congéneres—, llegase a él la voz del pueblo y se supiese que los trogloditas no son la casi totalidad que ellos dicen ser. Hay que mantener el equívoco y que siga el soberano el peligroso juego de jugar a dos cartas.

Pero no sólo a la Asamblea de parlamentarios independientes y patriotas quiso oponerse el gobierno separatista. También quiere impedir una Asamblea de municipios que proyecta celebrar el Ayuntamiento de esta ciudad de Salamanca, Ayuntamiento que en su sesión del miércoles, 1.º de este mes, acordó, por unanimidad de los concejales asistentes, adherirse a los acuerdos de la Asamblea parlamentaria de Barcelona y ofrecerle esta ciudad, por si lo estiman conveniente para otra reunión.

A la propuesta de celebrar una Asamblea de Ayuntamientos en que pedir autonomía municipal, hecha por Salamanca, se adhirieron más de 40 Ayuntamiento, y entre ellos los de las capitales de provincia de Barcelona, San Sebastián, León, Oviedo, Guadalajara, Segovia, Avila y Burgos. El gobierno acudió declarando sediciosa la propuesta del Ayuntamiento de Salamanca y prohibiendo a los demás adherirse a ella. Por eso no lo han hecho, según lo manifiestan, Málaga, Badajoz y otros.

Estaba ya nombrado alcalde de real orden uno de los firmantes de la invitación de este Ayuntamiento, el primer regidor D. Angel Vázquez de Parga, y el *caballero* Sánchez Guerra, el que vendió a su patrón Maura por una cartera, le exigió que retirara su firma del documento y lo desautorizara, si había de posesionarse de la alcaldía. Y el Sr. Vázquez de Parga, ¡claro está!, echó al arroyo la ignominiosa vara de real orden, y en el arroyo sigue ese chirimbolo, hasta que lo recoja cualquier desgraciado que no se dé cuenta de que el aceptar hoy una alcaldía de real orden es un acto de incivilidad y del más bajo servilismo. Porque si hubiera conciencia y dignidad civiles en España, las alcaldías de real orden se acabarían por falta de vanidosos o de trapisondistas que las aceptaran.

El regidor Sr. Vázquez de Parga, conservador en política, dio a su modo una muestra de dignidad y civismo como la dada por el señor Martínez Domingo, ex-alcalde de real orden de Barcelona. Y el Ayuntamiento de esta ciudad ha dado otra muestra de civismo al adherirse a las conclusiones de la Asamblea parlamentaria de Barcelona, a la que no asistió el diputado a Cortes por el distrito de esta capital. Y no asistió a ella porque pertenece a la servidumbre del conde de Romanones, otro sujeto que juega siempre con dos o más barajas y desautoriza en público a aquellos con quienes en privado se entiende. Como que le es ya imposible vivir fuera del ambiente de intriga y de mentiras.

El Concejo de Salamanca, el que acaba de adherirse a los acuerdos de la Asamblea parlamentaria antiseparatista de Barcelona, acordó proseguir sus trabajos para la Asamblea de Municipios, sin hacer caso de las botaratadas del jándalo de Gobernación, y protestó contra la real orden en que se declaraba ilegal el propósito. Por cierto que al entregarle esa protesta al gobernador para que la elevara al ministro, parece ser que el pobre hombre, es decir, el gobernador, dijo que no la elevaría. Es otra argucia para que el Gobierno pueda negar que haya habido tal protesta. Es lo que ahora se estila; hacer uno que no se entera de algo para negar que haya ocurrido este algo.

El día 2 el gobernador de esta provincia, representante del Gobierno faccioso, ofició al alcalde de este Ayuntamiento, diciéndole que «prohibida por la superioridad la celebración del Congreso de Municipios españoles iniciado por el Ayuntamiento de su presidencia, mientras no se levante dicha prohibición, no puedo consentir en modo alguno reunión ni acto que con aquél se relacionen, estando dispuesto a exigir las responsabilidades que de dicha desobediencia se deriven».

Mas como a pesar de este conminatorio oficio del representante aquí del Gobierno faccioso de la corte, el digno Ayuntamiento de Salamanca, al que ni se le amedranta ni se le unta con vaselina, prosigue en su patriótica actitud; hoy, día 3, el representante, ese faccioso gubernamental, oficia al alcalde diciéndole: «Sírvase V. S. remitir inmediatamente a este Gobierno certificación literal del acta de la sesión celebrada por ese Ayuntamiento el día 1.º de los corrientes.

Y así está la cosa.

¿Qué hará ahora el *caballero* jándalo[24] de Gobernación? Probablemente declarar que no hubo tal sesión del día 1 en este Ayuntamiento de Salamanca, o que no se dijo en ella lo que se dijo ni se acordó lo que se acordó, y si le apuran mucho declarar que no hay tal Ayuntamiento de Salamanca. Ayuntamiento que les parecerá también separatista a los separatistas que dicen de la Asamblea de Barcelona que se celebró en las afueras. En las afueras de España, por supuesto.

En las afueras se celebró, sí, la Asamblea parlamentaria de Barcelona; pero en las afueras, no de España, no de Madrid siquiera, sino de la Corte, dominada hoy, como en 1812, por poderes extraños.

Salamanca se suma al movimiento antiseparatista y se pone frente al Gobierno faccioso de la corte mediatizada.

Escrito lo anterior me entero del texto de la circular núm. 101 que el *caballero* de Gobernación dirigió a los gobernadores de provincia. Dice así:

«Enterado de que el Ayuntamiento de Salamanca dirige invitación a los demás de España mayores de 10.000 almas para celebrar una Asamblea de Municipios en aquella capital, prevengo a V. S., a fin de que lo haga saber a las Corporaciones municipales de esa provincia que hayan recibido invitación, que el solo intento de tal Asamblea constituye una extralimitación de la ley, y por tanto que no estoy dispuesto a permitir que se realice, no sólo en las presentes circunstancias, sino ni aun en época normal.

El jándalo de Gobernación no está dispuesto —*no estoy dispuesto,* ¡qué fórmula tan ministerial y hasta con el *yo* implícito!— a permitir que se realice la Asamblea de Municipios, que se le antoja, porque le da la real gana, extralimitación de la ley —¡y será abogado!— y no la permitirá *ni aun en época normal.*

[24] De pronunciación andaluza.

Por su parte, el señor gobernador de Salamanca, más razonable que su jefe, en su comunicación del día 2 de agosto al señor alcalde de esta ciudad, le dice que «prohibida por la superioridad la celebración del Congreso de Municipios españoles... *mientras no se levante dicha suspensión*» no puede consentir y lo que sigue. Es decir, que el *caballero* de Gobernación no permitirá la Asamblea de Municipios *ni aun en época normal* y su delegado en Salamanca supone que puede levantarse la suspensión, acaso porque ve claro que lo de que sea extralimitación de la ley es una de tantas majaderías que se le ocurren al atolondrado jándalo que nos desgobierna. Se ve bien clara, pues, la discrepancia entre el *caballero* de la previa censura y su modesto representante en Salamanca, con toresano que de jándalo nada tiene y que creemos está convencido del derecho que a este Ayuntamiento le asiste. Y así está este gobierno de la justicia, de cuyos acuerdos no están convencidos ni los que han de hacerlos ejecutar.

Creemos, por lo demás, que esa prohibición cesará pronto, esté o no dispuesto a ello el que por envidia a La Cierva se empeña en ser para Dato lo que aquél fue para Maura. ¡Y a eso le llaman energía!

España, n. 132, 9-VIII-1917

EN SALAMANCA: NOTAS DE UN TESTIGO

Me cogió, sin sorprenderme, la huelga general de agosto en esta ciudad de Salamanca [25]. Aquí fue, como en casi todas partes, completamente pacífica, conforme a la intención de los que la prepararon. Es decir, que aquí ni altera-

[25]   Se refiere a la gran huelga general de 1917 que fue reprimida duramente por Sánchez Guerra entonces Ministro de la Gobernación del Gabinete de Dato.

ron el orden ni provocaron a alterarlo los encargados de mantenerlo. Lo que no quiere decir que no pocos burgueses, envilecidos por el pánico, no propalaran la especie de que estaba acordado por los obreros un saqueo de casas de ricos y hasta algunos señalaban el número de éstas. A tal vileza lleva la cobardía.

El lunes, 13, por la mañana salió el gobernador, con escolta honoraria, a impedir que se cerrasen los comercios de la Plaza Mayor, y a algún comerciante que le dijo que cerraba, no por temor a violencias de los obreros sino porque así le placía, le replicó que se le tendría por sospechoso. De revolucionario sin duda. Horas después, proclamado el estado de guerra, hacíase cargo del mando la autoridad militar, cesando la civilidad, que es lo normal y lo único justo.

Empezaron las detenciones de los sospechosos, ya por denuncias recibidas en la ciudad misma, ya por órdenes venidas de Madrid. En uno de los días se prendió a un súbdito francés, de la carrera consular, y se le llevó a la cárcel entre un piquete de soldados en pleno sol y por donde más gente podía verlo. El efecto que con esto, sin duda, se buscaba, era hacer creer al pueblo que la huelga había sido provocada por agentes franceses o aliados para así, atribuyéndole un sentido antineutralista, hacerla abortar. Corría en tanto de boca en boca el absurdo tópico, alimentado desde el Ministerio de la Gobernación, si es que no nacido en él, del dinero francés e inglés. En plena sesión de la Cámara de Comercio de esta ciudad tuvo uno de sus miembros la ligereza de afirmarlo. Era la consigna.

Gentes que salían de los gabinetes del Gobierno civil se encargaban de extender por la ciudad noticias sensacionales para infundir terror en los huelguistas. Entre ellos que, después de juicio sumarísimo, habían sido ya o iban a ser fusilados los individuos del Comité Central de huelga. Servíanse, además, al pueblo, las mentiras todas que se fraguaban en Gobernación.

Parece que también aquí hubo infelices de alma esclava que fueron a las autoridades a ofrecerse como policías honorarios. Desde luego los trogloditas. Aullaban que el objetivo del movimiento rebelde era el arrastrar a España a la guerra, y se dice que en más de una parte se animaba así a los soldados a que se dispusieran, si llegaba el caso, a hacer fuego sobre los suyos, diciéndoles: «¿qué preferís, hacer fuego aquí contra los rebeldes o que os maten en las trincheras?». Un alemán opinaba aquí que contra tal desorden —y no lo había—, lo mejor era el método prusiano de represión. La autoridad militar recibía a diario montón de anónimos denunciando a unos o a otros, que esto del anónimo es arma de que usan las gentes sedientas de orden.

El Ayuntamiento de Salamanca se había adherido con anterioridad a estos sucesos a los acuerdos de la Asamblea de Parlamentarios de Barcelona y había propuesto por su parte una Asamblea de Municipios, que Sánchez Guerra decretó caprichosa y arbitrariamente que sería ilegal. Pues no bien estalló la huelga reuniéndose el Concejo con asistencia de cinco concejales, y acordaron dejar aquellos otros acuerdos sin efecto, añadiendo que la huelga revolucionaria había sido provocada por la Asamblea de Parlamentarios. No cabe decidir si esta especie procedió de torpeza, de servilismo o de vileza.

Como el permanecer cerrados los cafés podía influir en la depresión de los ánimos, la autoridad gestionó que se abriesen, mas los dueños alegaron que ello dependía del gremio de camareros. Autorizó, pues, o más bien promovió la autoridad una reunión de este gremio y a uno de los camareros que en ella se opuso a la vuelta al trabajo llevósele de allí a la cárcel sin otro motivo.

El orden fue durante todos los días perfecto, siendo, en rigor, inútiles las parejas mixtas, de guardia civil y soldado —¡insigne muestra de confianza mutua!— que corrían la ciudad. La fuerza pública no alteró aquí ni por un momento el orden.

Lo que oprimía el corazón era el estado de ánimo de la burguesía de la clase media, farisaica en gran parte, envilecida por una cobardía irracional y que esperaba verse al fin libre del fantasma obrero. Los patronos y patronzuelos hacíanse la ilusión de que reprimida con mano fuerte la huelga se acabarían las asociaciones obreras, que son su pesadilla, para fundarse luego esas miserables majadas de obreros ovejas a que se llama patronatos. ¡Se iba a acabar con el obrerismo!

Terminó, por fin, la huelga y al punto pensaron los atribulados hombres de orden en organizar un homenaje a las fuerzas que tan patrióticamente se habían abstenido de provocar el desorden. En la Cámara de Comercio se formó una comisión organizadora del homenaje popular —con votos en contra de vocales de dicha Cámara, lo que se calló al dar cuenta de la sesión una prensa envilecida y bellaca— e hizo circular a los presidentes de asociaciones y entidades colectivas un escrito en que decía que «interpretando el común sentir de este pueblo» abría una suscripción pública «con objeto de obsequiar al ejército, guardia civil, guardia de seguridad y de vigilancia por su patriótico comportamiento durante la felizmente muerta intentona revolucionaria». Y añadía: «La entidad de su digna presidencia, dando pruebas de su patriotismo, contribuirá a engrosar las listas de donativos y estampará sus firmas en el *álbum* que se ha de ofrendar en prueba de respeto por su enérgica actuación».Y acababa: «Así lo espera de su lealtad y generosidad».

Al testigo que traza estas notas se le envió una de estas imperativas invitaciones como a presidente que era y sigue siendo del Ateneo de Salamanca. Y contestó diciendo: «Por estar en vacaciones y ausente casi todos los individuos de la Junta directiva del Ateneo de Salamanca, no me es posible reunirlos; pero ya que a mí viene el escrito, puedo, por mi sola propia cuenta, anticiparle mi personal opinión al respecto. El Ateneo de Salamanca es una Sociedad de cultura y no política y no tiene, por lo tanto, por qué condenar ni aplaudir la que esa Comisión llama «la felizmente muerta intentona revolucionaria», sobre todo ignorando como a su vez esa Comisión también seguramente ignora, el alcance y sentido de la revolución que se fraguaba. No creo, además, que esa Comisión pueda arrogarse la interpretación del «común sentir de este pueblo» y, en todo caso, es al pueblo mismo, o más bien a los huelguistas salmantinos a quienes habría que rendir homenaje, pues han sido esos huelguistas los que con su actitud pacífica, de sensatez, nobleza y patriotismo han hecho innecesaria la intervención de la fuerza armada para verse luego, como se ven, calumniados por los que ignoran lo que se proponían. Ni se me alcanza a qué viene apelar a mi lealtad y generosidad. La lealtad a la justicia y al pueblo y la generosidad cristiana lo que piden es que se proceda a juzgar serenamente y con elementos de juicio y que no se dé alas, como en la Cámara misma de Comercio e Industria de Salamanca se ha dado, a especiotas absurdas y malévolas de las que en estos días tristes han brotado del lamentable e incivil estado de ánimo colectivo de ciertas clases sociales». Acababa la carta —cuyo sentido acaba de ser aprobado por la Junta del Ateneo— manifestando el propósito de hacerla un día pública. No pude lograrlo entonces, sospechando que más que la censura impidió su publicación la bellaquería de la prensa local, órgano en aquellos días de las malas pasiones conservadoras.

La suscripción fue copiosa; mucho más copiosa que suele serlo cuando se trata de aliviar la indigencia del proletariado. Acudieron presurosos todos lo que dejan que agonice la asociación caritativa para extinguir la mendicidad. A este homenaje, de evidente carácter político, pues se festejaba el fracaso de una revolución, acudieron no ya conventos de órdenes religiosas, sino la Caja de Ahorros, no sin protesta de algún vocal de su Directiva, lo que se guardó secreto publicando una falsa unanimidad. Y es que en aquellos días de pánico y de servilismo el ser republicano era considerado delito. Pesaba sobre muchos el espantajo de la revolución social.

No era, además, conocido de la generalidad —aunque algunos pocos lo hubiéramos leído— el manifiesto del Comité central de huelga, manifiesto que, siendo el cuerpo del supuesto delito, no se ha dejado publicar a la vez que la acusación, defensa y condena para que no se viera desde luego claro la monstruosidad de la última. Y por no conocerse tal manifiesto unos atribuían fines fantásticos y absurdos a la huelga y otros decían que era un movimiento anárquico sin finalidad consciente y clara. Esta era la versión del Gobierno faccioso que provocó la anticipación del acto revolucionario para mejor defender, sobre el pánico burgués, su íntimo carácter despótico y antidemocrático.

En tanto, como nada de seguro se sabía del resto de España, fuera de alguna que otra carta fantástica, corrían todo género de fábulas. La censura contribuía a deprimir el espíritu público. Aunque cumple confesar, en honor de la verdad, que la censura más que con exceso de rigor, con defecto de inteligencia, que no son la disciplina cuartelaria ni los estudios, a base sobre todo de matemáticas, no sublimes, que en las academias militares se hace, lo más a propósito para aguzar las entendederas críticas. Tachábase lo que no se comprendía bien ¡y era tanto...! A lo que hay que agregar que el estado general de ánimo de la burguesía española era el de odio a la inteligencia. La canalla reaccionaria y conservadora, y desde luego la troglodítica, aullaba contra los *intelectuales* y los *inductores* y defendía la especie de la no licitud de las huelgas que no lo sean por razones puramente económicas. ¡Pan y toros! [26].

El día mismo en que las afligidas clases de orden, las llamadas fuerzas vivas, ofrendaban el álbum a los que en esta ciudad se habían sabido contener patrióticamente para no provocar el desorden, salió de Salamanca este testigo en dirección a Italia. Iba a presenciar en el frente de la guerra italiano el heroísmo y la civilidad de una nación joven, de cuarenta y siete años, que sabe que sólo haciendo historia se salva el alma, y que va a reconquistar, con su sagrado solar entero, toda su alma eternamente civil y latina [27].

Al pasar por Barcelona oímos detalles de la rebelión del 1.º de junio, a la que se le ha aplicado otra medida —la del embudo— que a la del 13 de agosto, que no fue sino su consecuencia e imitación, y visitamos a nuestro amigo Marcelino Domingo, preso no se sabe por qué. De los labios de nuestro amigo, del valiente denunciador civil de los escándalos de la campaña de Marruecos —sangría y robo—, oímos el relato de los desmanes de que fue víctima en el cuartel a donde le llevaron apenas preso. Como sabemos que estos desmanes, hechos ya públicos en el extranjero, lo llegarán a ser en España —respondemos de esto— nada diremos hoy de ellos. Y habrá que ver si se les aplica también a sus autores la ley del embudo.

---

[26]   El odio de la masa española a los intelectuales es puesto de relieve muchas veces por Unamuno.

[27]   Salió de Salamanca el 11 de setiembre para formar parte de la expedición formada por él, Santiago Rusiñol, Luis Bello, Manuel Azaña y Américo Castro. De esta visita al frente de guerra italiano se conservan muchas impresiones de Unamuno.

Sería fuerte cosa que una vez más quedasen fuera de juicio aquellos a quienes gobiernos despóticos entregan la facultad de juzgar. No hay civilización y dignidad y justicia —justicia civil, que no cabe otra que sea justa—, mientras no se logre que bajo la civilidad parezcan todas las absurdas leyes de jurisdicciones especiales y de casta, reliquias de la barbarie de los tiempos de despotismo, clericalismo o pretorianismo.

España, 25-X-1917

Guerra europea, en 1917. En Padua, con Santiago Rusiñol, Manuel Azaña, Luis Bello, Américo Castro y dos oficiales italianos.

CARTA DE UNAMUNO A JOAQUÍN MAURIN [28]

Desde esa Lérida donde en septiembre del 16 pasé unas horas me llega su voz, amigo mío (creo tener ya derecho a llamarle así), y voy de aliento. ¡Gracias! Mas yo quisiera que todos los que estiman ustedes de algún valor mi obra se pusieran a ella, porque es obra común y pública, no propia y privada mía. Hay que encender el culto a la sinceridad y hasta a la indiscreción. Libertad de conciencia. Es libre el que conoce la ley por que se rige. Y la libertad pública es conciencia pública. Es libre el pueblo que conoce las razones de la ley por que se rige. El mayor enemigo de la libertad es pues el secreto; peor que la violencia. El despotismo —régimen de secreto— es peor que la tiranía —régimen de violencia—. Mejor ser hombre que conoce la injusticia de la violencia que se le hace que animal doméstico que ignora por qué se le ceba y se le cuida con esmero. El peor esclavo es el contento con su esclavitud. Dedíquense, pues, ustedes los jóvenes, a romper secretos, a ser indiscretos. Democracia es publicidad. Y no sé si los tontos, cuyo número es, según las Escrituras, infinito, llamarán también a esto paradojas. Porque paradoja es para ellos todo lo que sus mentes dispépticas no pueden digerir.

Con todo agradecimiento y simpatía le saluda

MIGUEL DE UNAMUNO

Salamanca, 4-I-18

En *La Torre,* San Juan de Puerto Rico, octubre-diciembre 1953.

---

[28] Corresponsal y amigo de Unamuno.

¿QUÉ ES REINAR?

Acabamos de leer que S. M. el Rey ha recibido a una Comisión de obreros ferroviarios despedidos de la Compañía del Norte —la Compañía homicida— con motivo de la huelga, los cuales fueron a Palacio presentados por el Sr. Alcalá Zamora.

Los obreros —dice la noticia —pidieron al Monarca —¿Monarca? ¿dónde está la *arquía*?— que se interesara por su suerte manifestándole que habían ido a la huelga al amparo de la ley, siendo después despedidos sin reconocimiento alguno de sus derechos. Don Alfonso —sigue diciendo la noticia— les acogió con benevolencia, lamentando que no fueran funcionarios públicos para hacer gestiones en su favor. Les ofreció, sin embargo, hacer todo lo que le fuera humanamente posible.

Creemos que esto último querrá decir todo lo *regiamente* posible. Lo que no es lo mismo. Pues un rey puede menos, muchísimo menos que un hombre. Sobre todo un rey que no reine.

Lamentó S. M. que esos obreros no fuesen funcionarios públicos. También ellos lo lamentan, de seguro. Y no porque crean que de haber sido funcionarios públicos podría el Monarca —llamémosle así siquiera por tropo de dicción o figura retórica— haber influido eficazmente en su favor, sino porque de haber sido funcionarios públicos habríanse constituido en Juntas de defensa y entonces no habrían tenido por qué ir a suplicar intercesión alguna a S. M. No habría sido entonces a suplicar a lo que hubieran ido a Palacio. Ni les habría presentado el Sr. Alcalá Zamora. Más bien habrían ellos presentado a un Alcalá Zamora cualquiera.

No, con la Compañía del Norte no puede ni rey ni roque. La Compañía del Norte puede con su conducta de una testarudez bárbara e inhumana, con su criminal —así,

como suena, criminal— obstinación, dar lugar a descarri-
lamiento que causen la muerte de pacíficos ciudadanos españoles y es tan difícil poner coto a eso como lo es a los
torpedeamientos con que los alemanes asesinan a indefen-
sos españoles. Y el Sr. Alcalá Zamora, ministro de ferro-
carriles, no puede más con la Compañía del Norte que
puede con Alemania. Y no sabemos si disculpará esos
descarrilamientos como de seguro disculpa los torpedeamientos. No es que no le eche a Inglaterra —¡oh, pér-
fida Albión— la culpa de unos y de otros. Que todo
pudiera ser.

S. M. lamentó que los obreros despedidos brutalmente
por la Compañía del Norte no fuesen funcionarios públicos para hacer gestiones en su favor. ¿Pero está seguro
S. M. de haber obtenido siempre éxito en las gestiones
que ha hecho a favor de funcionarios públicos?

Para un monarca de verdad, de *arquía,* para un rey
que reine, la cuestión, en las presentes gravísimas circunstancias porque la patria atraviesa, era mucho más sencilla. Su gestión se cifraría en hacer que los obreros ferroviarios todos pasasen a ser funcionarios públicos con los
derechos todos de éstos. Para un rey que reinara de verdad, lo humanamente posible sería someter en absoluto
y en todo y por todo entidades facciosas como es la Compañía del Norte al poder del Estado y llegar hasta a que
éste se incautara de ellas.

Esto sería reinar. Y todo lo demás no más que ficción.

Pero hay otra cosa peor aún en la fatídica dialéctica de
la ficción regia. Y es que si el rey consiguiese la readmisión de esos obreros huelguistas como estos coad-
yuvaron a una huelga que se estimó revolucionaria y
tendente a cambiar el régimen se creyera que habían sido
readmitidos después de confesión de culpa y hasta casi
de confesión de fe monárquica; que la readmisión era un
indulto y no una amnistía.

Y no porque S. M. hubiese tenido parte alguna en el despido —esto no lo debemos creer nadie— ni tampoco porque la Compañía, influida o no por el Gobierno de entonces, por aquel Gobierno execrable, hubiese querido mostrar su monarquismo. Creemos, sí, en el monarquismo de la Compañía y en su aversión al cambio de régimen pero no en monarquismo de sumisión, sino de soberanía. Para una Compañía así el rey no es un soberano, es más bien un servidor, un ministro. Las Compañías así no sirven a monarca alguno; se sirven, si pueden, de él. Y le hacen indultar cuando les conviene.

Que la Compañía del Norte exigiera de sus empleados una cierta profesión, siquiera tácita, de monarquismo de ese no nos sorprendería. No nos sorprendería que exigiese de sus empleados abjuración de todo revolucionarismo. Quien no lo haría es el Estado.

Véase, pues, en qué fatídica dialéctica se ve envuelto un monarca sin *arquía,* un soberano ficticio.

España, n. 144-10-I-1918

PARA LA CALLE Y COMO EN LA CALLE

Hay quienes censuran la retirada de los diputados republicanos y socialistas del Parlamento, y aquí mismo, en estas columnas, ha sido, si bien simpáticamente, censurada. Nosotros la aplaudimos.

Cuando algún diputado de éstos dijo en el Congreso que hablaba allí para la calle, no faltó majadero de la mayoría —y ahora lo son casi todos— que le replicó que hablaba como en la calle. Y así debe ser. En el Parlamento debe hablarse no sólo para la calle, sino como en la calle. Lo de hablar con la hipócrita educación de los salones debe quedar para hombres como el rencoroso y menguado Dato, ese que siendo menos violento que otros, está más lleno que ellos de pequeñas y mezquinas pasioncillas. Pero mejor que hablar en el Parlamento para la calle y como en la calle es que los parlamentarios hablen en la calle y sólo en ella.

Bien está que los hombres de la izquierda, demócratas, acudan a los comicios, pero es para conquistar la inmunidad parlamentaria y no para otra cosa. Y de acudir luego al Parlamento, no más que para acusar, como han hecho los diputados socialistas al discutir los sucesos de agosto hará un año. Pretender colaborador en la obra legislativa de un Gabinete de resistencia, formado para ir prolongando el despotismo, o sea el régimen de secreto, siquiera hasta que se acabe la guerra, es pretender una locura. Los representantes del pueblo libre no tienen nada que ver con la obra legislativa de un Gabinete esclavo.

A este Gabinete esclavo y de resistencia se le impuso, de seguro que por un poder extraño, el tener que sancionar una ley de espionaje enderezada a que la Prensa no pueda denunciar ese espionaje y puedan así ejercerlo más a sus anchas hasta agentes del Gobierno. Lo que acaso en el fondo había es que los que mandaban hundir los barcos mercantes españoles estaban ya desasosegados por la frecuencia con que a los ejecutores de esos mandatos les llamábamos asesinos. Y después de no haber contestado a ninguna de las reclamaciones del Gobierno español —si es que hay tales reclamaciones, si es que hay tal Gobierno y si es que hay España—, exigieron que se pusiese mordaza a cuantos calificaran su conducta con los calificativos que le cuadra. Y el encargado de cumplir esas exigencias fue —¿quién había de serlo?— el hombre de todas las vilezas gubernamentales, el rencoroso y menguado Dato, ése.

Este hombrecillo debe de creerse un diplomático, y con

su mentalidad arcaica, es decir, de hace más de cuatro años, debe de creer que la diplomacia es ante todo secreto, o sea despotismo. Secreto más que violencia, despotismo más que tiranía, se empleó en la represión de la huelga de agosto hará un año. Entre el Dato ese y su adjunto Sánchez Guerra acumularon todo género de embustes, infundios y patrañas. La mentira fue su principal arma de combate.

Han hecho, pues, muy bien los representantes del pueblo español libre, de lo que ya hay de una España independiente, en retirarse de un Parlamento servil y mediatizado, cuya única finalidad es resistir.

Conviene recordar que la revolución de 1868, de donde suponen derivar nuestros liberales —¡liberales!—, no la hicieron republicanos, sino monárquicos. Y la hicieron monárquicos porque llegaron a la convicción de que, no la institución monárquica, sino doña Isabel de Borbón y Borbón, con su familia y ambiente —familia y ambiente en que dominaba el sentido patrimonial, la creencia de que el reino de España era un patrimonio de la familia reinante— eran el obstáculo a la liberalización y consiguiente liberación de la patria. El patriotismo de los liberales monárquicos de 1868 derribó el patrimonialismo de la Corte. Y es porque entonces había, hasta en los monárquicos, patriotas y liberales.

Lo peor que le pasa hoy a la Monarquía española es que no cuenta con verdaderos liberales. Ni puede contar con ellos. En cambio al acabarse esta guerra los jaimistas se harán dinásticos, es decir, alfonsinos. ¡Y si no al tiempo!

Han hecho bien en retirarse los verdaderos y únicos liberales del Parlamento. Para la calle y como en la calle, sólo en ella, en la calle, debe hablarse hoy.

España, n. 172, 25-VII-1918

EL HABSBURGIANISMO
JESUÍTICO ESPAÑOL

—La vertigine oi son —quell'altra dice—
Che tragge Max di pendice in pendice
Ser l'alpe del Tirolo: e l'infelice,
Seguendo me, dismenta l'accattare.
Hallalí, hallalí, gente d'Habsburgo!
Ad una caccia eterna io con te surgo;
Poi nel sangue de i populi mi purgo
E nel tuo, dal travaglio del cacciare.

CARDUCCI. *«Ninna nanna di Carlos V»*

Vamos a entrar —porque todos, incluso los neutrales, estamos, querámoslo o no en ella— en el quinto año de guerra mundial y todavía hay en España, no ya germanófilos, sino, lo que es más enorme aún, austrófilos. Aunque en el fondo, sépanlo todos, altos o no, los más de nuestros genuinos germanófilos, de los trogloditicos, son austrófilos, o más bien habsburgianos.

El pretexto, y algo más que pretexto, de la guerra lo dio las brutales exigencias del gobierno habsburgiano de Austria respecto a Serbia. Al principio de la guerra, cuando la bárbara violación alemana de la neutralidad belga, se habló mucho del martirio de la infortunada Bélgica y, en tanto, casi nadie protestaba —aquí al menos— del atropello que se cometía con la heroica Serbia. Verdad que a Bélgica, brutalmente sacrificada, le recomendaba aun para nuestros germanófilos su marcado sello jesuítico, cosa que no pasaba con Serbia. Nuestros trogloditas sabían, y los que no lo adivinaban, que Serbia, libre de la peste jesuítica que infestaba a Bélgica, era el pueblo democrático y liberal, profundamente liberal, que supo estirpar quirúrgicamente el tumor maligno de los Obrerovich y que resistía a los fatídicos Habsburgos.

La Loca de Castilla, Doña Juana, hija de los Reyes Católicos, se casó con el Hermoso, Felipe de Habsburgo, hijo del Emperador Maximiliano, y de ese agorero matrimonio nació Carlos, que siendo primero de España le llamamos siempre quinto, que lo era de Alemania. Carlos V, el de la cara de perro —*da la faccia cagnazza*—, el manantial de la raza mestiza —*pallone de la mista razza*—, era más flamenco —nació y se crió en Gante— que alemán o austriaco. Hablaba flamenco, no alemán propiamente.

Aquí creemos los liberales que fue ese Habsburgo, ese germano, el que nos trajo el mal sino y la decadencia. Contra él y sus flamencos lucharon por la libertad española las Comunidades de Castilla. Pero en Alemania, de donde fue —¡y en tiempo de Lutero!— ese hijo de la Loca emperador, creen que fue su sangre española la que llevó el mal sino al pueblo alemán.

El «Compendio de historia del pueblo alemán» del Dr. David Müller —cuya decimoquinta edición, la de 1894, que tenemos a la vista, alcanzaba una tirada de 115.000 ejemplares—, no es una obra fundamental y de primera mano, pero es mucho más simbólico y representativo, por ser un libro de texto en el que se ha formado la juventud que hoy pelea como súbdita del Hohenzollern. En este Compendio se le enseña al pueblo alemán que Carlos V era en esencia un borgoñón más que un germano, y en el párrafo 328 se lee: «Así, pues, volvió tras de largo tiempo la corona imperial a la cabeza del más poderoso príncipe de Europa. Pero este poder le vino poco bien al pueblo alemán; la honra de la Casa de Habsburgo no era, sin más, honra alemana. Estaba con un pie en el suelo alemán, con el otro se apoyaba en sus tierras extranjeras, y demasiado a menudo sirvió el Imperio para ventaja de ese dominio extra alemán de la monarquía austriaca, que era muy otra cosa que el Imperio alemán. Carlos V fue en el tiempo de su mayor poderío un señor del mundo, pero no ya Emperador alemán —*deutscher Kaiser*—, en el legítimo sentido de la palabra». En el párrafo 375 habla del Habsburgo español, «el fanático y despótico Felipe II» —que así le llama— que dirigió la campaña contra la Reforma y «el libre desenvolvimiento de los pueblos». En el párrafo 377 dice el Dr. David Müller, no sin cierto regocijo al parecer, que la tierra de Felipe II, España, quedó «yerma, su caja en bancarrota, y el porvenir de España trastornado —*zerstoert*— acaso para siempre cuando él murió en 1598». En el párrafo 379 dice cómo a Maximiliano II le impidió Felipe II dar un giro salvador a la suerte alemana. En el 380 dice de Rodolfo II, que había sido educado «española y jesuíticamente».

El buen Dr. David Müller, alemán imperialista y adulador servil de los Hohenzollern, enseña a su pueblo que lo malo de los Habsburgos les vino de su sangre y educación españolas, de la Loca, o más bien de su jesuitismo. Esto último es lo más seguro.

Los Habsburgos se hicieron, ilustrados por el jesuitismo, los caudillos de la Contra-reforma; su significación histórica, lo mismo en España que en Alemania y en todo el mundo, fue oponerse a la Reforma. Los Habsburgos han sido, más aún que el Papado, el poder temporal según la Compañía que se llama a sí misma de Jesús. Y nuestro trogloditismo, jesuítico y no más, es habsburgiano aun más que germanófilo.

Cierto es que Guillermo II de Prusia, el Hohenzollern, es un luterano, pero el luteranismo es menos germanizante reformista que el calvinismo. Este ha sido democrático y

popular; el luteranismo propende a ser imperialista y dog-
maticista. El luteranismo llegaría, si pudiese, hasta a restablecer el poder temporal de los papas —supremo ensueño
jesuítico—, pero de unos papas gibelinos que estuviesen
sometidos al Imperio, realizándose así la unión del altar y
el trono, sobre el que se levantaría la cruz de la espada.
Llegaríase al consorcio de clericalismo y militarismo con
que sueñan los secuaces de aquel soldado que, luego de
herido, se metió a fundador de una orden eclesiástica, que
no religiosa.

Llamóse protestante a los que protestaron de que en
la dieta —o Reichstag— de Spira de 1529 se pusiera en
vigor el edicto de Worms. Protestaban de que en cuestiones de fe se quisiera decidir por mayoría de votos.

Es natural que la España troglodítica, jesuítica, se de-
clare habsburgiana. Su germanofilia es habsburgianismo y
nada más. El Hohenzollern de Prusia ha seguido el sino
agorero y terrible de los Habsburgos, de los que quisieron
ahogar a la heroica Serbia.

¿Ha habido nada más habsburgiano o jesuítico que la
España trágica de la Regencia? La lucha por la España
moderna, civil, democrática, europea, empezó en 1833,
a la muerte del abyecto Fernando VII, y en los ochenta
y cinco años que van transcurridos desde entonces, unos
cincuenta —es decir, casi el 60 por 100 del tiempo— ha
estado esta pobre nación regida por mujeres. Y un régimen
femenino, en España sobre todo, propende a ser jesuítico.
Y si además de femenino es habsburgiano...

Al principio de la guerra, cuando ya se había atrope-
llado a la heroica Serbia, que luchaba contra la despótica
tiranía de un lamentable Habsburgo, del perniciosísimo
Francisco José —¡que si le hubiera ayudado la inteligencia...!— y cuando aún no había tenido que entrar en liza
la Italia gloriosa de Mazzini, de Cavour y de Garibaldi,
había aquí habsburgianos que soñaban con el restableci-

miento del poder temporal de los papas merced a la victoria germánica [29].

Y para acabar por hoy, ¿no se ha fijado el lector que el principal adalid en la prensa periódica de la germanofilia troglodítica es un órgano jesuítico que labora por eso que engañosamente llaman libertad de enseñanza, cuando se tira a un vergonzoso monopolio incivil de ella? Porque si ha de estar monopolizada la enseñanza pública —y hoy es en la práctica imposible otra cosa en España— que lo esté por el Estado, que por mal que lo haga lo hará mejor que ese otro poder tenebroso que trata de suplantarle en ella.

España, n. 174, 8-VIII-1918

DEL DESPOTISMO EN LA ENVILECIDA ESPAÑA

Las revelaciones que por mediación de Joaquín Muntaner, nuestro buen amigo y excelente cronista, hizo en *El Sol* del día 2 de este mes el excoronel D. Benito Márquez, han despertado mucho menos interés que lo habrían despertado en un país de conciencia civil viva y despierta. El coronel D. Juan Génova, a quien el Sr. Márquez parece que negaba el saludo —nosotros, en su caso, habríamos hecho lo mismo—, ha contestado, y andan en dimes y diretes. Al Sr. Génova le parece que lo de los *dictados e im-*

---

[29]   Mazzini, Cavour y Garibaldi son para don Miguel tres de los más altos personajes de la historia mundial, por haber logrado la independencia y la unidad de su patria. Giuseppe Mazzini, además, fue el escritor que sirvió, con su ejemplo de valentía, de consuelo a Unamuno durante su destierro en Francia.

perativos de la conciencia es cosa que sabe a profesionalismo de letrado. ¡Y ojalá lo fuese! Pero la conciencia parece
que tiene que ver muy poco con los profesionales, sean le-
trados, sean militares. El honor —¿honor?— profesional no
suele ser cosa de conciencia, sino de conveniencia; no de
justicia, sino de política en el más bajo sentido.

Dijera o no el Sr. Génova al Sr. Márquez que fue una
infamia el fallo del tribunal de honor —¿honor?— que
separó a éste del Ejército —no del honor—; que estaba
arrepentido de haber tomado en él parte y que le pedía
perdón por ello, hay en el documento que Joaquín Muntaner dio a luz, un párrafo que es el sustancial y cardinal.
Dice así: «Yo (el Sr. Génova) les pedí pruebas que justifi-
casen el procedimiento que contigo se iba a seguir y no las
presentaron ni las exhibieron, y sí sólo dijeron dichos
coroneles que los que en política no conseguían el éxito
tenían que sufrir las consecuencias, y esto era, en aquel
momento, la necesidad de expulsarte del Ejército».

Este párrafo tiene el sello indeleble de la autenticidad.
Expresa la innoble y despótica doctrina de nuestra canalla
política gobernante, a la que sirven toda clase de tribunales, de honor o de sin él. «¡Tenía que haber una víctima!».
Tal es el aforismo de esa canalla de políticos profesionales
que nos desgobiernan. Y luego, para tapar lo de la necesidad de la víctima, sostienen que no están obligados a dar
razón pública de sus medidas. Es la llamada razón política, otra forma, y no menos infame, de la despótica razón
de estado. Y a eso le llama también la chusma régimen de
confianza.

Todo nos hace creer que el tribunal llamado de honor
que condenó al Sr. Márquez no era más que un tribunal
político o al servicio de los políticos. Y se le buscó de los
llamados de honor para poder mejor guardar el secreto de
sus motivos, ya que el secreto es la base del despotismo
y en éste se apoya la canalla de los políticos profesionales,

sostenedora del régimen. Del régimen despótico, se entiende, o de confianza privada.

Tribunal político también, y no jurídico, fue el tribunal militar que injusta y hasta ilegalmente condenó al Comité de huelga, al que hubo luego que amnistiar, por política también, y a modo de revisión exigida por el pueblo.

Estos tribunales condenan, no por razones de justicia, ni siquiera de ley, y mucho menos de honor, sino por la llamada razón de estado, infamia de las infamias. Y la más infame razón de estado, tal y como la concibe la canalla política, explotadora del régimen, es la que priva en esta envilecida, no ya sólo debilitada, España de la ley de jurisdicciones, de la neutralidad a todo trance y costa y de otras ignominias del mismo jaez [30].

Tribunal político también fue el tribunal militar que en Francia condenó a Dreyfuss y pretendió abrigar la injusticia del fallo bajo el despótico principio del secreto, invocando impíamente la salud de la patria. Pero allí, en Francia, había una conciencia civil, esto es, moral, y se alzó contra el despotismo por encima de las monsergas del honor profesional. Y en aquella nobilísima y fecunda discordia civil se templó el patriotismo francés. Por haber sentido lo mejor del alma francesa que ni la salud de la patria puede servir para encubrir el despotismo, o sea el régimen del secreto, se bate hoy tan heroicamente el pueblo francés, hecho ejército de la justicia, contra los pretorianos del despotismo imperialista. El Ejército francés que hoy se bate por la justicia internacional es el depurado por aquella noble discordia civil en que se hizo justicia nacional.

Y aquí, si España fuese tan injustamente agredida como lo ha sido Francia, ¿sabríamos defendernos? Pero no

---

[30] Las estructuras arcaicas del Ejército español sirvieron de blanco en muchas ocasiones a nuestro autor. Condena su profesionalismo y su intromisión en la vida civil española.

hace falta siquiera hacer la hipótesis. España ha sido y es
—y tememos que seguirá siendo—, agredida tan injustamente como lo fuera Francia. Y ya vemos cómo esta incivil
y envilecida España, que se encoge de hombros ante el
despotismo con que trata al ciudadano Sr. Márquez la canalla política del régimen, se encoge también de hombros,
llena de cobardía y de vileza, ante las agresiones esas.
Y si no, ahí están el Dato y Compañía, los de la neutralidad a todo trance y costa, y a la vez los de la secreta
razón de estado, los rábulas y sayones del despotismo.

Claro está que este Gabinete —que no Gobierno— de
altura, no puede ocuparse en cosa que estimará tan baladí
como el problema que plantea el caso del Sr. Márquez.
Agitarse todo un país por la injusticia cometida con un
ciudadano, como fue lo del *affaire* Dreyfuss, se queda para
pueblos que saben rechazar las injustas agresiones del déspota extranjero lo mismo que defenderse del despotismo
interno. Este Gabinete tiene que preocuparse de cosas más
hondas que la injusticia cuando ésta afecta a un ciudadano.
¡Que se…! ¡Tiene que haber víctimas! Y tiene que haber
políticos profesionales que de la injusticia vivan.

Este Gabinete de defensa, y no nacional precisamente,
tiene graves problemas que resolver. El internacional, y no
por sentimiento de la dignidad patria, sino porque unos
y otros beligerantes aprietan y este Estado, no ya débil sino
vil, esto es, cobarde, no puede ya jugar a dos barajas ni
esconder su juego. El problema de las subsistencias, ya
que no se *puede* llegar a lo que se debería, a la nacionali-
zación del suministro, domeñando a la canalla plutocrática
en que la canalla política se apoya y en que se apoya el
régimen. El problema de los próximos presupuestos, en que
se tropezará con terratenientes, plutócratas y toda clase
de acaparadores de riqueza y despobladores de hombres.
Y hay, además, el problema no menos grave de la reglamentación del juego de azar, que afecta, mucho más de lo

que se cree, a los cimientos del régimen. La mejor parte de la escasísima y mortecina conciencia pública nacional de España pide esa reglamentación visto que la supresión, se hace imposible, sea por lo que fuere. Pero ya veremos cómo sigue el actual monopolio —que le hay— de la tolerancia ilegal, porque ese monopolio de la ilegal tolerancia del juego de azar, así privilegiado, es una intangible institución favorita. Un amigo nuestro pensaba pedir en el Parlamento, al discutirse los presupuestos del Estado, que se prohibiera o reglamentara el juego y en cambio que se subiera unos ciertos sueldos. Pero este amigo nuestro se ha retirado del Parlamento y ha hecho bien. Lo mejor es evitar todo trato y hasta discusión directa con los rábulas y sayones del despotismo, con los del secreto de la razón de estado, con los de la vileza a todo trance y costa, con los que hasta de la tolerancia del juego prohibido hacen arma política y puntal de la lealtad antipatriótica.

España, n. 175, 15-VIII-1918

EL JUBILEO DE LA GLORIOSA

Al Excmo. Sr. D. Amós Salvador,
Comandante de la ex-Milicia Nacional, ex-Ministro liberal, Senador del Reino.

Gracias, mi querido y buen amigo, por haberme recordado que este año es el jubileo de la Gloriosa, el cincuentenario de la revolución española de 1868.

Me cuenta que al presentarse hace poco en Palacio con uniforme de comandante de la ex-Milicia Nacional, con su consiguiente morrión, y preguntársele por qué iba así y no de ministro, de académico o de ingeniero, contestó que aquel era el traje de la Maestranza de los liberales. Muy bien contestado.

Nosotros, los llamados no sé bien por qué, la generación del 98, hemos sido injustos, soberanamente injustos, con ustedes, nuestros hermanos mayores, nuestros padres a las veces, los de la generación del 68, nuestros comandantes.

Cumplía el que estas líneas laya, no ara, sus cuatro años el día mismo de San Miguel, 29 de septiembre de 1868, en que en Madrid, al grito de ¡abajo la raza espuria de los Borbones! —grito justo o no del todo— se proclamaba el destronamiento de la hija del Abyecto. Y no por republicanos precisamente, que éstos no habrían hecho la revolución. Y luego, seis años después, oía estallar sobre su cabeza, en el hogar mismo en que se mecieron sus ensueños infantiles, las bombas de los trogloditas que sitiaban y bombardeaban la invicta Villa, el pueblo glorioso y nobilísimo que le formó el alma civil y liberal. Y durante aquella guerra civil, entre las personas, más o menos archiducales, que le felicitaban al austriaco Don Carlos de Borbón y de Este por sus escasas o supuestas victorias sobre los liberales, contábase la que años más adelante había de regir, como madre viuda, los destinos fatídicos de la España patrimonial que hizo asesinar a Martí y a Rizar y que debió haber sucumbido del todo en Santiago de Cuba y en Cavite.

Estamos casi como en 1868, pero peor. La borbonería de Narváez, Sor Patrocinio, el Padre Claret, el *general bonito* [31] y Puigmoltó era al cabo borbonería pura, no habsburgiana, castizamente española aunque del peor casticismo.

Vino la llamada Restauración. Cánovas del Castillo sabía al fin que fue un *impasible coloso,* según le llamó,

[31] Don Francisco Serrano

aquel imperio español de los Austrias, de los Habsburgos, y fue Cánovas, a su modo, liberal, civil y laico, respetuoso con el derecho de gentes nacido de la gran Revolución francesa en que habían madurado el Renacimiento y la Reforma. Pero don Alejandro Pidal, el hueco charlatán a quien se le habían indigestado las piltrafas, ya descompuestas, del *buey* de Aquino, que le sirviera, refitoleramente guisadas el cocinero que fue el cardenal Fr. Zeferino González, intentó llevar a la llamada legalidad las llamadas *honradas masas* trogloditicas. Sagasta, antiguo miliciano nacional como usted, de cepa de la vieja solera liberal, hombre bueno de verdad, harto hacía con impedir que se apagasen los rescoldos del 68 y con incorporar a la legalidad monárquica restaurada algunos principios revolucionarios, lo que hizo que Castelar se dejase engañar una vez más, y no fueron pocas. Pi y Margall, con Pablo Iglesias, mantenían la honra española frente a la ignominia del tiránico despotismo colonial de la España del patrimonio, de que era el principal heraldo aquel funestísimo Romero Robledo. Salmerón tronaba, pero desde nubes sobrado altas y espesas. El pobre Moret no se enteraba ni de sus propias hueras parrafadas de espumosa ola que muere sin fruto en la arena. Montero Ríos, el catedrático de cánones, el suegro del partido sedicente democrático, firmaba en el Tratado de París la garantía del restante patrimonio. Silvela se moría de desesperanza con los dedos, aflojados por el tedio, sobre la muñeca sin pulso de la patria. Costa, después de haber empollado la Unión Nacional de que, como pollo del cascarón, saltó Alba, caía rendido de sed de justicia por haberse estado predicando, y solo en el desierto. Maura nacía a sus visiones apocalípticas de abúlico que confunde la energía con el apóstrofe. No logró luego liberalizar y democratizar al régimen aquel incauto Canalejas que se dejó plegar alguna vez a muchachiles veleidades imperialistas y atizó, adulando, peligrosos instintos para lograr, sin partido, sostenerse en el poder y caer, al fin, víctima sangrienta de ajenas culpas que quiso disculpar. Romanones... pero no debemos recordarlo aquí, sino «mira y pasa», que estamos ahora hablando de ideales políticos, buenos o malos, y no de fulanismos.

Y entre tanto los trogloditas, mineros como topos, pasaban de sus cavernas a gabinetes y cámaras. Hoy están en pleno juego. No es ya D. Jaime su símbolo encarnado. La guerra mundial, alzapocimándoles en un principio, les ha hecho ver claro después. No ya los cien mil hijos de San Luis, sino los súbditos del Sacro Romano Imperio Germánico, venían en su ayuda como en un tiempo los rusos del Zar por las ventas de Alcorcón, según la popular copla de antaño.

El Metternichillo ese de las rizosas canas —vaselina ponzoñosa, figurín de sociólogo de salón— enarboló lo de la neutralidad a todo trance y costa, que no era tal neutralidad, para poder hacer de canciller de un régimen de doble juego internacional, sin percatarse de que las naciones perecen no por débiles sino por viles. Apoyábalo la pedantería pseudo-tecnicista de los estrategeros de la camarilla que reputaban no podían ser derribados los Habsburgos estando, como estaban, sostenidos por los invencibles Hohenzollern. Invencibles por portulado como aquella Armada que armó desde El Escorial, tierra adentro, el Habsburgo Felipe II contra la Reforma de Inglaterra. Y las honradas masas trogloditicas acabarían por adueñarse —¡al fin!— de España. Sería el desquite no ya de 1876, de Sagunto, sino de 1868, de Alcolea, y hasta de Rocroy. Gracias que el pueblo de Washington y de Lincoln nos van a salvar de tamaño desastre, secuela del 98.

Nos dicen los prácticos, los de la realidad, que es hora ya de dejarnos de intestinas discordias civiles —lo único noble que aquí queda— y atender todos a la reconstrucción de España. ¿De qué España? ¿de la patrimonial? ¿de la habsburgiana? ¿de la jesuítica, troglodítica y cuartelaria? ¿de la plutocrática y caciquista? ¿de la del monopolio de la tolerancia del juego prohibido? ¿de cuál? Pero no cabe reconstruir ruinas sin desescombrarlas antes y sin cambiar cimientos que están por el socavo de las aguas sucias de la atarjea cavernaria en deshacimiento también. No, no cederemos a reclamos del materialismo santurrón, el de los dos negocios: de oficina y de purgatorio. España no puede reducirse a ser un taller y almacén con su capilla y sacristía y cuerpo de guardia adjuntos. La riqueza no es sino un medio para alcanzar la libertad, pero si se la toma como fin esclaviza.

Sí, debemos festejar el jubileo de la Gloriosa. Yo, por mi parte, lo festejo con estas líneas de reconocimiento hacia aquel hecho tan malamente desconocido por nosotros, los de mi generación.

Y si Dios —el Dios del Evangelio del Cristo— me concede llegar por lo menos a la edad a que usted, mi viejo y buen amigo, ha llegado —y ha llegado liberal—, espero ver el alboreo de una nueva vida para nuestra España y que ésta entre con la frente erguida y limpia a todo sol, en la Sociedad de las Naciones liberales, democráticas, civiles y cristianas, en la comunión de los libres pueblos de la Humanidad divina, después de haber pisoteado jesuíticas supersticiones materialistas de toda frasca.

Y en tanto, al son del para los cucos y los pedantes, desacreditado himno de Riego, gritemos el viejo grito cursi y cándido de 1868: «¡Viva España con honra!». Y para que se pueda decir con Espartero: «¡Cúmplase la voluntad nacional!», hagámosla primero, hagamos voluntad nacional.

Y usted, comandante que fue de la antigua y gloriosa Milicia Nacional, reciba un abrazo de un recluta de ella que es su amigo.

Salamanca, 13 de agosto de 1918.

España, n. 176, 22-VIII-1918

Alfonso XIII o la irresponsabilidad del poder

PARA RECTIFICAR

Señor:

En el número del domingo 5 de enero del desacreditado semanario *Blanco y Negro,* padre del *A B C ,* hemos visto un manifiesto titulado «El rey de los nobles y piadosos destinos», firmado por un Ramón Martínez de la Riva. Que el firmante no es en este caso más que un secretario de despacho, aún menos, una especie de amanuense, se ve con sólo leer el escrito, que tiene todo el carácter de lo que suele llamarse un suelto de contaduría [32].

Nos parece muy bien que toda persona inculpada, desde la más alta a la más chica, trate de disculparse y sincerarse y habríamos pasado por alto esa nota oficiosa si en ella no se nos aludiera directa y nominalmente. Nos tomamos, pues, la palabra, sin pedirla previamente, para rectificar.

En esa real nota oficiosa se citan como nuestras estas palabras: «Don Alfonso XIII gusta, ante todo, de la sinceridad. No vive encerrado dentro de una muralla de la China, sino que busca a todos aquellos españoles que pueden llevarle un granito de verdad».

[32] En el número del 25 de junio de 1915 el semanario «España» recabó la opinión que de «A.B.C.» tenían los intelectuales de la época. Unamuno dijo no tener opinión alguna sobre ese periódico porque no lo leía. Y no lo leía porque no le gustaban las personas que se lo elogiaban.

Si es que alguna vez hemos suscrito esas palabras, que no lo recordamos bien, debió de ser antaño, hace años, más bien hace siglos, pues a siglos equivalen para España los últimos cuatro años de vergonzosa neutralidad habsburgiana a todo trance y costa y de clandestina complicidad con los Imperios centrales, y debimos de haberlas suscrito en cierta gaceta de casa y boca que se llamaba *La Monarquía*. Pero desde entonces acá ha ocurrido mucho y se nos han abierto los ojos a su respecto.

Cuando hace años, mejor: siglos, escribíamos eso, no conocíamos bien a nuestro rey y fuimos, como tantos otros, engañados. Después hemos podido comprobar que ni gusta de la sinceridad, sino que más bien le molesta cuando contradice sus aspiraciones y sus pretensiones de propia suficiencia y que no busca, sino que rehuye a todos los españoles que pueden llevarle un granito de verdad.

En septiembre de 1915, el que esto firma se encontró en su país nativo, y precisamente sobre el histórico árbol de Guernica, con el rey este «de los nobles y piadosos destinos»; saludole el rey y le invitó a una conferencia o entrevista diciéndole: «venga usted a verme, que hablaremos; quiero hablar con usted». Mes y medio después fuimos a Madrid y nuestro primer cuidado fue acudir a Palacio y pedir por carta a la mayordomía —de que tenemos respuesta acusando su recibo— que se nos señalara día y hora para la entrevista a que *se nos había invitado previamente*. Y hoy es el día en que aguardamos todavía, claro está que sin esperanza ya ni deseo.

Si se hubiera tratado de un ciudadano, es decir: de uno que no fuese rey, habríamos atribuido tal conducta a mala crianza, pero tratándose de un rey, nos pareció que ello obedecería o a profundas razones de Estado (!!!), que siempre son secretas, o sea despóticas, o a misterios eleusinos de la etiqueta palatina, misterios que nos preciamos de desconocer, pues nuestra congojosa preocupación patriótica no nos ha dejado tiempo que perder en el estudio de esas y otras análogas frivolidades.

Y esto, Señor, que se ha hecho con el ciudadano español que firma esta rectificación, se ha hecho, nos consta, con algún otro. A más de uno se le han cerrado las puertas después de haber sido invitados a franquearlas. Sabemos nombres.

No, Señor, no; el rey no gusta de la sinceridad; el rey se figura que él está mejor informado y mejor orientado que otro alguno y el rey hasta llega a suponer que un político puede tener dos programas: uno para la galería y otro para alcanzar de Palacio el poder. Y si no, dígalo D. Melquiades Alvarez. El rey vive encerrado no dentro de una muralla de la China, sí de un cotarro del Tibet, y cuando prevee que la verdad que le pueden presentar ha de serle amarga, no busca, sino que rechaza a los españoles que pueden llevarle un granito siquiera de ella.

Dice, Señor, que «es preciso ser optimista». ¡La canción de moda!, ¡el *soldado de Nápoles de real orden!* No; lo que es preciso es ser óptimo, o siquiera bueno, y no optimista.

El que esto le dice, Señor, no es ni monárquico ni republicano en el sentido vulgar y corriente que en nuestra política se da a estos dos motes; el que esto le dice ha explicado que para él república quiere decir régimen de publicidad y de soberanía única popular, y que su opuesto es el despotismo, o régimen de secreto, de razón de Estado clandestina, y el que esto le dice, en fin, ha llegado a la conclusión de que hoy en España el verdadero obstáculo tradicional a la libertad y la democracia, a la *republicidad* [33], que es publicidad, no es la monarquía, no es la

---

[33] La palabra «republicidad» es un neologismo de Unamuno y con él quiere significar que «república» en un régimen de publicidad mientras que «monarquía» es un régimen de secreto y clandestinidad.

realeza, sino que es el monarca, es el rey. No es con la institución, es con la persona que la encarna con lo que está en conflicto la soberanía popular en España.

Conste, pues, Señor, que tengo que desdecirme de aquellas palabras que suscribí hace siglos, cuando no conocía al rey, y que se le han hecho recordar al redactor de la nota oficiosa palatina publicada en el *Blanco y Negro* de la víspera del día de Reyes —aunque los Magos no lo eran— de este año.

España, n. 197, 16-I-1919

LOS PRETENDIDOS HOMBRES
DE ESTADO DE ESPAÑA

La Epoca, el órgano de la corrupción conservadora, desmintió la afirmación del diputado francés por los Pirineos Orientales, Mr. Emmanuel Brousse, de que el Dato ese había hecho de canciller germanófilo. Romanones en tanto hacía, durante la guerra, de canciller aliadófilo. *La Lucha,* de Barcelona, afirmó a su vez, y citó como testigos de su afirmación a los señores Cambó y Ventosa —germanófilos de lance también ellos—, que la «dimisión del Dato se debió a negarse a cumplir el acuerdo del Consejo de Ministros del ministerio *bollo maimón* en que se convino, a propuesta de Cambó, destituir al Sr. Polo de Bernabé, representante de S. M. el Rey de España junto al Kaiser de Alemania.

La Lucha envió a Mr. Brousse el artículo en que *La Epoca* negaba la explicación de la salida de Dato y Mr. Brousse contesta ratificándose y dice en su carta que asienta «un hecho histórico que demuestra con qué duplicidad los pretendidos hombres de Estado de España se han burlado durante cuatro años de Francia y de los aliados y han permanecido, a pesar de sus hipócritas protestas sometidos a Alemania». Y sin embargo...

Y sin embargo, a *La Epoca* no debe de faltarle alguna razón. Y la razón que no debe de faltarle es que si el Dato ese, cabecilla de la taifa conservadora —de lo ajeno, por supuesto— que pretende asaltar ahora el poder, se negó a destituir al representante de S. M. el Rey de España ante S. M. I. el Kaiser de Alemania lo hizo por delegación y porque se le mandaba así. El Dato, cortesano y nada más, sabía que por encima del Consejo de Ministros y de sus acuerdos, y por encima de la Constitución, hay otro poder. Poder que entonces, merced a su maravillosa clarividencia —¡que ni la de Edipo!— estaba seguro del triunfo de Alemania y de la habilidad, por lo tanto, de sostener en su puesto al Sr. Polo de Bernabé. Todo lo cual pertenece a ese pasado que como le dijo Clemenceau a Romanones —dijo el tigre al raposo...— no se puede ni debe borrar, por ser la raíz del presente y del porvenir.

Dice Mr. Brousse en su carta a *La Lucha* que los pretendidos hombres de Estado —¡¡de Estado!! ¿y hombres— de España —¿de España?— han permanecido, a pesar de sus hipócritas protestas, sometidos a Alemania. Y esto no es así. Los pretendidos hombres de Estado de España han permanecido, y permanecen, sometidos a su amo y señor, el repartidor de los turnos del poder, el que da y quita el decreto de disolución, y es este poder el que ha estado sometido, merced a su clarividencia, a Alemania. Los pretendidos hombres de Estado del Reino de España no han sido más que criados de un criado. Incluso, claro está, Romanones, siendo el cual ministro de Estado, ocurrió lo de von Kalle en el cazadero de Lachar sin que eso le hiciera dimitir. ¿Qué dejaba en descubierto al amo? ¿Y qué? [34].

---

[34]   Hundimiento de barcos españoles por los alemanes.

El cabecilla de la cáfila conservadora ha hecho correr por Francia, a cuyo dinero atribuyó el movimiento de agosto de 1917, que él había sido francófilo y hasta que había querido la incautación de los barcos alemanes, pero que... Y no, ni él ni su colega Romanones, que se repartieron los papeles, dentro de la neutralidad, de cancilleres benévolos a uno y otro bando, ninguno de los dos han sido ni germanófilo ni aliadófilo, sino pura y simplemente cortesanos. Ni al uno ni al otro se les ha dado un ardite por España, porque no era a España a quien servían. Servían a las taifas que resguardándose detrás del trono y escudándose en él fingen resguardarlo y escucharlo. Servían a una quisicosa que llaman el orden y es el mayor desorden y que creen que va a descomponerse si sobre él no pesa la Corona.

Y hay en España desgraciado —el más desgraciado y el culpable mayor de nuestras desgracias públicas— que sueña con que hasta el bolchevikismo acaba por hacerse gubernamental, o sea dinástico. Porque hay quienes creen que gubernamental y dinástico es lo mismo.

Y se continuará...

España, n. 198, 23-I-1919

EL ORDEN Y LA MONARQUÍA

Cuando escribimos esto, hoy día 24 de enero, no cabe predecir qué resultado de primera apariencia tendrá la intentona de restauración monárquica brigantina en Portugal. A la larga, no hace falta echársela de profeta para augurar que sus frutos serán tan amargos, como los de los otros cambios de postura política de la nación vecina. Y si el desgraciado D. Manuel lleva a volver a sentarse en el trono de sus mayores quedará expuesto al sino de su padre, de su hermano mayor y de Sidonio Paes. Es la terrible némesis histórica [35].

Lo que nos parece una locura es pretender restaurar la monarquía. Y una locura por parte de los conservadores, y aun reaccionarios, por parte de los hombres sedicentes de orden de Portugal. ¡Si fuéramos uno de ellos!...

Durante la guerra, un agudo publicista nuestro —queremos recordar que fue Pérez de Ayala— propuso que los antigermanófilos nos sorteáramos, para dedicarse algunos a defender, por vía de polémica, la germanofilia y el germanismo, para que así los alemanes pudiesen luego no juzgar a los españoles con el desprecio con que nos juzgarán cuando se enteren de cómo se defendió aquí la causa del Kaiser y de la kultura. Yo me ofrecí entonces a hacer de germanófilo hipotético, al modo que en las academias de los seminarios conciliares y de las órdenes religiosas hace uno de arriano, de maniqueo, de calvinista o de panteísta. Y ahora me entran ganas de hacer de hombre de orden portugués, de lusitano de la extrema derecha. Y diría...

Diría que no hay torpeza mayor que unir la causa del orden —del orden de la plutocracia del orden de los conservadores y tradicionalistas— a la monarquía. Diría que los hombres de orden, si es que cuentan con dominar al sufragio, es decir, con la mayoría de la opinión pública, consiguen mejor sus fines en una república que no en una monarquía, y si no cuentan con la mayoría del sufragio más peligros corren en una monarquía que no en una república. Porque en una monarquía no caben ciertos cambios y reformas sin revolución.

[35] El padre de Don Manuel, fue Carlos I (1889-1908) que murió asesinado.

¿De dónde se saca, ni en Portugal ni en otra parte, alguna que la monarquía garantice mejor el orden, aunque sea el orden de los conservadores, basado en privilegio, injusticia y, lo que es peor, secreto, que lo garantiza una república, sobre todo si ésta es conservadora? Hay repúblicas reaccionarias y hasta inquisitoriales y en éstas están el despotismo y el privilegio tan sostenidos como en una monarquía, mayor aún.

El rey no lleva, por lo común, a su lado ni al más liberal de sus servidores cuando teme al pueblo, a la *chusma encanallada,* ni llama al más conservador cuando teme a las clases que se llaman superiores, a la plutocracia o a la clase avanzada, sino que suele llamar a los más abyectos, a los que no le contradicen, a los que atacan sus pretensiones de propia suficiencia, a los que se doblegan a sus caprichos y a sus intemperancias, a los que refrendan, sin discutirlas y acaso sin conocerlas de antemano, las ocurrencias que le pasan por el magín después de consultarlo por cualquier consejero —o consejera— privado y secreto, con cualquier valido de tanda o con los camaradas de tertulia o de siete y media. Esto hace un rey que se sienta rey sin cortapisa y que se chifle en la Constitución, si es que aparece como constitucional.

Un rey así llamará al más revolucionario, al más demagógico, al más radical, al más bolcheviki, con tal de que satisfaga las personales pretensiones suyas. El orden de los conservadores —de lo ajeno— el orden de las personas que se llaman de orden, no es el orden de un rey. Si un rey creyese que podía seguir siéndolo en un régimen comunista y después de haber desposeído de sus propiedades a los propietaios todos, provocaría el comunismo. Los reyes que se sienten tales carecen de patriotismo. Para ellos patriotismo quiere decir lealtad, pero lealtad de los súbditos a ellos y no de ellos a los súbditos. No saben lo que quiere decir lealtad del soberano. A lo sumo, hablan de sus deberes para con el trono y de su lealtad... a sus mayores, a la tradición del linaje, al pasado.

¿Por qué, pues, esa ceguera, en Portugal y fuera de él, de unir la causa que llaman del orden a la de la monarquía? Ello no puede provenir sino de que esas gentes que se dicen de orden saben que están en minoría. Y ni aun así...

No, no podemos explicarnos esa ceguera. Ceguera para su propia causa, ¿eh?, que, por lo demás, esa ceguera no hace más que favorecer a los que tratan de establecer, aunque sea por el desorden, la justicia popular y el fin del régimen despótico.

Todo el fracaso del maurismo en España —fracaso de que, por lo demás, nos regocijamos— se debe a haberse empeñado los mauristas en seguir siendo dinásticos. Si Maura llega en un momento, hace ocho años, a alzar, franca y resueltamente, bandera contra su rey, tal vez a estas horas tendríamos en España una república maurista, que no podría ser peor que la monarquía que tenemos, por malo que fuese.

Claro está que los que se proclaman monárquicos por amor, según dicen, al orden, ni son monárquicos ni cosa que lo valga, pero son los que sostienen, como a clave de bóveda de su fábrica, al monarca. Y cuando un monárquico de esos al deciros: «a mí no me asusta la república, pero si ella viene, ¿quiénes nos gobernarán?» le respondéis: «¡vosotros mismos, si lo queréis de veras!» no se convence. Y con razón. ¿Por qué? ¿Por qué las clientelas y las taifas políticas, cuyos jefes hace de hecho el rey al darles con la llamada a presidir sus Consejos de ministros y con el regalo del decreto de disolución de Cortes, la jefatura; por qué las clientelas y las taifas que acaudillan esos cancilleres abyectos, viles encubridores de los despóticos caprichos de su amo y señor; por qué esas cáfilas de logreros y de vanidosos no confían en poder llevar al poder en una república, con sus artes de electorería picaresca, a esos mismos, sus cabecillas de banda?

Es lo que nos falta por ver. Pues acaso no anden tan errados como suponemos en Portugal y fuera de él esos que se dicen a sí mismos gentes de orden. Pues los que de veras lo son no suelen saber a qué atenerse. El hombre de verdadero orden, como no discurre, se somete a todo. Es el resignado, el borrego expiatorio.

España, n. 199, 30-I-1919

EL SUICIDIO DE ESPAÑA

Uno de los hombres más miserables —¡y cuidado si lo son!— de los que merodean en esa miseria moral que es la politiquería conservadora española, decía no hace mucho que al partido conservador se podía atacarle y tratar de deshacerlo, pero lo que no se puede es pedirle que se suicide. Y, sin embargo, esta es su obligación. ¿O es que no ha habido partidos, ligas, asociaciones, etc., que se han disuelto una vez cumplida su misión? Peor es que ese partido, y no él sólo, haga que se suicide España. Y ese mismo miserable político, que envuelve en gracejo las doctrinas más cínicamente antisociales e inciviles, ¿no tendrá acaso sobre su conciencia algún suicidio? [36].

La que se suicida es España. Y acaso sea su más heroica hazaña, su más noble sacrificio.

Siéntese hoy en España una especie de voluptuosidad colectiva de disolución. Háblase en ella del desmembramiento, aún más, de la disolución sin pena y hasta con un

[36] El político en cuestión es Eduardo Dato.

cosquilleo de ansia. ¡A ver qué es eso! ¡a ver cómo nos encontramos dejando de ser españoles!

El máximo apóstol del republicanismo, Mazzini, el enorme Mazzini, que nunca fue federal o güelfo, sino unitario o gibelino —gibelino del pueblo—, aquel creador espiritual de la tercera Roma, el que anhelaba que pudiesen los italianos «despertados al sentido de su misión en el mundo, escribir en tiempos no tardíos sobre el Panteón de nuestros Mártires en Roma las dos palabras símbolo del porvenir: Dios y el Pueblo; Unidad y Libertad», el máximo Mazzini decía que la vida es misión. Lo es para un hombre civil e histórico, lo es para un pueblo. Y cuando termina su misión una nación, como un hombre, muere, debe morirse. Y en casos hasta debe matarse o al menos, dejarse morir.

La misión histórica de España se acabó ya y no tiene hoy conciencia de ninguna misión nueva. No tiene ella; no la tiene ninguno de sus hijos que pueda dirigirla. Y por esto, porque no hay conciencia alguna de misión colectiva, de un papel que haya de jugar España en la historia, por esto para encubrir la disolución nace el menguado y raquítico ideal federalista. Una federación o confederación sólo serviría para conservar la apariencia de Estado o de nación, sólo serviría al miserable sentimiento de la propia conservación que le hace a un pueblo, como a un hombre, esclavo.

España tenía que cumplir en Cataluña, como en otras partes, una misión. Y esta misión que España tenía que cumplir en Cataluña no la ha sabido cumplir, no ha querido de veras cumplirla. No ha hecho más que aprovecharse de ella, de Cataluña, aprovechándola a la vez acaso. Y como no ha sabido o no ha querido o no ha podido cumplir esa misión, le surge la separación, que es un hecho —no separatismo, que es una idea— actual.

Ahora, de lo que no puede ni debe hacerse caso es de

esa grotesca invención de la España Grande. Esa España
Grande es un gran mausoleo, en forma de fábrica o de
almacén, de taller o de lonja, para enterrar a la España
histórica. En boca de los que más la traen en ella, eso de
la España Grande es una mentira. Porque lo triste aquí
es la insinceridad, la hipocresía de unos y de otros, de los
que gritan ¡viva! y de los que gritan ¡visca!, de los de la
Liga Patriótica Española y simpatizadores y de los de la
Lliga Regionalista e izquierdista, que arrastra tras de su
sentimiento medieval del patriotismo chico y grande. Viven unos y otros, españolistas y catalanistas, de mentiras.

   ¿Qué es eso de que una Confederación acabaría con
las oligarquías y el caciquismo y el despotismo? ¿Quién es
el papanatas que cree que con ocho o diez o doce Parlamentillos —según el número de naciones confederadas—
y una especie de Reichstag español o ibérico para sus
asuntos comunes se acababa aquí con esos males? Si es
que no surgían más poderosos... No, nadie cree de veras
que ese sea un remedio. Lo que hay es que se siente el
anhelo de la disolución.

   «Es que si España se disuelve nacerán de ella otras
naciones, que lo serán de veras» —se me dirá—. No; esas
naciones tampoco tendrán conciencia de una misión histórica, hacia fuera. No la tiene Cataluña, nación profundamente conservadora, a la que sólo mueve el instinto de
propia conservación, y que no tendrá sentimiento de misión histórica. Y si con el tiempo llega a cobrarlo entonces
se suicidará a su vez, heroicamente, noblemente, santa-
mente, fundiéndose en nación más grande.

   Las naciones nacidas de España que llegarán antes que
lo que de España quede a cobrar conciencia de una misión
serán las repúblicas españolas de América. Decimos españolas y no latinas ni ibéricas, porque en ellas se habla
español —y cada vez más y mejor— y no latín ni ibérico
(hay una, el Brasil, portuguesa); ¡y Dios sabe si con el

tiempo no salvarán ellas a España haciéndola, en un cierto sentido, una colonia suya! ¡No confederándose con ésta, no! Las repúblicas federales hispanoamericanas tienden, como toda federación con conciencia de misión histórica, a hacerse unitarias. El espíritu federalista de Rosas se borra de la Argentina, y el de Artigas del Uruguay. La historia les ha enseñado que el federalismo acaba por ser la barbarie.

Porque los Estados Unidos de la América del Norte tenían conciencia de su misión histórica universal —no sólo internacional, que es otra cosa—, impidieron con Lincoln la escisión de la nación. Porque allí son los Estados los que hacen la Nación, y no unas menguadas naciones las que hacen el Estado. La Unión Norteamericana proclamó con Lincoln que los Estados del Sur no tenían derecho a separarse de ella para darse a sí mismos el gobierno que mejor les pareciese. La Confederación Norteamericana no acató la doctrina disolvente y suicida del pacto. Es que sentía la historia, y eso del pacto es prehistórico, es decir, antihistórico, es no ya troglodítico, sino mítico.

Y España, falta de sentimiento histórico de una misión universal que cumplir, se suicida.

¡Dios la acoja en su seno y que descanse en paz!

España, n. 200, 6-II-1919

¡YO SÍ QUE SOY POLÍTICO!

¿Que no soy político? Así me han dicho algunos que lo son de oficio, que viven de serlo, y así piensan sin duda los que intentaron apriscarme y ponerme la hierra de su ganadería, y que para seguir en esa miseria que llaman política, y no lo es, se prestan a no responder de los actos

legalmente irresponsable de quien les sostiene en el poder —en un poder impotente y vergonzoso— y a encubrirlos y falsificarlos.

En el número primero del 26 de enero, de un nuevo
diario barcelonés, *La Nación,* se me mentaba, y muy hon-
rosamente por cierto, en un diálogo, y uno de los personajes de éste decía que no soy político, que no he dado
vivas a España en la calle, que no llevo pistola en el bolsillo del pantalón y que por eso hay que dudar de mi patriotismo.

En efecto, nunca he dado vivas en la calle, ni a España
ni a nada. Los *vivas* callejeros, lo mismo que los *viscas*
y los *goras* me parecen ladridos, y lo mismo me da que
se ladre en castellano, en catalán o en vascuence. Si yo
fuera perro no saldría a la calle a ladrar, sino o pasearme
en silencio o a aullar. El aullido es trágico; el ladrido es
cómico. Se aulla de dolor; se ladra por hacerse oír y notar
tan sólo. Y si tenía que morder, mordería entre silencios o
entre aullidos, pero no entre ladridos. Y menos ladridos
a coro.

No, no llevo pistola en el bolsillo del pantalón; no la
he llevado nunca. No la sé manejar; no la he manejado
nunca. No manejo otras armas que mi pluma y mi lengua.
Y un cortaplumas para tajar los lápices cuando dibujo.
Ni he manejado otra arma que una escopeta de salón, de
aire comprimido, no de fuego, para matar ranas —¡con
balines!— en una charca de esta provincia de Salamanca,
cerca de Vitigudino.

No, ni doy vivas en la calle, ni uso armas. No yo, me
creo que la unidad de lengua es lo que hace una a una
nación, pienso que se pueda imponer a tiros y por la fuerza esa unidad ni otra alguna. Ni creo que la patria y el
ejército sean consustanciales.

Puede haber patria, y llegará aquí a haberla, sin ejército, sin necesidad de ejército, y puede haber ejército sin pa-

tria. Los legionarios pretorianos romanos que hacían y deshacían emperadores, fueron los que acabaron de deshacer la patria romana. Se constituyeron en partido político. ¡Y ay de un ejército, y ay de la patria sobre que pese, cuando aquél se constituye en partido político!

Y para constituírse en partido político no hace falta ir a las elecciones ni al gobierno como tal. Hay partidos políticos, verdaderos partidos, cuyos adherentes se distribuyen entre los demás. ¿No es uno así el partido palatino español, el partido personal de S. M. el Rey, el que confunde el patriotismo con la lealtad, y con la lealtad interesada, de casa y boca?

El cronista semanal del *Nuevo Mundo* se quejaba hace poco de que se le deja solo al Rey, de que no tiene entre quienes escoger sus ministros. ¿Quién le ha dejado solo? ¿Quién le aisla? ¿Son los españoles los que han de ir a buscarle o es él quien ha de ir a buscar a los españoles que deban servir a su patria? A su patria, ¿eh? y no a él. Porque él tiene también que servirla, ya que para eso se le paga, y posponiendo personalerías.

Todo el mundo sabe que en tiempos de elecciones generales para diputados y senadores hay un encasillado —y más aún, un desencasillado— palatino, que hay candidatos personales de S. M. y, sobre todo, anticandidatos. no monárquicos, ni aun dinásticos, sino palatinos, personales de S. M. y su corro, suelen ser militares. O gentes de título nobiliario, que no de nobleza. ¿No hubo en Bilbao, frente a Prieto, un candidato así, de Palacio, que por cierto hizo bien triste papel? ¿No ha sido candidato de S. M., su actual embajador, que no de España, en la República Francesa? ¿Y la derrota de Melquiades Álvarez?

Hay quien cree que esta derrota se debió al Príncipe de Ratibor, por lo del mitin aliadófilo de la Plaza de Toros. Pero el Príncipe de Ratibor no necesitó hacer encasillamientos ni deshacerlos. Se los dieron hechos y deshechos

en Palacio. El encasillado palatino coincidía con el que
hubiese hecho el Príncipe de Ratibor. La vergonzosa neutralidad habsburgiana a todo trance y costa coincidía con
el dinastismo personalista del partido palatino español.

Ya se lo habían advertido arriba a Melquiades Álvarez,
ya le habían dicho, y cara a cara, que se dejase de situaciones ambiguas y que entrase a formar resueltamente en
la izquierda del partido liberal dinástico, que ingresase en
el partido palatino.

No, no soy político, en el sentido en que lo es toda esa
canalla, toda la alta chusma encanallada, no puedo serlo.
Porque ni doy vivas a nada ni a nadie en la calle, ni pierdo
el tiempo en saludos inútiles —aunque sirvo a mi patria
jamás he *servido* lo que se dice entre el pueblo *servir al
Rey,* pues no he vestido ni por una hora uniforme militar
ni he cogido en la mano una arma de fuego—, ni llevo pistola, ni sobre todo me presto a callar la verdad, que es la
más sutil manera de mentir.

Sí, amigo Antonio de Hoyos, ¿por qué no he de decirlo con la modestia que me caracteriza? ¡Sí!, si me hubiera
comprometido a no pensar nada, y si lo pensaba callár-
melo, sería, como usted dice, a estas horas *una gran figura
oficial* —esto es, un figurón despreciable—; sería senador,
ministro, tal vez presidente del Senado, y... «¿quién sabe?
quizás, quizás presidente del Consejo». Así dice usted, amigo Antonio de Hoyos, y así es. Con la condición de callarme la verdad y con la condición de no responder de
los actos irersponsables del Monarca y de encubrirlos y falsificarlos más bien. Pero alguien tiene que reservarse para
servir a su patria. Que le sirvan a él otros.

Y mi patria no es tanto mi madre como mi hija. Si
ella me ha hecho yo quiero rehacerla.

España, n. 201, 13-II-1919

SOBRE LA AVARA POBREZA ESPIRITUAL

Reliquiae convertentur
ISAÍAS (Cap. X, v. 21)

En el último número de este semanario, aparecieron dos artículos míos; uno que yo envié a él y otro que la dirección exhumó de entre mis muchos de pasados años. La intención de esta exhumación se ve bien clara conociendo la actitud que guardo frente a la pedantería burguesa de la Lliga Regionalista y al pleito del Estatuto catalán que, como problema primario, nos plantea. Tengo, pues, que insistir.

Mi artículo del 16 de mayo de 1907, «Contra los bárbaros», que España exhumó, iba dirigido a aquel espíritu noble, amplio, sereno, intensamente español, que fue el de Juan Maragall. Maragall murió, y con él, su espíritu. Los pedantes de la Lliga, con su *leader* el archipedante Cambó, el que nos tiene a los demás por *ximples,* el del problema biológico (!!) de la personalidad de Cataluña, no tienen nada, absolutamente nada, del espíritu maragallino. No tienen nada de espíritu imperialista; nada de generosidad [37].

En aquel mi artículo le decía a Maragall de «mis recelos y temores respecto a la Solidaridad», de que me temía les faltase la abnegación necesaria para decir: «¡aquí mandamos nosotros!». Y esos recelos se han confirmado. Los autonomistas esos del Estatuto de la doble ciudadanía —la nacional y la del Estado— no se proponen mandar en España; no les importa que ésta sea bien o mal mandada. Todo eso de la España grande, con que nos salen de vez

[37] Francisco Cambó, Ministro de Fomento en 1918 y líder de los nacionalistas catalanes. La enemiga de Unamuno a la Lliga permaneció invariable en él.

en cuando Cambó y demás hipócritas pedantes de la personalidad burguesa, no es más que un tapujo.

Maragall sí; Maragall, en su hermoso catalán —y en su hermoso español también—, sentía, quería y magnificaba a España; pero para estos fenicios, que de poetas no tienen nada, para esos fenicios comidos de *avara pobreza* espiritual, España no es más que una razón social pseudónima. Una razón social pseudónima —ya que no anónima—, de la que hablando hace poco en el Congreso Cambó decía que habría, aun rota, que rehacerla siquiera por la moneda (!!) La unidad monetaria es la que más le preocupa a ese fenicio pedante de la personalidad nacional y que cuando se siente romántico (!!) habla de la expansión de la cultura catalana. Suponemos que con su liturgia y su heráldica y su ortografía y su protocolo privativos.

Ni creo que se puede ni se debe imponerles un patriotismo español que no sienten. Sigo creyendo que esas Ligas Patrióticas Españolas, a base de hombres de armas, son cosa de bárbaros. No, no es posible ni es moral imponer la unidad a la fuerza. Pero es más inmoral todavía mentir. Y es mentira que España pueda subsistir con su extensión geográfica actual y como potencia espiritual con una misión histórica que cumplir, trayéndonos esa multiplicidad de ciudadanías (ver el cap. II del Estatuto Catalán).

Lo mismo en mayo de 1907 que ahora, en febrero de 1919, lo que sobre todo me repugna es la mentira. *La Veu de Catalunya,* pongo por caso de órgano de ella, insiste estos días en que se permita a los alumnos catalanes de la Universidad de Barcelona y de los institutos de Cataluña, contestar en catalán. Pero no es de esta libertad de lo que se trata, sino de *obligar* a los profesores todos —como a los demás empleados públicos— que ejercen su profesorado en Cataluña, a que sepan catalán. No se le persigue al *empleat* porque es mal empleado, sino porque no es catalán.

Ahora nos sale esa *Veu* protestando también contra el caciquismo granadino del Sr. La Chica. ¡Hipocresía!, ¡hipocresía!, ¡hipocresía! ¡Valiente cosa se les da del caciquismo andaluz a esos caciques! Ellos lo que quieren es que en Cataluña se caciquee en catalán y en cuanto a Andalucía ¡que la parta un rayo! ¡Romper las amarras! No hay un átomo de imperialismo en la avara pobreza espiritual de esos señoritos de la personalidad nacional; ni una pizca de la abnegación de que hace doce años le hablaba a Maragall. La abnegación no se llama federalismo; el federalismo, es por el contrario, el egoísmo, la avara pobreza espiritual; el federalismo consiste en abandonar la misión histórica de un pueblo —que sólo por la unidad unitaria se consigue— y cuidar de la propia conservación colectiva; federalismo es sinónimo de egoísmo.

Y en tanto Andalucía no ya se queja en sueños sino que ruge en pesadilla. Y no contra el caciquismo precisamente, sino contra los malos caciques. Porque el mal no viene del régimen, sino de los que nos rigen. Y en cuanto a lo que se llama por autonomasia régimen, el mal viene del regente. Ni puede haber ingenuo alguno que crea que el caciquismo granadino se curaría con un parlamento nacional de la Alta Andalucía, con su congreso en Granada, y donde los de La Chica, Rivas, Burell y compañía harían que se hablase en el caló convencional del pintoresco y convencional gitano de la Alhambra. No, no se curaría con ese pintoresco parlamento agitanado, ni con federación ni sin ella.

Andalucía y Galicia son las dos regiones —o naciones, si queréis— españolas más castigadas por los caciques. Y las castigan hasta cuando las sirven. Pero el cacique gallego suele ser hipócrita y sutil, mientras que el andaluz es cínico y zafio. Zafios hasta los que pasan por más avisados. Zafio su gracejo. Propenden a jándalos y a majos. Lo que no se le ocurriría a un gallego. Y es que

el húmedo Noroeste ablanda el espíritu, mientras que
el ábrego lo desea. El cacique andaluz no es de barro;
es de pedrusco seco. Basta comparar Montero Ríos, que
confesaba haber sido uno de los que mataron a Meco,
con Romero Robledo, que es quien más contribuyó a ma-
tarlo y a traición.

La caciquería máxima han cerrado en el Congreso el
cuadro y ya veréis cómo los otros, los de la Lliga y sus
acólitos de la izquierda(aprovechan la batalla para volver
a apremiarnos con su pleito, con esa monserga de señoritos litúrgicos y ortográficos.

La Regencia, aquel ominoso período, ahito de ignominia tapada, aquel período en que el patrimonio ahogó a la
patria, el de 1898, dio fomento al romero robledismo. Romero Robledo, desechado y espejo de caciquismo andaluz,
fue la cifra de la corrupción moral política española. Re-
cuérdese lo que Zugasti escribió sobre el aspecto político
del bandolerismo. La zafiedad y el cinismo de la escuela
política romero-robledana excedieron de toda linde. La
política se convirtió en electorería gubernativa y en granje-
ría y arte servil de ser amigo de sus amigos, que tal era
y es la frase.

La Chica ha dicho cínicamente que no le tratarían así
ni se negarían a recibirle los prohombres si le necesitaran
de gran elector. Es que acaso preveen que su estrella electorera se apaga. Y por si llega a hacer las elecciones generales desde el Gobierno —lo que no es tener ya—, parece que Romanones se dispone a mandar de gobernador
a Granada a un fresco fantasmón, perfectamente desapren-
sivo, que las hizo aquí, en Salamanca, últimamente. ¡Buena breva les ha caído a los granadinos con el tal D. Eva-
rio, pintoresco e ínfimo caciquillo astudillano! ¡Ya verán
lo que es canela gubernativa!

Y toda esta podredumbre caciquil, y sobre todo la andaluza, la de la escuela romero-robledana, no se cura,

como no se cura ningún otro de nuestros males, con ese nacionalismo egoísta y pedante de la Lliga y de los cándidos republicanos y socialistas que van a su rastra, aunque crean tenerla presa. No, esos nacionalistas carecen de la abnegación para decir en España: «¡aquí mandamos nosotros!». Se limitan a que no les manden en Cataluña. Y cuando dicen que su caso es especial, privativo, que su nacionalismo no es traducible, tienen razón. Sería la peor desgracia para España que se pudiese traducir a toda ella la avara pobreza espiritual del federalismo lliguero. Pero nada tampoco de la imposición de la otra Liga. No debe ser español —ciudadanía única— sino el que quiera serlo.

¿Es que me he hecho, como alguien me dice, separatista? Puede muy bien ser... También lo fue el profeta Isaías. Separatista le llamó el eminente y doctísimo profesor holandés Kuenen, historiador de la religión israelita. Isaías, el separatista, exclamó: «¡lo que quede se convertirá!» (c. X, v. 21). Y cuando falta la abnegación del: «¡aquí mandamos nosotros!» —y en España no se puede mandar más que en español y unitariamente—, yo digo con Isaías: «¡el resto se convertirá!».

España, n. 202, 20-II-1919

¿ES ESPAÑA NACIÓN?

ESO DE MARRUECOS

Eso de Marruecos no ha logrado interesar a los pueblos que habitan España. Y es ello naturalísimo. Eso de Marruecos es, en realidad, un problema internacional, y lo internacional no puede interesar donde falta el sentido de nacionalidad. Pues no es tal el mero instinto de conservación colectiva. El sentimiento de nacionalidad sólo le da una conciencia de una misión histórica común y pública. Y no es misión histórica la de conservarse.

Se ve lo de Marruecos como un negocio, y en cuanto negocio parece que es, en efecto, improductivo, si es que no malo [38].

Representaba, por tanto, muy bien a la mayoría de los contribuyentes del Estado español el catalanista Sr. Rodés, cuando pedía que mediante tales o cuales ventajas mercantiles se abandonara Marruecos. Para la razón social pseudónima España y Cía., eso de Marruecos es un mal negocio. Y lo será cualquier colonia de explotación, lleve el nombre que llevare. Y si esa razón social llegase a ampliarse a una República confederativa de Iberia y entrase en ésta Portugal, las colonias portuguesas serían de la nación portuguesa tan sólo y no de la razón o empresa confederativa.

A esto habrá quienes nos vengan diciendo que eso de Marruecos es otra cosa que un negocio, nos hablarán de la posición de España entre las demás naciones y otras idealidades históricas por el estilo.

A esto sólo diremos que ante todo tenemos que poner en claro si España es o no nación. Y en todo caso, ¿qué obra civilizadora puede hacer en Marruecos la que no ha sabido civilizarse ni nacionalizarse a sí misma? ¿Cómo va a españolizar su zona la que no sabe españolizarse a sí misma?

Supongamos que se hable de escuelas. ¿Escuelas españolas en Marruecos? ¿Para qué, si no hay escuelas espa-

---

[38] En la Conferencia de Algeciras de 1905 España y Francia se repartieron el territorio de Marruecos. En 1911 se ocuparon Larache y Alcazaquivir, mientras que la opinión pública continuaba hostil a la campaña marroquí, organizando los socialistas motines y huelgas y exigían responsabilidades al Ejército y al Rey.

ñolas en España? ¿Enseñar a los moros en español, cuando no se sabe ni se quiere enseñar en español a los hijos de los contribuyentes de España? Y si se nos dijera que en Marruecos hay hoy ya, y podrá mañana haber más hijos de españoles, de quienes se sientan tales, responderemos que también los hay en Argel y en Portugal y en el Brasil y en muchas regiones de Francia y que en estos lugares podía y debía el Estado español crear y sostener escuelas españolas, tanto y mejor que en Marruecos. En Oporto, en Burdeos o en Orán hay seguramente más hijos de españoles que en Tetuán, v. gr. Y no decimos que se instituyan escuelas españolas de enseñanza primaria o secundaria en la Argentina, el Uruguay, Chile o Cuba, porque la enseñanza nacional que se da en estas repúblicas hispano-americanas es esencial y fundamentalmente española. Acaso más española que mucha de la que aquí se da.

Sí, el catalanista Sr. Rodés expresaba el desinteresado sentir de los más de los contribuyentes del Estado español, para los cuales la nacionalidad internacional de España es un mito. «La posición geográfica es nuestro único recurso», decía el nacionalista catalán Sr. Rodés. *¿Nuestro?* ¿Qué quiere decir este nuestro? ¿Quiénes somos nosotros? ¿Y qué unidad implica este plural? ¿Es plural? ¿Es dual? Lo que no dijo, lo que no pudo decir es: «la posición histórica es nuestra única salvación». Y no pudo decirlo porque aquí no hay posición histórica española común y pública, no hay sentimiento alguno de una misión histórica que le toque cumplir a España.

Cuando España tuvo un sentimiento de misión histórica, tuvo verdadera unidad. Y su decadencia no vino de su unidad sino del fin a que esa unidad se hizo servir, de la misión a que se consagró la unidad nacional. Y si la unidad se rompe, es porque aquella misión fracasó —como debía fracasar— y no se ha sustituido con otra.

Manuel Aznar decía en *El Sol* que si el problema de

Marruecos se sometiera a una plebiscito, nuestro protectorado allí terminaría seguramente con un *¡no!* rotundo. Y es natural que así fuese. Ese problema internacional se le plantea a España lo mismo que el nacional se le plantea, y donde la nacionalidad no se siente, mal puede sentirse la internacionalidad. O viceversa.

¡Y aún hay cándidos que hablan de cómo ha de entrar España en la Liga de las Naciones! Para entrar en esta Liga hay que ser nación y para serlo, hay que sentirse tal. ¿Se siente nación España? No preguntamos si se siente empresa o razón social —mercantil o industrial financiera— pseudónima, sino si se siente nación; si se siente una nación; si se siente nación una.

Lo mejor, pues, es abandonar un mal negocio. Porque nada de violencia. Una vez más tenemos que repetir a los que nos acusan de estrechez de espíritu que no creemos que se deba imponer nada; que a ningún pueblo se le debe imponer gobierno alguno contra su general voluntad; que es locura querer forzar la voluntad casi unánime de un pueblo. Pero el deber de no imponerse así no excluye el de decir siempre la verdad.

Cuando Alberto Revilla, el protestante, decía en sus *Prolegómenos de la historia de las religiones* que a la importancia que el fanatismo religioso dio a la cuestión de la verdad sobre todas las otras debe la ciencia moderna mucho, y que la intolerancia ortodoxa de la Iglesia en la Edad Media imprimió a la sociedad cristiana la disposición a buscar a toda costa la verdad, de que es aplicación el espíritu científico moderno, no le faltaba razón. Lo malo de aquel fanatismo fue el *compelle intrare,* el «¡obligarle a entrar!» «¡No, esto no!; nada de compulsión. Pero sí el fanatismo por lo que se siente ser verdad.

Y la verdad aquí es que España no se siente nación, sino a lo sumo compañía pseudónima de seguros mutuos.

España, n. 204, 6-III-1919

EL PRINCIPIO DE AUTORIDAD

Hoy, viernes, día 7, leemos en un diario de Madrid un telegrama de Bilbao en que se dice que si no se pone remedio al mal «pudieran sobrevenir acontecimientos graves, que serán los primeros en aprovechar los elementos revoltosos que andan a caza de desórdenes para hacer su agosto». ¡Vamos, sí, la necedad de siempre! Porque eso del agosto que hacen los elementos revoltosos —otras veces se les llama *extraños*— no es más que una necedad y garrafal. ¿Qué agosto es ese? ¿Y cuál es el mal a que hay que poner remedio?

El corresponsal político que *The Times* tiene en Madrid, y que más que otra cosa parece un agente del Dato ese y de la chusma toda conservadora de lo ajeno, si es que no de algún otro, dice que el pueblo español no pide sino salario y pan. Y esto no es verdad. El pueblo español, el mismo que tiene hambre de pan, tiene también hambre de justicia y pide justicia a la vez que pan. Y a las veces pide antes justicia. Y sabe que no se la pueden dar los de la bárbara, injusta e ilegal represión de la huelga general de agosto de 1917 y que no se la puede dar el que entonces condecoró a Sánchez Guerra por sus arbitrarias y despóticas fechorías y el que preguntaba con ansia si se le había quitado ya su cátedra a Besteiro [39].

El pleito de los empleados de la Canadiense no es hoy —7 de marzo de 1919— un pleito de salario y de pan; es

[39]   Julián Besteiro, socialista, catedrático de la Universidad de Madrid, Presidente de las Cortes Constituyentes de la República.

un pleito de justicia. Esos empleados piden que el Gobierno de Su Majestad, manadero de arbitrariedad, de despotismo y de injusticia, levante la suspensión de garantías en Barcelona, abra los centros obreros clausurados y suelte a los que están presos. Es, pues, petición de justicia y no de pan ni de salario. Esos empleados, como la clase toda obrera española, saben que los Gobiernos de S. M. suspenden sin ton ni son ni necesidad alguna las garantías, y no para guardar el orden sino para evitar que se discuta públicamente lo que más debe ser discutido; que clausuran centros obreros sin razón ni derecho, y que sin razón ni derecho mandan detener a quien se les antoja u ordenan a un fiscal —fiscal de S. M.— que lo empapele. Aquí, durante la huelga de agosto de 1917, estuvo mes y medio preso un pobre obrero sin que le supieran decir por qué, sin orden de ninguna clase de juez, ni civil ni militar, y sin que llegase ni a ser procesado. Y por haber amoarado atrocidades de ésta y por haberse servido de la mentira y la calumnia y el embuste, hasta contra un país extranjero, fue condecorado el entonces ministro de la Desgobernación y del Despotismo.

¡A todo esto los Gobiernos de S. M. salen con el estribillo del principio de autoridad! ¿Principio de autoridad? Lo que hace falta es fin de autoridad. Y el fin de autoridad es mantener la justicia. ¿La justicia, eh? y no eso que la chusma gobernante llama orden. El orden de la injusticia es el despotismo.

Y la injusticia mayor en España es que jamás ha respondido Gobierno alguno de S. M. de sus atropellos e iniquidades. Los Gobiernos de S. M. acostumbran cubrir su responsabilidad, la del Gobierno, con la irresponsabilidad de S. M. Jamás Gobierno alguno ha declarado que él u otro procedente —lobo de la misma camada, aunque del otro turno de casa y boca— hayan hecho mal algo, hayan en algo faltado. No se ha logrado la revisión del proceso

Ferrer [40], hubo que acudir a la amnistía de los del Comité de Huelga de 1917 porque no habría sido posible la revisión del fallo no sólo injusto, sino ilegal que les condenó; la única causa que se ha instruído y terminado por delitos en la represión de aquella huelga ya se ha visto el resultado que dio. Y si se instruye sumario al matador del estudiante Peralta, a tiro de revólver, en Granada, ya veremos como lo hizo en legítima defensa. Y si alguna vez se le castiga al agente de autoridad o a la autoridad misma que delinque —y delinquir es excederse arbitraria, violenta o despóticamente en su función— es en secreto y silencio, o buscando otro pretexto. Todo, todo, todo menos confesar que faltó. ¡El principio de autoridad ante todo!

Y éste, el principio de autoridad, lo que llaman el orden, antepuesto y sobrepuesto al fin de autoridad, que es la justicia, éste es el mayor mal de España. Más que la escasez de pan; más que lo bajo y escaso de los salarios. El mal de España es que no sólo no ha sido todavía procesado y condenado un gobernador, un Director general, su subsecretario, un ministro, sino que ni se ha declarado que obró mal. A ello se opone la solidaridad en la injusticia y la arbitrariedad de toda la chusma de políticos que entran a formar los Gobiernos de S. M. Son esos políticos, y no los llamados caciques y los llamados acaparadores, los culpables de todo. Y el más culpable, el que los sostiene para que le sostengan.

Parece que el actual Gobierno de S. M., el que parece presidir Romanones, no quiere seguir las huellas del de agosto de 1917. Pero esto no basta. Tendría que condenar

---

[40] Francisco Ferrer Guardia, creador de La Escuela Moderna, fue fusilado en 1909, después de los sucesos de la Semana Trágica de Barcelona. Ante él Unamuno adoptó una actitud completamente hostil en esas fechas. No condenó su fusilamiento, aunque más tarde se arrepintió de esta actitud.

lo que aquél hizo y condenarlo de modo, que les incapaci-
tara a aquellos hombres para volver al poder. Pero ¿cómo
va a hacerlo si con eso se incapacitaría él mismo?

La escasez de pan y de trabajo ha puesto al descubierto en España la escasez de justicia; el hambre ha hecho
descubrir la injusticia y el despotismo y la arbitrariedad.
Se equivocan los que creen que es la indigencia y el ayuno
lo que hace rugir y revolverse al pueblo; es que la indigencia y el ayuno le han hecho ver la iniquidad. Y es fin de
autoridad, justicia, y no principio de autoridad lo que necesitamos. Esa nauseabunda porquería que la chusma conservadora llama principio de autoridad, no sirve más que
para amparar, tras la irresponsabilidad constitucional de
S. M., la responsabilidad de sus Gobiernos.

España, n. 205, 13-III-1919

EL FIN DE AUTORIDAD

Uno de esos que me acusan de entregarme a un inacabable monólogo y que hasta hace no mucho me hablaba
de mis paradojas —aunque como, aunque no les ve, les
siente la punta, ya no les llama así— se me viene recon-
viniéndome por lo que dice que es mi afición a las antítesis. «Por una frase, por una antítesis, lo sacrifica usted
todo, señor conceptista», me dice. Y añade: «¿Qué quiere
decir, esa nueva ocurrencia del principio de autoridad en
antítesis con el fin de ella?». Voy a ver, pues, si le aclaro
el concepto a mi reprochador.

Renuncio, por ahora, a defender las antítesis y la dialéctica de ellas, limitándome a advertir que no voy en mala
compañía al preferirlas. San Pablo, San Agustín, Pascal...

por no citar ahora más polemistas, las esgrimieron con predilección. Y vamos al caso.

La autoridad para mí —y para otros muchos— no es un *por qué*, sino un *para qué;* no es una categoría natural sino histórica o espiritual; no es una causa sino un objetivo; no es, en fin, un principio, sino una finalidad. Y la autoridad debe obedecer más bien que mandar. Debe, desde luego, obedecer a la ley, pero a la ley justa. Y la ley no la pone la autoridad; la ley no es cosa del poder ejecutivo; el Gobierno no debe juzgar.

Los hombres de orden hablan mucho del principio de autoridad y de que hay que mantenerlo, pero no hablan de la finalidad de la autoridad, esto es, de la justicia. Para ellos el Estado es la encarnación de la fuerza, no el órgano de la justicia.

Si en una población una autoridad arbitraria ordenase que los pobres que anduviesen descalzos por no poder gastar calzado fuesen por en medio de las calles, por el arroyo, entre barro y polvo o pisando chinarros y quija, y los acomodados, los calzados, por las aceras, y si aquéllos, los pobres descalzos, acataran el injusto bando —que sería la ley—, ese modo de andar constituiría el orden, pero también una injusticia. Y si los pobres se sublevasen contra él y se subieran a las aceras, estorbando a los privilegiados o acaso echándoles a empellones de ellas al arroyo, la autoridad, para mantener su principio —el principio de autoridad, fuente del orden—, haría que sus agentes, sus mastines, procedieran contra los sublevados. Y luego las gentes de orden, mastines también, cuando no lobos, pero nunca pastores, aplaudirían a la autoridad injusta. Y si les dijéseis que los pobres descalzos tenían razón, os contestarían: «puede ser; pero esos no son modos de hacerla valer; ¡que sepan pedirla!».

¡Que sepan pedirla!... ¡Que sepan pedirla!... ¡Aviado

está aquí el que se limita a pedir justicia, el que no se ariresgue a tomarla por sí mismo y sea como fuere!

Cada vez que surge un conflicto —y es cada día— entre las víctimas de injusticias inveteradas, a las veces seculares, y el despótico Gobierno de S. M. se dice: «que depongan primero su actitud y luego veremos». Pero los que protestan no suelen deponer su actitud y hacen bien. Y además si el que se subleva tiene razón es menester dársela sea como fuere el modo de pedirla. Les sobra razón, por ejemplo, a los obreros en huelga que se empeñan en no cesar en ésta mientras no se liberte a los previamente detenidos. Y les sobra razón porque estas detenciones previas suelen ser, son casi siempre, medidas arbitrarias. Y además no de evitación.

Los daños que ha hecho ese ambiguo aforismo de «más vale prevenir que curar». Apenas hay lobo que no devore a alguna oveja en previsión de que ésta no le devore a él. Fue el principio —principio de autoridad— de la agresión germánica en esta guerra. Alemania invadió Bélgica, según dijo, para no verse invadida.

Y cuando el Gobierno de S. M. nos dice que hay que facilitarle su acción y no agravar los conflictos debemos contestar que no, que el patriotismo, que el verdadero patriotismo, exige de nosotros dificultar la acción gubernativa, encrespar las pasiones populares y agravar los conflictos sociales. Sólo de su agravación puede venir el remedio. Y ningún ciudadano digno y patriota debe facilitar la obra de gobierno.

Hemos escrito esto con la mayor contención y el mayor sosiego. Y eso que estamos convencidos que para servir al orden de la justicia no cabe hoy en España otra actitud que la revolucionaria.

España, n. 206, 20-III-1919

NOTAS SUELTAS

Cuando las cosas —y cosas son también los hombres y las ideas —van tan deprisa tiene que ir deprisa nuestro pensamiento civil cotidiano. Y no cabe dejar para mañana una reflexión o siquiera una expresión que se nos ocurra, con motivo de poder mejor coordinarla con otras. Hay que pensar fragmentariamente. Como no se sea un Napoleón del pensamiento. Impónesenos, pues, la forma de reflexiones sueltas, de aforismos, de notas al viento.

¿A qué viento? A un viento de tempestad que las arrebate como una galerna de otoño arrebata las hojas secas al pie de los árboles, donde se postran luego y hacen de mantillo.

Hace unos años sacamos de *Las mocedades del Cid,* de Guillén de Castro, una cuarteta que pusimos en circulación. La ocurrencia tuvo gusto. Y la cuarteta era esta:

> Procure siempre acertalla
> el honrado y principal,
> pero si la acierta mal
> defendella y no emendalla.

He aquí la fórmula del honor caballeresco a la antigua incivil española, he aquí el código interno del principio de autoridad entre nosotros —o más bien contra nosotros—. La autoridad de la clase que fuese, civil o no, procura acertarla, pero si la acierta mal la defiende y no la enmienda. Todo antes que declarar que se equivocó. Todo, hasta la mentira. Si se sacaran a luz ciertos sumarios sobreseídos —y en alguno de ellos intervino quien esto escribe— y se los examinara críticamente, se vería que para

cohonestar atrocidades evidentes se obligó a quienes se
podía obligar a ello a que declarasen en falso, a que
mintieran.

Hay quienes dicen «borrón y cuenta nueva». Pero no.
La cuenta nueva no puede contar nada si viene tras un
borrón. ¡Borrón nunca, nunca, nunca! No es posible que
la autoridad sea tal, que se tenga —es decir, que tenga
autoridad— que se tenga sobre su principio y para su
fin —que es la justicia— si no empieza por hacerse justicia a sí misma. Y hacerse justicia a sí misma es confesar
sus culpas pasadas y confesarlas explícita, concreta y taxa-
tivamente. Ni el propósito de enmienda, ni la aceptación
de la penitencia valen de nada si no van precedidas de
confesión de culpa. No, no cabe pasar sobre el pasado de
nuestros poderes públicos la esponja del olvido.

Por peligroso que sea el empleo del mauser o de las
ametralladoras en la calle, más peligroso es el empleo de
la mentira. Por nuestra parte antes le ordenaríamos a un
humano —¿humano?— instrumento de la autoridad que
disparase sobre unos atolondrados mozuelos que voceaban
vaciedades o acaso disparaban tales o cuales piedras que
no podían llegar a su blanco, que no el que luego, para
cohonestar esa inconmensurable —en estricto sentido—
represión, ordenarles que inventen lo que no hubo y que
falseen la verdad a sabiendas.

¿Agitadores profesionales? ¡Pues claro está! ¿Y por
qué no? ¿Por qué no ha de ser una profesión, y tan honrada como muchas otras, la de agitar la conciencia civil
pública? Y si hay policías honorarios, y con el tiempo
acaso verdugos honorarios, y esquiroles honorarios —es
decir, que no pecan por la paga sino que acaso pagan por
pecar— ¿por qué no ha de haber agitadores profesionales?

Y vale más que la de agitador público sea una profesión. Si la revolución española toma tan mal carácter es porque aquí no ha habido más que revolucionarios aficionados. Y la *afición* podrá presenciar desde el tendido, pero no sabe hacer revoluciones en el ruedo.

Dicen que se está alumbrando la España nueva, que estamos asistiendo a un parto. Sí, pero a un parto distócico. Y aunque la madre, la España vieja, muera, menos mal si la criatura, la Niña que decían antaño, nace con vida. Pero... Vemos que los cirujanos aplican el fórceps, y no para que salga sino para detener la salida de la criatura. Y es de temer que así, con esto del fórceps, salga epiléptica o cualquer otra desgracia por el estilo. Y lo patológico es terrible.

Ahora mismo parece el país todo epiléptico. O como si nos rigiera una meningitis crónica con accesos de diplopia y de daltonismo, de ver las cosas dobles y de no distinguir de colores.

Uno de los días más trágicos de la historia contemporáneas de España fue el día 27 de junio de 1878. El pueblo de Madrid, como por una divina inspiración, sintió todo el agorero sino que aquel día terrible tejió el Hado. El día 27 de junio de 1878 la Muerte se llevó en Madrid a una esperanza de la patria, a una esperanza de dieciocho años [41]. Y el pueblo cantaba y sigue cantando que *cuatro duques la llevaron por las calles de Madrid*. No, ni Prim estuvo en el Puente de Alcolea ni se llevaron a enterrar en la tumba de las esperanzas patrias cuatro duques a aquella trágica muchacha española, pero la leyenda suele ser más verdad que la historia.

[41] Se refiere a María de las Mercedes, mujer de Alfonso XII.

Conviene ir a Ávila de los Caballeros y allí, en el templo del Convento dominicano de Santo Tomás, junto al espléndido monumento del Príncipe Don Juan, el hijo de los Reyes Católicos, el hermano de Doña Juana *la Loca,* la que se casó con Felipe *el Hermoso,* el primer Habsburgo que se nos vino a España a empañar el sino del descubrimiento de Cristóbal Colón, allí, sobre la tumba del malogrado Don Juan de Aragón y de Castilla, meditar la tragedia del 27 de junio de 1878 y los *ricorsi* de la historia [42].

¡Qué dura ha pesado la mano del Señor sobre España! ¡Con qué terrible tino ha asestado su Ángel de la Muerte los golpes de su guadaña en nuestro campo! [43].

España, n. 208, 3-IV-1919

LA IRRESPONSABILIDAD DEL PODER

Se empeñan en repetir que tratan de subvertir el orden los que tratan de derribar el Poder. La razón que dan es que el Poder es el sostén y la garantía del orden. Pero ni aun es así: Ni dando por sentado que convenga sostener un orden que es en rigor desorden íntimo, ya que se reduce a la organización de la injusticia, del embuste, de la clandestinidad, de la frivolidad cívica y del despotismo, ni aun dando por sentado eso cabe decir que el Poder sostiene y garantiza ese orden.

---

[42]   Alude a la teoría del filósofo italiano Giambattista Vico.
[43]   Para Unamuno la esperanza de instauración de una familia real verdaderamente española se han malogrado gracias a la muerte prematura primero de Don Juan, el hijo de Isabel la Católica, y después de María de las Mercedes.

No, ni ese desordenadísimo sostiene y garantiza. Porque es el Poder el que provoca los conflictos.

El Poder busca los peligros en vez de esquivarlos; el Pode azuza la guerra civil en vez de irla resolviendo; el Poder se busca enemigos. Su lema es el de la chusma encanallada de los conservadores de lo ajeno: «¡hay que dar la batalla!». Dícese que en 1917, cuando el Consejo de la Compañía del Norte quiso admitir a los ferroviarios despedidos por la huelga, el Gobierno de entonces, aquel Gobierno que debería haber sido procesado y sentenciado por crimen de lesa patria y que no lo fue ni puede serlo porque en España los Gobiernos son irresponsables por delegación, dícese que aquel despótico y bárbaro Gobierno dijo al Consejo de esa Compañía que no admitiera a los huelguistas despedidos porque había que darle de una vez la batalla al sindicalismo. Y el Consejo luego se ha negado a admitirlos a pesar de los ruegos de las más altas personalidades. El Consejo entiende a su manera su propia responsabilidad, pero no quiere ser juguete de irresponsables. Y si aquellos huelguistas no admitidos se suman a la legión de los oprimidos, de los vejados, de los perseguidos, es, en fin de cuentas, el Poder quien les ha lanzado al camino de la reconcentrada y rencorosa desesperación. Como es el Poder el que se ha creado esos otros enemigos que son los sargentos y brigadas despedidos por haber querido hacer lo que sus jefes hicieron antes.

Todo ese galimatías de pacificación de los espíritus, de serenidad en la opinión pública, de paz paradisíaca, de corrientes de concordia y armonía, etc., etc. con que de vez en cuando se nos viene el desdichado jefe —¿jefe?— del actual Gobierno —hoy día 5 de abril— ese pobre Conde Canciller [44] a quien desde arriba y desde abajo le están de-

[44]   El Conde de Romanones, Presidente del Consejo (diciembre de 1915-abril 1917, diciembre 1918-abril de 1919).

jando hecho un guiñapo, todo ese galimatías no sirve para nada. El Poder encrespa los espíritus y se los enemista, aborrasca con sus torpezas a la opinión pública, introduce la discordia donde antes no la había y, en cuanto a paz paradisíaca, bueno estaría el paraíso aquí. Como no llamen paz paradisíaca a la que nos ha de traer ese Parlamento industrial que dicen es ocurrencia del señor Paraíso.

En España no podrá empezar a haber paz mientras no empiece a haber justicia. Y no empezará a haber justicia mientras no empiece a tener responsabilidad el Poder.

Unos ingenuos ciudadanos, al parecer muchachos, se han constituido en Directorio de un *Partido Republicano Presidencialista español* —así se intitula— y han dirigido en 20 de marzo último un manifiesto «a la opinión». Hablan en él de las «ventajas del poder personal» y piden que «el Jefe del Estado sea elegido por sufragio universal y directo, ejerza el poder temporalmente y sea el único responsable de los actos de gobierno». O sea un dictador. Pero un dictador responsable.

La proposición de esos ingenuos republicanos presidencialistas españoles no está del todo mal. «Poder personal —vienen a decir—, pero responsable». E indudablemente la responsabilidad, si se quiera, pudiera y supiera hacer efectiva podría borrar el daño de la personalería. El poder personal sólo es malo cuando es irresponsable. Y aquí, en España, todos los poderes resultan irresponsables por delegación. No hay autoridad alguna a la que se le haya jamás castigado por abuso de poder.

Maldita la falta que nos haría un jefe de Estado por elección de sufragio universal y responsable si los que deben, según la Constitución, responder respondieran —no contestaran, que es muy otra cosa— si el Consejo de Secretarios y su Presidente —o sea el Canciller, que ahora es Romanones— respondiera de veras en vez de abroquelarse en la irresponsabilidad del supremo poder irresponsable.

Ningún poder responsable, ni el ejecutivo ni el judicial responden. Y nada decimos del legislativo, del Parlamento, porque éste sí que es irresponsable.

Vino, v. gr., la huelga general de 1917 y al Comité central de aquella huelga se le condenó, fuera de ley y de justicia, a presidio. Le condenó un tribunal por falto de verdadera independencia, falto de responsabilidad verdadera. Y luego en vez de revisar el Parlamento aquel fallo, que era lo que procedía, votó la amnistía y aún hay quien quiere hacer valer ésta, que no era sino justicia, que no era sino revisión de un fallo injusto, como si hubiera sido una transacción o una merced. Con esa amnistía se pretendió lo de borrón y cuenta nueva. Todo, todo, todo antes de condenar pública y soberanamente a aquel Gobierno faccioso del verano de 1917 que atropelló toda justicia y toda ley y provocó al desorden.

Todo el problema de la moral política española es un problema de responsabilidad y nada más. Para eludir ésta y no para otra cosa suele suspenderse las garantías constitucionales. Y el Parlamento, que es el que debía exigir las responsabilidades, es lo más infecto que moralmente cabe. Allí se contentan los representantes del pueblo con que se les conteste; jamás exigen que se les responda. Ni lo lograrían si lo exigiesen.

España, n. 209, 10-IV-1919

NOTAS SUELTAS

El doctor Inge, deán de la catedral anglicana de San Pablo, dice que el cristianismo no puede decirse que haya fracasado porque no ha sido jamás ensayado. El epigrama —que no otra cosa es aunque lo parezca— es del género de aquel otro del filósofo, también inglés, Mr. Bradley cuando decía que este mundo es el mejor de los posibles porque cada cosa en él es un mal necesario.

Sólo que en el mismo caso que el cristianismo se encuentran todas las doctrinas religiosas, morales y políticas. Ninguna de ellas ha sido ensayada de veras. Y en cuanto alguien se dispone a ensayarla, todos los demás se le ponen enfrente. Y es que nada mete más miedo que una doctrina, sobre todo si es coherente y abarca mucho.

No; ni el cristianismo, ni el paganismo, ni el ateísmo, ni el liberalismo, ni el socialismo, ni el tradicionalismo ni ningún otro ismo han fracasado. Como no fracasarán ni el sindicalismo ni el bolchevismo.

Lo único que fracasa siempre es el conservadurismo, pero siempre de nuevo vuelve a ser ensayado. Pero es porque no es doctrina.

Cuando siendo niños nos deleitábamos con la lectura de las candorosas novelas de Julio Verne —de *inofensivo* le califica el imponderable P. Pablo Ladrón de Guevara, S. J., que ha juzgado a 2.115 novelistas, incluso Pilpay, «extravagante autor del Pantcha Tantra, novela india», según nos dice el humorístico juesuita, y a Jenofonte, de Éfeso, a quien califica de «malo»—; cuando de niños leíamos a Julio Verne, no tan ameno como el P. Pablo Ladrón de Guevara, S. J., aunque sí tan *inofensivo,* creíamos que los *indígenas* eran algo más feroz y más bravío que los *salvajes.* No hemos rectificado más que en parte este nuestro juicio infantil.

Hay quien sostiene, y entre ellos nuestro amigo Ramón Pérez de Ayala, el autor de la novela *A. M. D. G.,* pero que no entra en los 2.115 novelistas clasificados por el amenísimo P. Pablo Ladrón de Guevara, S. J., que ser bárbaro es acaso peor que ser salvaje, que de salvajismo se va a la civilización o a la barbarie, pero que de ésta no se va a aquélla, sino que son dos direcciones divergentes. Y parécenos, conforme a esta teoría, que llamaría extravagante el P. Ladrón de Guevara, S. J., que el indigenismo es barbarie, ya que no sea salvajería. En todo caso, no es civilización. Lo más opuesto a la civilización es la xenofobia, la adversión al forastero.

Bárbaro quiso decir entre los griegos extranjero, pero conocemos países en que los bárbaros extranjeros, son precisamente los indígenas. Y es esta una paradoja que desarrollaremos alguna vez con extensión.

Puestos, con lo de *bárbaro,* en el camino de las etimologías griegas, queremos recordar que en griego al ejecutor de la justicia —o de la injusticia— pública, vulgo verdugo, se llamaba «el público» *ho demosios.* Un gramático diría que se suple oficial o funcionario, pero al decir sólo «el público» se entendía ya el verdugo.

Por supuesto que entre nosotros no son lo mismo los adjetivos *público* y *popular.* Una cosa o institución puede ser pública y no popular. Instrucción Pública, v. gr., no es lo mismo que instrucción popular. Ni fuerza pública es lo mismo que fuerza popular.

Supóngase que a la fuerza llamada pública acabáramos llamándola «la pública» sin más aditamentos, y estaríamos ya en el caso de los griegos.

En Madrid se alborotaron los traficantes en bebidas

alcohólicas por el nuevo impuesto municipal a los vinos y alcoholes, y clamaban que eso es volver al arbitrio de consumos. La cuestión es debatible. Pero de todos modos, los impuestos deben gravar sobre los artículos que sin ser de primera necesidad son menos elásticos, es decir, cuyo consumo se restringue menos aunque encarezcan. Por eso nos parece de perlas que se exija más contribución a la Arrendataria de Tabacos y que ésta suba sus precios, que se grave a las bebidas espirituosas y, por último, que se piense en aumentar la tirada de billetes de la Lotería Nacional. Y no estaría de más también aumentar el impuesto a los cines.

Pero eso de que se quiera reforzar los ingresos de la castiza y tradicional Lotería Nacional, nos sugiere la idea de que el Gobierno tome por su cuenta la explotación del juego de azar, tolerado contra la ley. Para lo que le falta de llegar a ello... O que se saque a subasta y se forme una Compañía Arrendataria de la Timba Nacional. Tenemos ya el nombre del probable gerente, una lista de los principales accionistas y hasta de los consejeros. Y ello serviría a la vez de colocación para exministros a quienes no les bastase la cesantía.

Nos proponemos desarrollar y detallar este proyecto con amenas alusiones.

España, n. 211, 24-IV-1919

LA NUEVA INQUISICIÓN

A la pregunta de «¿Quién es la Iglesia?» el *Catecismo de la Doctrina Cristiana,* o más bien católica apostólica romana, que nos enseñaron de niños responde así: «Es la congregación de los fieles cristianos, cuya cabeza es el

Papa», formando parte de ella, por lo tanto, lo mismo los legos o laicos que los eclesiásticos o profesionales del sacerdocio. Pero el sentido histórico común restringe el nombre de Iglesia a la clerecía, y para él gente de iglesia son los clérigos, incluyéndose a lo sumo los sacristanes efectivos u honorarios. Y de hecho la Iglesia Católica Apostólica Romana ha quedado reducida a la clerecía. Y hay que ver cómo execra de los llamados obispos de levita y con qué suspicacia mira al laico que se ocupa en teología.

La Iglesia profesional, sacerdotal o técnica, la de los que viven del altar, promulgó dogmas de cuya pureza eran ellos, los sacerdotes, los guardianes y defensores. Proclamaron delito y crimen la herejía y toda interpretación del dogma eclesiástico que no fuese la suya, la eclesiástica, la oficional, y hubo tiempo en que pudieron hacer funcionar un tribunal de inquisición, o santo oficio, que tras procedimientos judiciales tenebrosos y clandestinos, y con aplicación del tormento, entregaba al brazo secular al reo, a que acaso lo quemaran por haber enseñado el panteísmo u otra doctrina de las que hoy son públicas y lícitas en todo país civilizado, es decir, deseclesiastizado.

Todo esto lo hacía una Iglesia cuyo reino no era, o por lo menos no debía ser, de este mundo y para defender ese reino de otro mundo. Mas como la fe en el otro mundo, en el reino de Dios, ha ido amenguando y debilitándose en los cristianos todo ese sentido eclesiástico, sacerdotal, de clerecía, de profesionales del dogma y del culto se ha trasladado a otra parte. Y no es ya la Iglesia la más fiera en perseguir herejías ni reclama su jurisdicción privativa ni persigue al que niega sus dogmas o los explica de otro modo que ella ni pretende restablecer el tribunal de la Inquisición o del Santo Oficio. Todo esto se ha transferido a la defensa de los reinos de este mundo.

Se quiere hacer, en efecto, del patriotismo no ya una religión sino una cosa eclesiástica, profesional, casi teo-

lógica, con sus dogmas y su culto y sus herejías y, naturalmente, su sacerdocio. Y, desde luego, su apologética. Apologética que no rehuye el embuste y la falsificación. Que
así como la clerecía antaño inventó lo de la *pía frans,* el
fraude piadoso, el engaño edificante, así corre hoy la *patria
frans,* la mentira patriótica. Y si la Iglesia del reino de
Dios prohibió el libre examen de sus escrituras y sus dogmas, las nuevas iglesias de los reinos de este mundo pro-
hiben también el libre examen civil de sus escrituras y de
sus dogmas.

En las escuelas de estas nuevas iglesias temporales no
se enseñan las historias patrias, v. gr., como el verdadero
y puro y elevado patriotismo, el patriotismo civil, exige, es
decir poniendo la santa verdad sobre todo y para moverle
tal vez al pueblo a que aprenda su historia para arrepentirse de sus pecados y reconocer sus faltas. En esas escuelas se enseña una historia que pretendiendo exaltar el patriotismo lo corrompe porque lo hace a costa de la verdad.
En esas escuelas se enseña la doctrina impía e inhumana
de que la patria tiene siempre razón y que no se debe
examinar libremente sus mandatos.

Y aún hay algo peor y es que estas nuevas iglesias,
estas iglesias o clerecías de los reinos de este mundo han
restablecido la antigua inquisición del Santo Oficio en cuyos procedimientos —y bien claro se vio en Francia cuando el famoso *affaire* Dreyfus— entra la *patria frans,* el fraude patriótico, la falsificación de la verdad, cuando se la
cree útil para la defensa de los dogmas o de los cultos
eclesiásticos de estas nuevas iglesias seculares.

En el precioso libro *La Biblia en España,* que en 1842
publicó el inglés —y en inglés— Mr. George Borrow —libro que es la última novela picaresca— nos cuenta su autor
cómo encontró en Córdoba a un anciano sacerdote que
había servido en la inquisición desde sus treinta años hasta
la supresión del Santo Oficio y que hablando del delito

de brujería le preguntó Borrow si creía en la realidad de tal crimen, a lo cual: «¿Qué sé yo? (esto está en castellano en el texto inglés) —dijo el anciano encogiéndose de hombros—. La Iglesia tiene poder, Don Jorge, o por lo menos tenía poder de castigar por algo real, o no real, y como era necesario castigar a fin de probar que tenía el poder de hacerlo ¿qué importa que castigara por brujería o por otro crimen?».

¿No creen nuestros lectores que las nuevas iglesias de los reinos de este mundo para probar que tienen poder disciplinario de castigar han inventado el crimen de brujería antipatriótica? ¿Y no creen que lo enjuician inquisitorialmente?

España, n. 212, 1-V-1919

EL SEÑORITO FRÍVOLO

«La exaltación de los investidos a que asistimos en nuestros días», según D. Angel Ossorio y Gallardo —lo entrecomillado lo sacamos de la página 83 de su sugestivo libro *Los Hombres de toga en el proceso de Don Rodrigo Calderón*—, esa triste exaltación no es la señal más trágicamente fatídica de la disolución moral y civil de los tiempos que corremos en España; la señal más trágicamente fatídica de la disolución moral y civil, acaso también de la nacional, en España es el predominio de los señoritos frívolos por mucho que de ciudadanía alardeen. La ciudadanía no es más que un deporte más para el señorito frívolo. Porque el señorito frívolo es ante todo y sobre todo deportivo.

La frivolidad señoritil, engendrada en pereza mental, y cordial, en una tremenda superficialidad espiritual —de un espíritu que no siendo sino sólo superficie no es tal espíritu—, toma la vida y el mundo en juego y el único valor que ejerce es el de correr los azarosos peligros de un juego. El interés del señorito frívolo es el interés que se puede poner en una partida de monte o de siete y media, y el valor del señorito frívolo es el valor del que se juega su fortuna, y con ella su porvenir, y acaso su vida, a una carta.

Los señoritos frívolos tienen, por ejemplo, una terrible noción de lo que deben ser los austeros oficios de gobernar y regir a un pueblo, tienen una terrible noción del principio de autoridad, ninguna de la justicia, y una noción terribilísima de lo que sea el orden. El orden para los señoritos frívolos consiste en que no les interrumpan en su juego, en que no se les obligue a pensar y a sentir en serio. Sobre todo a sentir en serio. Porque los señoritos frívolos no saben lo que es la seriedad en el sentir y son capaces de poner en la consecución de un capricho —y de un capricho no ya sentimental, sino sensual— todo el ardor que deberían emplear en el austero cumplimiento de la función de su oficio, cuando le tienen. Porque los más de los señoritos frívolos no tienen oficio. Y si le tienen, es como si no le tuviesen o sólo en vista del beneficio. El señorito frívolo propende a hacer de su oficio una sinecura.

Venimos diciendo que la íntima disolución de una nación es favorecida, no curada ni contenida, por un régimen de clandestinidad y, lo que es peor que de clandestinidad, de mentira y de perjurio, por un régimen en que para mantener eso que se llama el orden y el principio de autoridad, y que no son sino el desorden y la anarquía, se llega hasta a ordenar el embuste y la ocultación de la verdad —más aún, la denegación de ella—; pero hay algo más fatídicamente trágico y es la frivolidad. ¡Porque hay que oír las cosas que dicen los que defienden, siquiera por razón de orden de Estado, la conveniencia de ocultar la verdad, de mentir, de falsear los juicios! ¡Hay que oír lo que a un señorito frívolo se le ocurre para excusar, v. gr., el que un tribunal de justicia dé un fallo basado en considerandos en que de industria se falseó los hechos!

No, no es la aviesa perversión moral, que en tiempos y lugares llegó a tiranías no exentas de cierta fantástica grandeza, no es eso lo peor. Lo peor es la frivolidad. La frivolidad juega con todo.

¡Y hay que oír en estos días a los señoritos frívolos de la ciudadanía deportiva! Los mismos que se dedicaban a apalear serenos o a jugar en noches de invierno con pobres mercenarias divirtiéndose al verlas tiritar de desnudez, esos mismos señoritos viciosos y corrompidos por frívolos y no por otra cosa, porque no saben cómo llenar el vacío de su corazón y de su cabeza, esos mismos señoritos juegan ahora al orden, a la energía, a la autoridad. Y la corrompidísima prensa que les sirve de órgano, se burla de los que llama escrúpulos zapironescos de los que quieren salvar con la civilidad, la seriedad de la vida pública.

La tragedia de la historia nos ha hecho que aparezcan como consumados malhechores pobres diablos que no pasaron de ser unos señoritos frívolos. Por frivolidad, acaso por quitarse de encima una molestia, se ha lanzado a pueblos a terribles catástrofes. «¡Ea!, ¡ya me tienen harto!, ¡haré una que sea sonada y salga lo que saliere!, ¡todo, menos esta lata!», llega a decir un señorito frívolo. Y luego, aquella frase histórica de: «¡Dios nos la depare buena!».

Pero hay otra frase también histórica y que es la más trágica quintaesencia de la frivolidad. Es la de la Cierva cuando dijo: «De aquí a cien años, todos iguales» o algo así. Pero esta horrible frase, esta blasfemia de la más negra e impía frivolidad merece comentario aparte [45].

España, n. 214, 15-V-1919

[45]   Juan de la Cierva fue Ministro de la Guerra en 1917.

LA CIENCIA DEL VALOR

Nuestro buen amigo y compañero de pluma el general Burguete, el que en la famosa huelga de 1917 dirigió las operaciones contra las huestes del cabecilla Llaneza, publicó en 1907 un libro titulado *La Ciencia del Valor*. Ya el título por sí es un hallazgo.

En un tan calificado intelectual como era el bizarro escritor Ricardo Burguete —y una de las más claras pruebas de su intelectualismo es el que abominara de él, como otros hemos al igual abominado—, esa expresión de «ciencia del valor» tiene muy otro sentido del que toma en el ánimo de sus lectores. Sabemos, por lo menos, de más de un bravucón de oficio que al leer eso se ha dicho: «¿Con que lo que yo cultivo es una ciencia?», y ha empezado a darse aires de intelectual intelectualismo.

Ya Sócrates se propuso, como problema, lo que nuestro audaz publicista marcial asentaba como definición. Sócrates se preguntaba, en efecto, si la virtud es o no ciencia, y es sabido que para los griegos y romanos virtud y valor eran una sola y misma cosa. Hoy ya no es así.

Pero el que haya una ciencia del valor no supone, ni mucho menos, y en esto estará conforme con nosotros, de seguro, el ciudadano Burguete, que todo valor sea científico. Como no toda ciencia es valerosa. Hay valientes sin pizca de ciencia, como hay científicos sin pizca de valor.

Aunque, realmente, ¿cabe valor, verdadero valor, valor valedero, sin alguna ciencia? Creemos que no. El valor sin ciencia alguna no es más que temeridad, acaso brutalidad, y en todo caso cobardía. Hay quien avanza a la muerte por cobardía, huyendo hacia adelante, como hay quien se mata por miedo a morirse.

No, no cabe valor, verdadero valor, sin alguna ciencia, por imperfecta que ésta sea y en esto está, sin duda, conforme con nosotros el inspirado guerrero y bizarro publicista Burguete. Y como la ciencia no es más —ni menos— que el conocimiento de la verdad, no cabe verdadero valor sin algún conocimiento de la verdad. De donde se deduce que el tratar de ocultar el conocimiento de la verdad, y mucho más al desfigurarla, falsificarla o negarla a sabiendas, esa industria es el acto supremo de la cobardía. La clandestinidad es el azar de la cobardía.

Acaso algún presunto científico del valor, no nuestro buen amigo y compañero de pluma el general Burguete —de esto estamos seguros—, nos diga que siendo en la guerra lícito engañar al enemigo y hasta el perjurio y faltar a la palabra si es contra ese enemigo, es lícito también en estado de guerra civil jurar por el honor en falso —o sea jurar en falso por el honor— si con ello se salva la causa del orden, el principio de autoridad y el prestigio del instituto.

Al citado libro *La Ciencia del Valor*, que lleva como subtítulo *Psicología de la guerra,* le puso su autor como lema el viejo aforismo latino de *audaces fortuna invat:* la fortuna ayuda a los atrevidos. Pero nunca se dijo: *mendaces fortuna invat,* la fortuna ayuda a los embusteros. Es inútil, pues, que los dictadores pretendan defenderse con embustes, azuza de pábulas trapaceros. Ni hay nada peor que un pica pleitos, por grandes que sus pleitos sean y por grande que sea su manera de picar en ellos con minutos; no hay nada peor que un pica pleitos convertido en caudillo de la clandestinidad y de la mendacidad organizadas. Falseando testimonios, ocultando verdades, desfigurando otras se puede ganar algún pleito si se sabe, a la vez, *influir* en el tribunal, pero no se gana así ninguna batalla política ni social.

Si ese vesánico de la energía teatral, que es el dictador, si ese impío que se reconforta pensando que de aquí a cien años todos estaremos calvos, cree que el amparar el régi-

236 MIGUEL DE UNAMUNO

men no ya de clandestinidad, sino de mentira, es el modo de dar la batalla a la anarquía es porque no tiene la menor noción de la ciencia del valor.

Toda esta política de hipócrita represión, de despotismo, se apoya en el miedo a la verdad. Y la verdad les disipará, como humo de leña que se lleva el viento, a todos ellos.

El Gobierno actual, no representa otra cosa que la organización del miedo a la verdad, de la suprema cobardía. Pero hay un Supremo Tribunal ante el que nada pueden los falsos testimonios disciplinarios —es decir, los testimonios falseados disciplinariamente— y ese Supremo Tribunal es el del pueblo en la historia. Y más tarde o más pronto el pueblo entrará en la historia, en la publicidad, que es la civilidad.

España, n. 215, 22-V-1919

LA GRAN BESTIA CORNUDA

En aquel profético libro jadaico titulado *Consolación a las tribulaciones de Israel,* que a mediados del siglo XVI publicó en portugués y en Ferrara el judío lusitano Samuel Urque, hay una descripción simbólica y apocalíptica del Tribunal de la Inquisición.

«Hicieron venir de Roma —dice— un fiero monstruo de forma tan extraña y tan espantosa catadura que sólo de su forma toda Europa tiembla. Su cuerpo es de áspero hierro con mortífero veneno amasado, con una durísima concha cubierta de bastas escamas de acero fabricada; mil alas de plumas negras y ponzoñosas le levantan de tierra y mil pies dañosos y estragadores le mueven. Su figura de

la del temeroso león toma parte y parte de la terrible catadura de las sierpes de los desiertos del África; la grandeza
de sus dientes a los de los más poderosos elefantes reme-
da...», y así continúa.

Dice luego Usque que semejante alimaña se metió en
el poblado de los hijos de Israel, que en hábito de cris-
tiandad vivían desconocidos —y entre ellos, en Portugal,
su patria civil y terrena, Usque mismo—, y con el fuego
de los ojos abrasó grandísimo número de ellos, sembrando
la tierra de infinitos huérfanos y viudas. Y luego se refiere
a España.

A España ha vuelto el Monstruo que describió Samuel Usque, aunque con otro hábito, ya que ahora no se
emboza en sotana ni se cubre con cogulla. Ha vuelto el
Santo Oficio de la Inquisición, si bien bajo otro uniforme.
Y no se enseña ya en los hijos de aquel Israel, aunque sí
en los de otro.

Aparece en nuestras monedas de perra grande, protegiendo y sosteniendo el escudo de la España oficial un
león, león con su cola en forma de S y al que el pueblo
le toma por perro —y perro de lanas—, pero la bestia
simbólica y apocalíptica del Estado español de hoy no es
un león sino un toro. Pero un toro sin cabeza. Sin cabeza
pero con mil cabos en su cola y en cada cabo de éstos
sus cuernos ofensivos. Y sin ojos. ¿Para qué?

Momo se burlaba de la Naturaleza, que le ha puesto al
toro los cuernos sobre los ojos en vez de ponérselos debajo, con lo que al embestir no sabe dónde embiste y lo hace
ciegamente. El toro da cornadas de ciego y así da la batalla. Porque eso que llaman dar la batalla es dar cornadas
de toro ciego, de toro muy bravo, todo lo bravo que se
quiera, pero muy bestia y muy ciego, de toro al que le en-
furece la inteligencia.

La gran Bestia de mil cabos y dos mil astas y sin ojos,
que el Santo Oficio de la nueva Inquisición, que se ha pro-

puesto salvar de la anarquía a la patria y conserva el orden, esa gran Bestia odia sobre todo a la inteligencia, a la razón civil, y es porque la inteligencia es el órgano de la verdad. Y la verdad es la luz, y la gran Bestia se cría en tinieblas y sólo en tinieblas se apacienta. La luz de la verdad es su peor enemigo. Es capaz de embestir a una raza de sol. Y con una raza de sol se le mata mejor que con estoque.

La gran Bestia ha sido criada a oscuras y encadenada. Y se envanece de sus cadenas. El collar que lleva al cuello, collar erizado de pinchos, es su ejecutoria de nobleza. ¡Y ay cuando la gran Bestia en vez de aguardar órdenes quiera darlas! ¡Porque como no ve, como es ciega...! ¡Ay cuando su cola de mil cabos se encrespa y empiezan a cornear a diestro y siniestro esos mil cabos con sus dos mil astas! Porque la gran Bestia ha perdido la cabeza, si es que alguna vez la tuvo, y es arrastrada, que no dirigida, por su cola. ¡Y es claro!, como embiste con la cola, embiste hacia atrás.

El nuevo Santo Oficio de la nueva Inquisición, con el tormento procesal y con el perjurio y el fraude y con el falso testimonio disciplinario y la coacción al juez, nada odia tanto como la inteligencia. La inteligencia es su enemigo. Aparécesele la inteligencia como una fuerza disolvente, irreverente, indisciplinada, anárquica. El pecado mayor de la inteligencia consiste en no reconocer otra jerarquía que la de la propia inteligencia, el no tolerar que el necio quiera mandar al entendido.

La gran Bestia germánica se ha revuelto durante cuatro años en el ruedo del campo de la guerra y al fin se rindió a los pueblos civiles que, armados, se defendían de ella. Y con ella se ha hundido su Santo Oficio y su régimen de intrigas y de pactos secretos y de clandestinidad. Y ahora es aquí, en España, donde la clandestinidad bestial y la falsificación disciplinaria de la verdad se ensañan.

Con la Civilidad, está en peligro la Inteligencia. No son los más enérgicos ni los más violentos; son los más insensatos, los más ciegos, los menos inteligentes los que nos quieren salvar. ¡¡¡Salvar!!!

España, 29-V-1919

POLÍTICA Y ELECTORERÍA

Cuando estas líneas aparezcan en público, se habrán llevado ya a cabo las elecciones generales de diputados a Cortes, esta triste farsa periódica que en nada, absolutamente en nada, contribuye a la educación política del pueblo español. Más bien todo lo contrario.

Cabe decir, en efecto, que las elecciones no son en España un acto político. La electorería tiene muy poco que ver con la política, con la verdadera política, con la educación civil del pueblo. En los más de los distritos, los candidatos —los autocandidatos, esto es, los que se presentan a sí mismos diciendo: «aquí vengo a haceros el honor de representaros; ¡votadme!»— o comprar los sufragios de sus electores o les ofrecen pequeños servicios personales o el obtener concesiones de servicios públicos, pero de ideales políticos casi nunca se habla.

Andan no poco acertados los sindicalistas al no encadenar su política a la electorería. No es que no sean políticos. Lo son y más que los de aquellos partidos que se agotan en la organización electoral y cuyos directores apenas piensan más que en coaliciones y combalachas electorales, en distribución de puestos y en otras mandangas así. Los sindicalistas han visto claro que la eficacia política, verdaderamente política de un partido de ideales se embota en el Parlamento. Los sindicalistas saben que una huelga derriba una situación gubernamental mucho mejor que una votación parlamentaria.

Es cosa curiosa que los profesionales de las elecciones, los grandes electoreros, sean los que menos sentido político tengan. Creen que no hay opinión política allí donde la gente ni se preocupa de elecciones ni se alista en comités de partidos electorales. Y acaso se equivocan.

Mientras los viejos partidos, desde los de extrema derecha a los de extrema izquierda, andan en esto de las elecciones, el pueblo de los campos empieza a asociarse, a organizarse en sindicatos, a revolverse. Los mismos que venden sus votos al mejor postor, a un gran prócer lati- fundario, a un resuelto enemigo de las aspiraciones del proletariado rural, esos mismos se están organizando para arrancar al Poder público el máximo de concesiones, para desposeerle de sus privilegios a ese mismo prócer a quien venden el voto. ¿Contradicción? ¡No!

No es contradicción. Saben que la política, que la ver- dadera política ha de hacerse hoy fuera del Parlamento; saben que aunque la burguesía capitalista, latifundista y plutocrática llegase a constituir mayoría parlamentaria mediante la compra, directa o indirecta, del sufragio, el pueblo, incluso en él los mismos que venden su voto, lle- gará a imponerles soluciones políticas; saben que las leyes más fundamentales, las más renovadoras, las más revolu- cionarias, se fraguan fuera del Parlamento; saben que si el pueblo quiere algo, y lo quiere de veras, no hace falta que haya un solo diputado que lo pida y que aunque la inmensa mayoría de los diputados y aun todos ellos, se opongan a ello, lo obtendrá y saben además que de nada sirve que un partido entronizado en el Poder se empeñe en implantar leyes cuya necesidad nadie siente.

¿Que el Parlamento es el mejor sitio para hacer opi- nión pública política? ¿Que desde ninguna otra tribuna pública resuena más una lección política que desde la tribuna parlamentaria. Tampoco lo creemos. La convencional liturgia que allí domina quita eficacia a lo que allí se diga. Un mitin vale por una docena de sesiones del Congreso. Y además el orador se expone más hablando en un mitin.

No sabemos al escribir estas líneas cuál será el resultado de las elecciones, pues que las escribimos antes del día 1.º de junio y fuera del ruedo electorero —fuera de él aunque quien esto escribe aparece en una candidatura de izquierdas del distrito electoral de Barcelona— no sabemos qué resultará de las inminentes elecciones de diputados a Cortes, pero sabemos que hay que hacer política fuera del Parlamento, fuera de los comités electorales, fuera de toda electorería y que hay que hacerla sin dar gran valor a la etiqueta del partido, sin necesidad de ponerse mote, sin alistarse en gremio político; que hay que hacer opinión pública, en fin.

¿Ir al Parlamento? ¿Para qué? A donde hay que ir es al pueblo, para enseñarle y para aprender de él, para decirle la verdad y para saber la verdad de cómo vive [46].

España, n. 217, 5-VI-1919

LA ÚNICA ESPAÑA GRANDE
Y CAMBÓ EL RECONQUISTADOR

En*El Sol* del sábado 7 leemos una conversación de Joaquín Muntaner con el señor Cambó. Es sobre el viejo tema de la «España Grande». Una fórmula más que ambigua.

---

[46] Su antipatía al Parlamento fue constante, pero no le impidió formar parte de él en 1931, aunque muy pronto se enfrentó también a este Parlamento republicano.

¡La España Grande! ¿Qué es eso? Nosotros no lo sabemos. Cambó tampoco lo sabe. Y por eso habla de ello; para despistar.

Para nosotros hay, sí, una España Grande, pero esta España Grande no es una denominación geográfica sino lingüística y cultural. Nuestra España Grande no es Iberia, no es la Península Ibérica, sino que es todos los pueblos de lengua española, en Europa, en América y hasta en África y Oceanía. El pueblo hispano, si no queremos llamarle español, es el pueblo —el conjunto de pueblos— que habla español y corresponde a lo que los ingleses llaman *The English speaking folk*.

El Sr. Cambó llega a suponer, como suponemos nosotros, la separación de Cataluña y dice: «El separatismo puede llegar a ser un hecho; pero no le convendría a Cataluña. Representaría la castellanización en cincuenta años de provincias, por su origen, catalanas». Más claro ni el agua.

Quiere decirse que Cataluña debe seguir unida a España, según Cambó, para impedir que provincias, por su origen catalanas, se castellanicen, algunas aragonesas. Y lo de la castellanización no se refiere más que a la lengua. Lo que quiere decir Cambó es que Cataluña debe conquistar su antiguo dominio lingüístico, que hay que impedir que en Valencia, v. gr., la lengua española suplante del todo al habla valenciana, que cada día se degrada más en un dialecto arrabalero. A pesar de todas las ratepenaterias [47].

Recordemos que a Cambó se le silbó en Valencia porque fue a hablarles no en valenciano pero tampoco en español, sino en catalán, en un catalán que en la ciudad de Valencia no se entiende mejor que el español y seguro de que entre los que le oían no había ni uno solo que no

[47]   Tonterías, bobadas.

entendiera español y había, en cambio, muchos que no entendían catalán. De modo que le silbaron por descortés, por grosero. Que grosería y no otra cosa es hablar de modo que no lo entiendan todos los que a uno le oyen, cuando se puede hablar —y por parte de Cambó muy bien— de modo que lo entendían todos. ¡Pero como iba de reconquistador!... «Yo tengo la fórmula ibérica —dice arrogantemente Cambó el reconquistador—, Portugal, Cataluña, Vasconia. Lo demás, excepto Galicia, que es portuguesa, es Castilla». Bien se ve que se trata de la lengua.

Pero, pese a Cambó, que tanto o más que de la expansión de la lengua catalana se cuida del achicamiento de los españoles, en esa Vasconia son hoy más los de lengua española que los de lengua vascongada, y esto irá en aumento.

"Galicia, que es portuguesa...". ¿Qué quiere decir esto? Que lo pregunten en Galicia misma. Acaso esa noción se la debe Cambó a los pintorescos socios de la *irmandade de fala* —la hermandad del habla— que escriben *Hespaña,* así, con hache, aunque no la aspiren, ni mucho menos, para escribirlo a la portuguesa y así diferenciarse —de España, no de Portugal— mejor. Porque esto de la diferenciación ortográfica y litúrgica e indumentaria, es la manía de los que por dentro, en lo íntimo del alma, se sienten indiferenciados [48].

«Lo demás, excepto Galicia, que es portuguesa, es Castilla». Quiere decirse que Asturias y León y Aragón y Andalucía y Extremadura y Murcia es Castilla. ¿Por qué es Castilla? Porque se habla castellano.

Pero el castellano es hoy el español, y no el español

---

[48] El uso de la lengua como arma discriminatoria por algunos regionalistas españoles (vascos-catalanes-gallegos) fue siempre criticado por don Miguel tanto en sus escritos como en las Cortes Constituyentes de la 2.ª República.

de la España pequeña, sino el español de la España Grande, el español de una veintena de naciones americanas, además de España.

¡Esa América de lengua española!... Cuando Cambó habló aquí, en Salamanca, hizo un rápido bosquejo de la historia de España desde los Reyes Católicos, desde la unión de las coronas de Castilla y Aragón, y todo para execrar una vez más del militarismo. Y en aquel bosquejo sólo se olvidó mentar un hecho, un solo hecho: el descubrimiento de América. Parece que este hecho y la extensión que, mediante él, ha tomado el verbo español, le estorba al reconquistador Cambó.

Cree Cambó que la Exposición de Industrias eléctricas que en 1923 se celebrará en Barcelona será la muestra de la España Grande. ¡Pues bien, no! La España Grande no es, ni puede ser, ninguna razón social eléctrica o de otra industria cualquiera; la España Grande no es, ni puede ser, más que la España en que se piensa y siente en español.

Nosotros también creemos que la separación no le convendría a Cataluña, pero no porque en cincuenta años se castellanizaran provincias, por su origen catalanas, sino porque en Cataluña acabaríase, aunque en más de cincuenta años, hablando francés, como en el Rosellón. Y si Cataluña separada resistiera al afrancesamiento lingüístico, no sería por el catalán, sino por el español.

Y ahora, a ver que se proponga Cambó reconquistar el Rosellón. Póngase de acuerdo con el mariscal Joffre y empiecen por Rivesaltes.

A los que tanto hablan de hecho biológico, hay que decirles que lo patológico es tan biológico como lo fisiológico, y que hay procesos que pareciendo a primera vista crecimientos no son más que hipertrofias defensivas y compensatorias.

¡Cuidado con las reconquistas!

España, n. 218, 12-VI-1919

NOTAS SUELTAS

En primer lugar una fe de erratas, y de errata garrafal. En nuestro artículo anterior y hablando de la conferencia que dio antaño aquí, en Barcelona, Cambó, decíamos que hizo un rápido bosquejo de la historia de España desde los Reyes Católicos, desde la unión de las coronas de Castilla y Aragón y todo para execrar una vez más del militarismo. Así apareció en este periódico: *militarismo,* pero no escribimos esto, sino *unitarismo.*

De lo que Cambó execró fue del unitarismo. Del militarismo no se le ha ocurrido execrar. Cambó es respetuosísimo con la milicia. Pertenece al somatén, sueña con organizar la milicia catalana. Y en cuanto a la española, a la del Estado, Cambó sabe que hay estrindencias contraproducentes. ¡Y luego esos sindicalistas…!

Lo que no quita, ¡claro está!, que se entienda a la vez y bajo cuerda con sindicalistas y con… sindicalistas también.

El conde de Romanones —¡*arcadesambo!*—, el conde de Romanones, expresidente del Ateneo, y las Conferencias que en éste dimos, han sido, según Cambó, por sus estridencias, una de las causas de la reacción conservadora —¡qué honor!—; el conde de Romanones, grande de España y pequeño de Europa, ha dicho que al explicar en el Congreso —¡si le dejan llegar a explicarla!— la última crisis —¡y ya se dará maña para que se lo impidan!—, someterá sus palabras a un aquilatamiento. Vamos, sí, que no dirá nada. «Debo tener con ellas —ha dicho— el cuidado que tienen los químicos con elementos venenosos, aunque no se trata de un caso de perjurio».

No, tendrá el cuidado que se tiene no con elementos venenosos sino con explosivos. Su temor es que esa explicación reviente y que al reventar se pueda llevar algo en cascos.

¡Un caso de perjurio! Y añadía el conde: «Recuerdo que Silvela decía que el perjurio era conveniente, incluso necesario, cuando se había de salvar la responsabilidad del Rey». ¡Qué barbaridad! La de Silvela. Y la de Romanones.

Y en todo caso, Silvela querría decir salvar la irresponsabilidad del Rey. ¿Porque no habíamos quedado en que el Rey es constitucionalmente irresponsable? [49].

En ese divertido pacto de las izquierdas parece que se acordó exigir no sabemos qué responsabilidades ministeriales. ¿Qué es eso?, ¿qué quiere decir eso?, ¿cómo se hace efectivo eso?

Confesamos ingenuamente no saber qué es eso de exigir responsabilidades a un ministro. ¡El ministro contesta, pero no responde, y san se acabó! Y si se le acosa y acorrala sale con que se está atacando al poder irresponsable. Porque la irresponsabilidad del poder regio viene siendo en España la tapadera de la hipotética responsabilidad ministerial.

¿Y vamos a ver qué puede pretender el Parlamento exigiendo responsabilidades a un ministro? ¿Echarlo de su ministerio? ¡Pero si no es el Parlamento el que le nombró para él! No, como el Parlamento ni pone ni quita ministros no es ante él ante quien tienen que responder éstos. ¡Pues no faltaba más...!

—Y dígame, señor —nos preguntó—, ¿qué cree usted que va a pasar? ¿Durará esto?

—¿A qué llama esto? —le retrucamos.

---

[49] Luis Silvela y Casado, Ministro de Instrucción Pública en 1918.

—¡Esto... pues... bueno!, ¡esto!

—Sí, durará.

—¡Pero si está muerto!

—Precisamente por eso. Si estuviera vivo se moriría, pero como está muerto y momificado, mejor; como no es más que un esqueleto durará. Durará, sí, durará; durará hasta que se haga polvo, y cuando se haga polvo, durará como polvo.

—¿De modo que usted es pesimista?

—No sé qué quiere decir eso. Lo de optimista y pesimista es como lo de excelentísimo e ilustrísimo y lo de españolista y otros timos por el estilo; no sé lo que quiere decir.

España, n. 220, 26-VI-1919

FE DE ERRATAS

Si fuera a enviar a las publicaciones periódicas en que colaboro fe de las erratas que en mis escritos dejan que se les escapen sería el cuento de nunca acabar. Y descuento aquellas que proceden de no respetar mis grafías heterográficas, de lo que no hago cargo al regente corrector de pruebas. Que él ponga *coger* con g, *inconsciente* con ese, como la Academia de Maura y compañía prescribe —aunque no *consciencia,* que sería lo consecuente— y no *cojer* e *inconciente,* como escribo siempre, y otras cosas así, pase. Pero a las veces son erratas que alteran el sentido [50].

---

[50] Para Unamuno las erratas, como la rima, son generadoras de ideas.

¡Erratas fecundas algunas vez! Me parece que es en su libro sobre Averroes donde Ernesto Renan, al explicarnos como el averroismo nació en gran parte de haberse leído mal y por consiguiente traducido mal al árabe a Aristóteles, nos habla de la fecundidad de ciertas erratas. Y sin llegar a herejía eso de pintar a la Virgen María pisando la cabeza de la serpiente, v. gr., ha nacido de una errata, de una mala traducción, de haber traducido un *el* hebreo por un *ella* latina.

Y, sin embargo, ese mismo Renan se revolvía contra aquel gran señor que fue el conde de Maistre porque éste sostenía que para sentir las bellezas de la Vulgata lo mejor es no saber hebreo. Y el gran integrista ultramontano tenía razón. El «Cantar de los Cantares» que recomendaron nuestros místicos ¿qué tiene que ver con aquel *Sir hashiricu* que figura en el canon hebráico, con aquel canto erótico atribuido a Salomón?

Pero descendamos. Porque todo esto no viene sino a que en mi anterior artículo en esta revista, el que dediqué a mi Villa de Bilbao, aparte de alguna que otra pequeña errata, me hicieron hablar de cuando en la Plaza Nueva había «*novias* henchidas de pájaros», siendo así que yo puse *magnolias*. Porque es lo que había: magnolias, unas magníficas magnolias aromosas que embalsamaban en primavera el recinto tranquilo de la plaza y en las que bandadas de pajarillos gorjeaban en derredor a aquel estanque en que vomitaban agua unas férreas ranas estáticas. Eran magnolias; no sé también si las novias que se paseaban por la Plaza Nueva, vueltas en contrario de los novios y para verse de cara dos veces a cada vuelta, tendrían la cabeza henchida de pájaros. Los novios sí, lo aseguro. Puedo asegurarlo.

En una noche, alevosamente, a oscuras, sin testigos, fueron taladas aquellas magnolias. ¡Dijeron que a los vecinos de la plaza les molestaba el gorjeo de la pajarada!

No sé si les molestaría también el perfume de las magnolias. Por mi parte, ¡cuántas veces me puse a leer en la "Sociedad Bilbaína», hacia la parte de la plaza, al arrullo de aquel gorjeo gorrionesco! Y lejos de ayuntarme las ideas me las incubaba mejor. ¡Magnolias de la Plaza Nueva de mi Bilbao, de mi Plaza Nueva de Bilbao, magnolias henchidas de pájaros, cómo os recordamos los que buscamos nuestras novias, luego nuestras mujeres, oliendo el perfume de vuestras grandes flores, como albos copones de plata y oyendo el gorjeo de vuestra pajarada bulliciosa!

A S. M. el Rey le hicieron también soltar una errata los que le apuntaran el discurso que pronunció en la inauguración del Congreso de las Ciencias en Bilbao. Le hicieron decir de Bilbao la «noble y heroica ciudad». Y no, no es así, no es eso. La invicta y noble Villa, no la noble y heroica ciudad. Villa, villa, villa, y no ciudad; villa como Madrid, la Villa y Corte, y no ciudad. Villa y basta. ¿O es que aquella denominación del discurso regio es un anticipo de una merced... litúrgica? Haría mal en aceptarla Bilbao; haría mal la vieja y noble, nobilísima villa en imitar la grotesca vanidad de algunos de sus hijos que se han vendido por un condesado, un marquesado, una gran cruz u otra inútil bagatela aristocrática por el estilo. Bilbao, la Villa, es noble, no aristócrata. Los aristócratas, y no por eso nobles, son los condesitos y marquesitos de nuevo cuño. Bilbao es villa de nobles burgueses, y no ciudad de aristócratas de papel de estraza; villa noble de mercaderes, no ciudad aristócrata de condes y marqueses deportivos y cortesanos.

No, no debe admitir Bilbao ese título, y no más que título, de ciudad. Sin él puede ser civil, muy civil, ciudadana, muy ciudadana. No sea que luego si no se rinde, si vuelve a elegir para representante suyo en Cortes a un republicano o a un socialista, haya quien exclame por vía de reproche: «¡Después que le hice ciudad!».

Porque esto se ha dado ya. Dícese que a una negativa de mis paisanos a contribuir a no sé qué arriesgada y mal planeada empresa no faltó quien dijo: «¡Después que ha hecho allí tantos condes y marqueses!». Y cuando se dan estos inútiles y puramente nominales honores para esquivar a las veces la justicia efectiva y real o para escatimarla es innoble aceptar tales supuestas —y no más que supuestas— mercedes.

¿Ciudad aristocrática y cortesana? No, mi noble villa, mi villa invicta. Villa invicta, no te dejes vencer por triunfos de papel. De papel secante.

España, n. 223, 25-IX-1919

NOTAS SUELTAS

El Sr. La Cierva, espejo de caciques, el hombre de 1909, hombre de autoridad y prestigio, seguramente, para D. Julio Amado y sus inspiradores, creyó, creemos, que de buena fe, que la parte que ellos llaman sana de la nación, la gente de orden, los que supeditan el fin de justicia al principio de autoridad, estaban con ellos y que esa parte era la más influyente y poderosa y fue por eso por lo que, con la ayuda del maurismo mamporrero de algunos millones y hasta en lugares de la guardia civil —a la que se empeñan en incivilizar—, se lanzó a la aventura de las últimas elecciones, cuyo resultado les habrá hecho ver que to-

---

51 En el número 231 de «España» (11-IX-1919) publicó un artículo titulado *¡Arriba la villa!*, donde amplía estas ideas.

davía es mayor y más fuerte en España la parte... *insana*.
O que España, como ellos dirán, es ingobernable.

Los del Sr. Amado hablarán de organizaciones caci-
quiles, que son los que quieren destruir pero con otro
cacicato. Y de los peores, porque es un cacicato incivil,
al que le falta lo que más se ha menester para influir en
la gobernación de un pueblo. Que es inteligencia.

Para desempringarnos de la cotena de mugre que la
lectura de lo sucedido en las sesiones del Congreso nos
producía, hemos estado leyendo estos días el tomo XV
de las obras del gran apóstol y mártir de la causa de
Cuba, que fue José Martí, un soberano poeta. Este tomo
se titula *Cuba* y en él figuran las cartas de Martí referentes
a la guerra que su patria sostuvo. Cartas llenas de respeto
y de afecto a los españoles, que al fin el padre de Martí
lo fue.

Claro está que Martí juzgaba con dureza —no excesiva—, aunque sin acritud, al gobierno —que no es la
nación— de España, a la «monarquía podrida y aldeana
de España» y veía que entonces apenas cabía aquí sino o
«reino oscilante o república militar». Esto último, añadimos nosotros, mil veces peor que lo otro.

En unas líneas que publicó en Nueva York, en *Patria,*
el 10 de noviembre de 1894 escribió: «El nombre de Maura para capear, y luego la puñalada del matador». ¡Como
ahora, exactamente como ahora! El nombre —y no más
que el nombre porque lo demás no existe— de Maura
para capear y luego la puñalada del matador.

Pero es en otro artículo que Martí publicó en *Patria,*
el del 14 de marzo de 1892, donde hallamos su frase acaso más profunda. Y es que hablando de la milicia de Cuba
dice que «no pone, como otras, la gloria militar por encima de la patria». ¡Poner la gloria militar por encima de
la patria! ¡Supeditar el patriotismo al prestigio de la mi-

licia! ¡Cuántas veces no ocurre esto! ¡Cuántas veces se sacrifica el fin a los medios! [52].

En Tito Livio hay un pasaje en que un muy razonable, muy civil y por lo tanto muy inteligentemente patriota caudillo romano exhorta a sus soldados a que no perjudiquen los más sagrados intereses de la patria, de la ciudad, por querer quedar ellos bien, lo que entre esa gente ha solido llamarse quedar bien. Pero nada ahora aquí de Tito Livio. Tenemos que ahogar en nosotros al profesional, al catedrático.

Para ilustrar a los claustros universitarios que andan fraguando los estatutos autónomos (¡!) de las Universidades españolas, el Museo Pedagógico Nacional ha repartido entre los profesores de éstas cuatro folletos en que se expone lo que son las Universidades de Francia, Alemania, Estados Unidos e Inglaterra.

En el folleto dedicado a estas últimas y escrito por D. J. Castillejo, se dice (pág. 35), que en las Universidades de Oxford y Cambrige «están prohibidas ciertas diversiones brutales o crueles, como las carreras de caballos y el tiro de pichón». Esas Universidades se proponen formar *gentlemen* —que no está bien traducido por *caballeros*—, y ni las carreras de caballos ni el tiro de pichón, diversiones brutales o crueles, según el Sr. Castillejo, los forman.

Nos aseguran personas que se preocupan de eso del alza de las subsistencias más que el ministro de Abastecimientos, que pronto empezará a subir el precio de los huevos, porque se los darán, y en grandes cantidades,

---

[52] Sobre Martí, «el apóstol cubano», escribió Unamuno varios artículos que hoy pueden leerse en el tomo VIII, *o. c.*, Afrodisio Aguado.

a los caballos que han de correr en las próximas grandes carreas de San Sebastián.

Por otra parte, la R. C. Arrendataria de la Timba Nacional, Ltd., necesita amenizar la estancia en el Mónaco español [53].

Y menos mal que el Mónaco se limite a una o dos ciudades españolas. Lo peor sería que se convirtiese en un principado así el archiducado todo.

Se habla por ahí de la dictadura del proletariado. Desatino mayor no puede darse. Desde que el proletariado, apoyándose en la soldadesca —que no otra cosa son los soviets—, se pone a dictar, conviértese en una burguesía conservadora que atropella a todo individuo, incluso a los individuos proletarios.

Se comprende que para oponerse a la antigua burguesía y a la nobleza que aun queda, apoyadas en las jefaturas y oficialidades de los ejércitos, se sirviese de la clase de tropa de éstos; de la soldadesca, el pueblo proletario; pero la dictadura de esta soldadesca es tan mala como la otra y como toda dictadura, y más si es incivil. El siervo difícilmente podrá domeñar a su amo, pues para ello tendrá que servirse de los principios que del amo aprendió. A nadie se le ocurre entregar el poder a un esclavo manumitido.

No sirve, además, execrar sin más ni más y a tontas y a locas de toda burguesía. La libertad civil es hija de la burguesía. Burguesía significa no pocas veces civilidad. La mala, la execrable, es la burguesía conservadora que propende a convertirse en somatén a las órdenes de los profesionales de la fuerza pública, que ponen el principio de autoridad sobre los fines de justicia.

Entre éstos, entre los fines de justicia, cuéntanse ciertos

[53] Véase *Timba Nacional* (27-I-1923).

llamados indultos que no son, en rigor, perdones, sino reparaciones de estricta justicia. Sobre todo, cuando al agente de autoridad que abusa de ésta y al que se excede criminalmente en reprimir un desorden —real o ficticio—
se le absuelve sobre resultandos falsos, tergiversando u
ocultando la verdad, y todo ello para dejar a salvo el prestigio (¡!) del instituto.

Con mentiras y perjurios no se va a ninguna parte.

Hay aquí en España quienes no quieren ver que desde
1909 no han pasado sólo diez años, sino mucho más; ha
pasado la guerra en que la Francia depurada y civilizada
por el *affaire* Dreyfus ha barrido a la germanía del Dios
de los ejércitos. Y ya no es posible la irresponsabilidad de
ciertos tribunales, ni la impunidad de ciertos procedimientos disciplinarios inciviles, y por inciviles, antipatrióticos.

¿Está claro? —que solía preguntar Maura.

España, n. 224, 24-VII-1919

NOTAS SUELTAS

Cuenta nuestro ya conocido P. Astrain, S. J. (*H. C. J.,*
tomo I, lib. II, cap. XVII, pág. 12) que estando disputando el P. Leinez, jesuita, segundo general de la Compañía
y de linaje judío, con el P. Melchor Cano, dominico, «calurosamente más de dos horas, por fin Lainez, mohino de
ver en su contrario tanta obstinación, echó a Melchor
Cano adonde suelen echar los españoles a quien les fastidia demasiado, se levantó y se fue».

Aquí se ofrece un problema crítico a la escrupulosa investigación histórica (y no se olvide que si la historia es
ciencia, arte o filosofía, la investigación histórica, la heurística, es, ¡oh! técnica). Los españoles a quien les fastidia

demasiado suelen mandarle a la m... *le mot de cambronne*
que dicen los franceses, o *la fa* como se le llama en Bilbao,
pero suelen mandarle también a la p... o... pulsera (por
cierto el padibundo Diccionario de la Academia que preside Maura trae la voz en el sentido de pulsera, acabada
en e y no en a, y: aún podría añadir que significa puño
de camisa). ¿A dónde, pues, le echó el P. Diego Lainez,
S. J., al P. Melchor Cano, O. P.?

En cambio el H. Gil, de Asís, el compañero de San
Francisco, cuando una vez le atacó en Asís un teólogo
con sus torpedos silogísticos aguardó a que el técnico aca-
base sus conclusiones y entonces sacando de los pliegos
de su sayal una flauta le contestó con una rústica melodía.

A nosotros, que no somos investigadores de historia,
el argumento de la flauta del H. Gil F. M. nos parece más
decisivo que el argumento de retrete —o de lo que fuese—
del P. Lainez, S. J., aunque menos técnico y acaso menos
teológico. El H. Gil era al fin y al cabo un ignorante —un
idiota habría él dicho de sí mismo— pero tocaba la flauta.
Y hay argumentaciones a las que sólo con la flauta se debe
contestar. Y es a la vez algo así como cuando David le
tocaba el arpa a Saul, el rey, para aplacarle.

Flauta, flauta, mucha flauta nos hace hoy falta en
España.

Hemos vuelto a leer el aureo librito del doctor D. Felipe Sardá y Salvany, presbítero —q. d. D. g.— *El liberalismo es pecado* y nuestro espíritu se ha visto libre de una
abrumadora pesadilla. Porque a pesar de nuestro buen
amigo D. Amós Salvador, que conserva el morrión y asistió a la tertulia de D. Baldomero, el ex Regente, íbamos
creyendo vivir en un mundo de fantasmas, tragos, duendes
y estantigua.

El Sr. Sardá y Salvany, como hombre formado en la
rigurosa disciplina del método teológico empieza su tratado

demostrando —así lo dice él— que «existe hoy algo que se llama liberalismo». «Los periódicos y asociaciones y Gobiernos suyos —dice— se apellidan con toda franqueza *liberales;* sus adversarios se lo echan en rostro, y ellos no protestan, ni siquiera lo excusan ni atenúan». Y añade: «Hay, pues, en el mundo actual una cierta cosa que se llama *Liberalismo* y hay, a su vez, otra cierta cosa que se llama *Antiliberalismo*». Dos ciertas cosas. ¡Aunque cosas poco ciertas las dos! Y más adelante agrega: «Queda, pues, demostrado que cuando tratamos de liberalismo y de liberales no estudiamos seres fantásticos o puros conceptos de razón sino verdaderas y palpables realidades del mundo exterior».

Y aún así... ¡Lo que es el hábito de la incredulidad! Acostumbrados a oír que desde el púlpito se nos diga: «queda, pues, evidentemente demostrado que...» por si no lo habíamos conocido y como lo de aquel pintor que a su pintura añadió: «¡esto es orgullo!», aún nos resistíamos a creer que el señor marqués de Alhucemas, pongamos por caso ese liberal, fuese algo más que un ser fantástico o puro concepto de razón. Porque en cuanto al conde de Romanones será o no será liberal, pero de fantástico nada tiene y menos aún de concepto de razón ni puro ni impuro. El conde de Romanones es verdadera y palpable realidad del mundo exterior.

Pero procedamos adelante con el aúreo librito. Mas antes, ¿cuándo se escribió ese antaño tan sonado catecismo? En 1884. Hace, pues, treinta y cinco años. ¡Treinta y cinco años! Don Amós era un pollo aunque con espolones. ¡Treinta y cinco años!

Volveremos a este tema y al aúreo librito.

Entre las frases más absurdas que se están poniendo en moda se halla la de «hacer patria». Así como quien hace zapatos o como quien hace el ejercicio. Y lo peor es que los que más la traen en boca, a falta de otra más clara, más concreta y más nacional, dan al concepto de patria un cierto sentido no ya místico sino apocalíptico y hasta cabalístico.

Despacio, ¿eh? ¿Despacio? Odio, odio y miedo; odio y miedo a la inteligencia y no a otra cosa.

Una de las armas de guerra es el engaño. Un caudillo trata de engañar a su adversario; la estratagema exige muchas veces la mentira. El espionaje y el contraespionaje van contra la mentira. Y se enseña que es lícito engañar al enemigo, que es lícito mentir. Los oficiales tudescos han probado, con su conducta, cómo consideraban lícito el perjuicio cuando iba contra el enemigo. Han mentido y han faltado soberanamente a sus promesas de honor. Y hasta aquí mismo, en España, al fugarse algún submarino.

Si estamos, pues, todavía en estado de guerra, ¿qué extraño tiene el que los técnicos de ella empleen una de sus armas? Negarán los hechos más evidentes y los negarán hasta con juramento, cuando a sus fines les convenga. Porque la fórmula atribuida a los jesuitas de que el fin justifica los medios, es una fórmula genuinamente militar.

Lo que James Kendal Cosmer, en su libro sobre el resultado de la guerra de Secesión norteamericana —*Outcome of te civil way* 1863-1865— dice de la oposición entre el soldado y el periodista fundándose en que aquélla opera con el engaño, o sea la mentira, y ésta necesita de la publicidad merece más detenido comentario. Por hoy baste decir que la civilidad es publicidad y la estrategia, sea en tiempo de paz o en tiempo de guerra o en tiempo de revolución —como el actual en España—, es clandestinidad y es engaño y es mentira.

Pero las lanzadas de luz pueden más que de hierro.

España, n. 228, 21-VIII-1919

NOTAS SUELTAS

Al Excelentísimo Señor Ministro de Instrucción Pública y Bellas Artes [54].

Cuando en el Evangelio se lee (Mt I, 20) que el ángel del Señor se le apareció a José en sueños hay que entender, claro está, que José soñó que se le aparecía el ángel. ¿Qué diferencia hay de lo uno a lo otro? Y no hay por qué dudar de que lo soñara.

Como no hay por qué dudar de que a algunos de los que van a ver el Crucifijo de Limpias les haga éste guiños o les siga con la mirada. En cualquier museo se puede experimentar un milagro semejante.

Pero si es en otra diócesis (o diócesi como quieren algunos jesuitas que se diga)... Porque sabemos de un obispo de antaño, integrista y gallego él, que al enterarse de que una monja de un convento de capital diocesana hacía prodigios y milagros, exclamó: «¿milagros en mi diócesis y sin mi permiso? ¡Se los prohibo! ¡y si sigue haciéndoles son del demonio!». Cesaron los milagros y la que pensaba ir para Santa Teresa confesó luego, al ir a morir, sus habilidades.

Y ya que nombramos a Santa Teresa... En el corazón de ésta, que momificado se conserva en Alba de Tormes, aparecieron en distintas ocasiones otras tantas espinas. Milagro del que se habló y escribió mucho en un tiempo. Esas espinas las vimos con nuestros propios ojos y aun quedarán fotografías de ellas. Pero parece que a la Orden se les ocurrió la idea de que se hiciese mención del espinoso milagro en el rezo del día de la Santa, mandó el Papa

---

[54] Es el republicano Salvatella.

que informara el ordinario, fuese el P. Cámara, agustino y obispo entonces de Salamanca [55] a Alba de Tormes, limpió el corazón de las espinas, que resultaron ser mondadientes, y publicó un documento habilísimo, acabando con el milagro que se perpetuaba sin licencia del ordinario. Se recogieron las fotografías de él y no hemos podido luego dar con ninguna para un remedio. Y lo que es más grave, hubo de recoger un macizo y ponderoso tomazo en que un entusiasta carmelita diserta sobre el milagro de las espinas, tomazo que iba a ponerse a venta y circulación.

No hemos leído ni pensamos leer, ¡Dios nos libre! El volumen del P. Juan Mir, S. J. sobre el milagro, pero creemos que los hay objetivos y subjetivos, según se le aparezca a uno el ángel en sueños o sueñe que se le aparece. Y hay impíos hoy que hablan hasta de vibraciones de los nervios. Pero los nervios no pueden vibrar, según observó agudamente el P. Mendive, también S. J., porque para vibrar los nervios tendrían que estar sujetos por ambos extremos y tirantes.

Eso de Limpias puede fracasar si se le obliga a intervenir al ordinario, y en todo caso la cosa de hacerla hay que hacerla bien. Y sospechamos que hoy haya en España una gran decadencia en los estudios taumatológicos y taumatúrgicos. Desde los buenos tiempos de Martín del Río a hoy se ha debido retrogradar mucho. Pensamos, pues, que urge restablecer esos estudios.

¿Dónde se podrá estudiar hoy mejor el arte de hacer milagros? Sin duda que en la Universidad de Depung, en el Tíbet, donde se confiere el grado de *roebs-jam pva* que quiere decir: el que habla afluentemente y sin cesar.

---

[55] Con el P. Cámara sostuvo Unamuno una dura polémica desde la prensa republicana salmantina.

ENVÍO

Señor Ministro de Instrucción Pública y Bellas Artes:

Urge, Señor, que se envíe a algunos jóvenes como pensionados a la Universidad de Depung, en el Tíbet, a aprender taumaturgia y a hablar afluentemente y sin término. Es preciso que no perdamos ocasiones como la que se presenta en Limpias de tener una fuente de bonitos pequeños milagros, un Lourdes español.

Señor Ministro, déjese de becas para la América y envíe unos cuantos jóvenes al Tíbet. Y no tenga miedo de que allí se perviertan y nos traigan el lamaísmo. No nos lo pueden traer.

Al Tíbet, a Depung, Señor Ministro.

España, n. 235, 16-X-1919

NOTAS SUELTAS

Julio Camba, nuestro filósofo céltico... Decimos esto de céltico por ser Julio Camba gallego, y muy gallego por cierto, y por haber quedado en que los gallegos son de raza céltica con gotas de suevo. Y aunque no sepamos qué es eso de raza céltica. Pero Camba no nos parece muy suevo, aunque sí céltico. Desde luego no le encontramos ibérico, ni siquiera celtibérico. El que acaso sea ibérico es el vasco —*o eusko*, si ustedes quieren— que escribe estas disquisiciones sueltas. Camba céltico, el escritor aquí presente —servidor de ustedes— ibérico... ¡figúrense nuestros celtibéricos lectores!

Julio Camba, pues, nuestro filósofo céltico, en una crónica en que hablaba de Ferrer y de los españoles y en la que por cierto recordaba como ya antaño le advirtió al

Sr. Maura, que en vez de a Francisco Ferrer Guardia se debió haber fusilado al ibérico escritor que escribe estas líneas, o a D. Francisco Giner [56] o al doctor Simarro, decía así:

«No. A Ferrer no se le ha fusilado porque no era un pedagogo ni un sabio. Por lo menos las obras de la colección Sempere se las había leído y esto le ponía en un nivel de cultura muy superior al de los hombres que dispusieron su fusilamiento...».

De perfecto acuerdo en esto, con nuestro iberismo y todo, con nuestro filósofo céltico.

Somos de los que a raíz del fusilamiento de Ferrer más insistimos —acaso con exceso— en quitarle importancia al fusilado y en ponderar lo sincero, pobre y vulgar de su... cultura. Como que aquella nuestra idea de su valor mental y moral y la repugnancia que sentíamos y sentimos por esa pseudocultura de colecciones no de vulgarización sino de avulgaramiento de la ciencia y de la no ciencia nos llevó a pasar por alto la enormidad de un fallo que, sin suficientes pruebas, hizo un mártir de quien sólo era un fanático sin ciencia.

La cultura —llamémosla así— de Ferrer creemos, en efecto, que no era ni honda ni sólida, pero en todo caso no inferior a la de los Sres. Maura, Cierva, Ugarte y demás que, de un modo o de otro, intervinieron en aquello. Muy superior, desde luego, a la del director y propietario del *A B C*. Estos señores tendrían no poco que aprender de la colección Sempere. Por lo menos a conocer las doctrinas contra las que dicen que combaten. Ya Carducci dejó para siempre dicho que los conservadores son «desvergonzadamente triviales».

No hay que olvidar, además, que si en la colección

[56]   Francisco Giner de los Ríos, fue el fundador de la Institución libre de Enseñanza.

Sempere abundan obras de avulgarizamiento pseudo-científico, en las colecciones de la acera de enfrente... ¡hay cada cosa! Frente a la vulgaridad racionalista hay una vulgaridad católica. ¡Corre por ahí cada libro de reputación!

¡Y nuestros políticos abogados —como los tres que citamos— cuando se salen de su rabulería sueltan cada cosa!

Una de las causas que más agravaba los fallos de los tribunales del Santo Oficio era una quisicosa que se enseñaba y se enseña en los Seminarios y conventos y a que llaman teología moral. Hay que leerla en cualquier autor, en Gury, v. gr. Y después volver a repasar los Evangelios.

La *Theologia Moralis,* con todos sus casos y su casuísmo, no sirve sino para enturbiar y entorpecer la conciencia moral cristiana.

Y así como en Seminarios y Conventos se enseña esa teología moral «no se enseña acaso en ciertas Academias una especie de *patriología* moral o patriotismo profesional que sólo sirve para enturbiar y entorpecer la recta conciencia moral civil de la humanidad, o sea la recta conciencia moral humana de la civilidad. ¿Hay quien cree que la conciencia profesional patriótica de un von del Goltz, v. gr. —el que organizó el ejército turco y luego tiranizó a Bélgica— es conciencia ni civil ni moral ni humana siquiera?

La teología moral católica, creando artificiosamente delitos, produjo las monstruosidades de la Inquisición eclesiástica, y la *patriología* moral militar, creando también delitos artificiales, puede producir monstruosidades de una Inquisición laica. Laica pero civil.

Ni la herejía religiosa ni la herejía patriótica son delitos para la recta conciencia moral, civil y humana.

España, n. 237, 23-X-1919

NOTAS SUELTAS

Hay quien opina que eso del honor —del honor caballeresco, o sea de aquellos que pueden mantener caballo, por supuesto, y que es muy otro que el honor de una doncella, v. gr. o el honor que llamaríamos *burretesco* o sea de los *burreros,* de los que tienen que montar, como el Cristo montó en burro— hay quienes opinan que eso del honor es pacífico o técnico —no el general, civil y humano— es un sentimiento de pueblos o de períodos bárbaros. Dicen que los salvajes se guían por el instinto, los bárbaros por el honor —por el honor bárbaro, por supuesto— y los civilizados por la conciencia y el sentimiento del deber moral. Que es el deber civil y social.

Lo que sabemos es que los antiguos griegos y romanos, tan de veras civilizados, no conocían esa quisicosa bárbara y medioval, de origen germánico, y que el cristianismo, antes de su degeneración, tampoco la conocía.

Mas sea de esto lo que fuere, de lo que sí estamos convencidos es de que eso de los tribunales de honor es un artilegio o para burlar la ley y la justicia o nacido del miedo a aplicarlas.

Los tribunales de honor suelen ser en sus procedimientos inquisitoriales y, por lo tato, injustos e inmorales. Aplican aquel horrendo principio de *ex informata conscientia* que ha manchado el llamado Derecho Canónico y es un principio jesuítico.

Donde funcionen tribunales de honor con procedimientos inquisitoriales no cabe civilización. Y donde no hay civilización no hay orden, ni disciplina, ni justicia, ni conciencia moral, ni sentido del deber.

Además ¿qué es el honor de un esclavo?

Los jesuitas hacen, y no sabemos si firman, ciertos votos y entre ellos uno de obediencia ciega, *perinden ac cadaver,* a las autoridades de la Orden. Pero un hombre libre, es decir, un hombre inteligente, no puede firmar semejante cosa sin reservas mentales. No es cuestión de voluntad, sino de inteligencia.

Iñigo de Loyola en su famosa carta a los Padres y Hermanos de la Compañía de Jesús, de Portugal, establece tres grados de obediencia: de ejecución, de voluntad y de entendimiento. «No solamente teniendo un querer, pero teniendo un sentir mismo con su superior», dice.

Esta disciplina jesuítica —y de ejército tudesco— hace hipócritas a tontos. Una u otra cosa, o las dos, resultan los individuos del Sindicato conocido por Compañía de Jesús, y los de todos los Sindicatos que siguen sus huellas.

Ese género de disciplina coactiva y sindicalista no es más que para personas de escasa o nula inteligencia o para redomados hipócritas. Ningún hombre inteligente, es decir, libre, se somete a ella.

Eso de que España fuera neutral durante la guerra fue una ficción. Aquí hubo guerra, guerra civil e incruenta, pero guerra. Y la guerra sigue. La tudesquería más o menos troglodítica, sigue actuando en España. Y antes se borrará de Alemania que de aquí.

Antes acabarán allí que aquí con ciertas Ligas. Y es que el loco con el palo se hace cuerdo, pero el tonto no. Y la desgracia mayor que aflige a España es la soberbia de la falta de inteligencia. Hasta se predica la dictadura de la dementalidad. Y hay que oír con qué retintín motejan de intelectuales a los inteligentes los que no lo son.

Hasta nos han dicho —y nos resistimos a creerlo— que hay profesiones en que es mal mirado el que uno quiera saber más y en vez de jugar al tresillo o al monte procurare ensanchar y ahondar sus conocimientos profesionales.

Todo lo cual tiene que ver, aunque no lo parezca, con la última guerra y con las absurdas esperanzas que ella hizo concebir a no pocos cuando parecía que la brutalidad disciplinada iba a arrollar a la inteligencia civil, madre de la libertad, de la conciencia moral y de la civilización humana.

Cuando escribimos estas líneas algunos de esos pobres conservadores —«desvergonzadamente ramplones» que dijo Carducci— llenos de miedo cerval —cerval deriva de cierva— [57] esperan un estallido, una solución catastrófica. Los hombres que se llaman de orden serán los que acaben dando el salto en las tinieblas.

Cuando el palo, que es de suyo ciego, es manejado por un ciego... Un automóvil sin guía es cosa terrible. Mejor un coche sin cochero. Los caballos siquieran ven. Y a veces mejor que el amo.

España, n. 239, 6-XI-1919

LAS COSAS CLARAS

Patronos y obreros se tienen declarada guerra civil. Y en ésta lo del pacto de Barcelona ni es ni puede ser más que una tregua. Y lo de que no ha habido ni vencedores ni vencidos es una tontería más o quiere decir que la guerra seguirá. Una guerra así no se acaba sino con vencedores y vencidos, con victoria y derrota. Y se acaba

[57] Juego de palabras en las que alude a Juan de la Cierva.

para que pueda empezar otra guerra, ya que la guerra, en una u otra forma, cruenta o incruenta, es la condición necesaria de la civilización. Y lo que deben hacer los beligerantes es enterarse bien de los respectivos fines de guerra.

Decimos esto último porque parece que hay patronos tan ignorantes, tan pobrecitos —íbamos a decir tan mentecatos— que se van al Instituto de Reformas Sociales —¡esta cataplasma!— objetando contra la jornada legal de ocho horas. No se han enterado de que los obreros no piden lo de las ocho horas porque más de este tiempo les parezca penoso para el trabajo, sino para que haya que ocupar más brazos, disminuya el ejército de reserva de los esquiroles, amarillos o sarracenos, y suba el salario.

Un Industrial, Mr. W., tiene una fábrica de producción continua, en la que no se interrumpe el trabajo ni de día ni de noche, y en la que ocupa 3.000 obreros divididos en tres equipos de a 1.000 cada cual y que trabajan ocho horas, lo que hace entre los 3.000 veinticuatro mil horas de trabajo. Si quedaran fuera de la fábrica mil obreros sin trabajo, posibles esquiroles del oficio, los ocupados pedirían —y harían muy bien— la jornada de seis horas, y no porque crean que la de ocho es penosa sino para que haya que ocupar a los mil de fuera, ya que 4.000 obreros en cuatro equipos de mil cada uno que trabajen seis horas hacen veinticuatro mil horas como los 3.000 en ocho. Y subirá el salario.

Les queda otro recurso a los obreros, y es no hacer en las ocho horas sino trabajo de seis. Y es lo que están haciendo con una táctica muy sabia.

"Es que si trabajan menos, si la productividad decrece —contesta el patrono— el producto escasea y se encarece. Estas huelgas de brazos lánguidos no hacen sino encarecer el producto y lo que es peor, disminuirlo. Esta ola de pereza...».

Pues bien; no hay ola de pereza sino una táctica de

lucha. Y si el salario sube y disminuyen los esquiroles no es la única solución posible aumentar el precio del producto. Hay otra, y es disminuir el beneficio del patrono y reducir la renta del medio de producción, de la máquina, el solar, de la fábrica, etc., hasta dejarlo reducido a cero. Y que el patrono, si realmente dirige la industria, si es técnico —industrial o mercantil—, si trabaja, en fin, gane el fruto de su trabajo y ni más ni menos. Es decir, que sea en la fábrica un obrero más, aunque su trabajo valga más que el de otros.

¡Y aun discuten, pobrecitos, la participación en los beneficios para los obreros! No quieren ver que a lo que se va es a la suspensión de la renta. Y por eso, con treguas como la del pacto de Barcelona, ni se acaba ni puede acabarse la lucha empeñada. Y en toda lucha hay que conocerse mútuamente los adversarios.

¡Ola de pereza! ¡Ola de pereza! ¡Tonterías! Entréguese a un sindicato obrero una fábrica, con su obrero director —llámesele, si se quiere, patrono— que cobre su trabajo y no más que él, y ya se verá lo que es la supuesta ola.

¿Que con eso de las huelgas de brazos lánguidos escasean los productos —los hay que a ningún precio se encuentran— y sufren todos? ¡Sin duda! ¡Pero es la guerra!... Como con la obra de los submarinos alemanes durante la guerra hemos sufrido todos, incluso los alemanes. Ellos se han traído el hambre que pasan. A pesar de lo cual repetirán, y con razón, que la guerra submarina fue su manera de defenderse contra el bloqueo.

Las Compañías feroviarias dicen que la jornada de ocho horas les obligará a colocar 9.000 obreros más y que esto sería su ruína o encarecerían los transportes. Y no es este el dilema. O quebrarían y se incautaría el Estado de ellas, y siendo los transportes servicio público no importaba que no produjesen. ¡Pues pocos que son los servicios públicos que, en el estricto sentido económico, no son reproductivos! La enseñanza superior entre ellos. Si un servicio público no rinde lo que cuesta y se le cree útil o conveniente se le sostiene de otros tributos. La cosa no puede ser más clara. Y como hay enseñanza pública gratuíta —la primaria— podrá llegar a haber transporte gratuíto.

Todo esto lo decimos dejando de lado nuestras propias ideas al respecto, que ni son tan sencillas ni tan firmes como las aquí expuestas. Pero el que estas líneas escribe es un espíritu crítico y escéptico, que carece de convicciones al respecto y que odia todo dogmatismo, pero a quien le duele que en la lucha social entablada haya obreros y patronos que se empeñen en no enterarse de lo que se debate y se arguya contra la jornada de ocho horas, que para muchos oficios no es agotadora, y se diga la tontería de la ola de pereza y se cree en posibles armonías entre el socialismo y el capitalismo actual a base de renta privada de medios de producción.

Luchen como quieran y como puedan unos y otros contendientes pero hablen claro; no traten de engañarse y de engañarnos a todos, ni nos vengan con la necedad de llamar *utopía* a lo que no les conviene o *paradoja* a lo que no entienden. Con saberse bien los fines de guerra, de unos y de otros la guerra ganará no poco. Con lo que no ganaría en España es con poner de caudillo de un bando, el de los patronos, a un La Cierva cualquiera o a otro abogado con fusionario y embrollón por el estilo, de los que creen que el contrato de aparcería es un ideal de concordia en la industria agrícola. Porque la aparcería no suprime la renta del mero propietario de la tierra, que es el mayor haragán del mundo. Cabe arreglo entre labrador y labriego, entre colono y jornalero, pero con el amo de la tierra que no es cultivador sólo cabe suprimirlo, señor Cierva.

España, n. 241, 20-XI-1919

NOTAS SUELTAS

Nuestro buen amigo Joaquín Muntaner, redactor d'
El Sol en Barcelona, opina, parece, que no es de urgente
oportunidad el telegrama del gobernador civil de Barcelona, Sr. Amado, pidiendo al Gobierno que se reglamente el
juego de azar, prohibido hoy por la ley y tolerado por la
política, con explotación de esta tolerancia. Discrepamos en
esto de nuestro amigo Muntaner y estamos de acuerdo
con el Sr. Amado.

La reglamentación o la prohibición total, según ley del
juego de azar, urge. Y urge por el estado mismo social de
Barcelona y de toda España. En que por algo entra eso
del juego prohibido, tolerado y explotado. No debe seguir
el Reino de España convertido en un Principado de Mónaco. Esta monaquización explica muchas cosas que parecen oscuras.

Pero, cómo se va hacer la reglamentación? Cómo se le
va a privar de su monopolio a la Sociedad o Compañía
que explota el juego ese en el Gran Casino de San Sebastián y en sus sucursales?

Leemos en esta misma revista ESPAÑA, que el ministro del Reino de España —más del Reino que de España— en Bélgica, es administrador de la Sociedad de Hote-
les y Fondas de Bruselas, con 40.000 francos anuales de
sueldo, y que esta prebenda se la ha dado Mr. Marquet,
proveedor de caballos de carrera, etc., etc.

Ese ministro fue el que quiso levantar el muerto de la
estatua de Ferrer. Y otros muertos.

Por fin el Tribunal Supremo de Guerra y Marina, contra las predicciones de nuestro buen amigo Oscar Pérez

Solís, ha declarado que estuvo mal constituido el Tribunal de honor —¿de qué honor?— que expulsó del Ejército a unos oficiales que se separaron de las Juntas de Defensa militares. El miedo cerval —cerval deriva de Cierva— empieza, pues, a ceder.

Veremos si se da de una vez la batalla a los que no hacen sino hablar de que hay que dar la batalla. A la civilidad, por supuesto.

Esperamos que se llegue antes a la disolución de esas Juntas, no ya militares, sino inciviles, que no a la disolución de la R. Cía. Arrendataria del *Recreo* Nacional.

Los constantinistas, los jóvenes turcos de Grecia, los punteros, en fin, helénicos —porque eso del punterismo es algo internacional y, ¡claro está!, troglodítico— han querido acabar con Venizelos, el que en un tiempo disolvió en su patria (y como gran patriota) las Juntas esas, echó luego al felón constantino, el que jugaba a dos palos, y sacó a Grecia de una bochornosa neutralidad. ¿Qué iban a hacer esos héroes sin ocupación?

El Príncipe de Mónaco, el de los trágicos destinos, ha andado por esta España de Mr. Marquet y Cía. exhibiendo sus conocimientos en... oceanografía. Que es como decir: «¡Por Dios, señores, que yo no tengo la culpa! Y ya ven que me gasto en estas especulaciones científicas lo que otras especulaciones me dan».

Y menos mal que ese Príncipe se dedica a la oceanografía en vez de dedicarse a jugar a las siete y media o a la mecánica de chaufeur. Y parece que se sabe sus papeletas.

A un conservador y católico muy ortodoxo, pero católico por conservadurismo y no por fe religiosa, le contábamos lo que Renan en su *Vida de Jesús* nos dice de có-

mo fueron los conservadores, los de Anás y Caifás, los
que hicieron matar al Cristo por aquello que Caifás dijo:
«Conviene que un hombre muera por el pueblo y no que
toda la nación se pierda» (Jn XI, 50), sentencia esta de
Caifás —y lo mismo podría ser de La Cierva, nuestro
sumo sacerdote del saduceísmo conservador— que expresa la quintaesencia del conservadurismo saduceo. Y nuestro interlocutor se descomponía.

Empezamos luego a recitarle las paradojas evangélicas,
empezando por aquella de que el que quiere salvar su
vida la perderá, luego la de que hay que odiar a los de la
familia, la de que quien no está conmigo está contra mí
—frente a la cual se dice: «quien no está contra vosotros
por vosotros está»—, y al llegar a lo de que es más difícil
que entre un rico en el reino de los cielos que el que pase
un camello por el ojo de una aguja, nuestro conservador
saduceo, socio de la Adoración Nocturna y de las Conferencias de San Vicente de Paúl y ciervista él, nos interrum-
pió bruscamente exclamando: «Bueno, es que Nuestro
Señor Jesucristo era un exagerado». ¡Definitivo!

¡Exageraciones! ¡Exageraciones Es lo que ahora han
dado en llamar paradojas.

Otro día tenemos que contar la historia de una Compañía que tuvo que abandonar una línea férrea de la que
se incautó el Estado, sin tener que dar a aquélla indem-
nización alguna, pues que la abandonó, y que el Estado
explota hoy. Es aquí, en esta provincia en que escribimos.

Llegará día en que el dueño de violines que no los
toca si no los alquila a violinistas, tenga que abandonarlos
por las exigencias de éstos. Y no van a quedar en la calle,
ni se le va a permitir que los queme.

Y lo mismo es alquilar el violín para el violinista que
alquilar el violinista para el violín.

España, n. 243, 26-XII-1919

Mitin de las izquierdas en la Plaza de Toros de Madrid el 27-V-1917

UNIDAD Y CONTRADICCION

Cuán lejos estamos de aquellos tiempos idílicos —iba a decir prehistóricos— del socialismo español, cuando se estableció la fiesta llamada del trabajo: la del 1.º de Mayo. ¡Lo que se ha andado desde aquello de los tres ochos, 888 tan esquemático y tan simbólico! Y tan inocente.

La manifestación del 1.º de Mayo no empezó siendo socialista; era más bien obrera. Y hasta la aceptaban y veían con buenos ojos los tranquilos burgueses. «Mientras se diviertan así...», decían.

Como aquella manifestación apenas manifestaba sino vagas aspiraciones, pretensiones inconcretas, había una grande unanimidad en ella. Todos estaban unánimes, sobre todo, en divertirse en ese día. Pero hoy...

Hoy con la conciencia colectiva de clase el proletariado va viendo aparecer contradicciones doctrinales en su seno. Y así tiene que ser. Porque la conciencia si es unidad, es unidad de contradicciones íntimas. Otra cosa sería simplicidad y muerte. Y no vive doctrina ni escuela ni iglesia ni partido que no contenga contradicciones en su seno. De estas vive.

El socialismo español ha visto ya el surgir de contradicciones íntimas y esto que como signo de su muerte señalan los que la temen, es su mayor signo de vida y su signo de mayor vida. Sean esas contradicciones de principios, sean de método o sean de procedimiento.

Ahora que si la conciencia —lo mismo la individual

que la colectiva— se nutre de contradicciones, es redu-
ciéndolas a unidad [58].

Y la manifestación del 1.º de Mayo debía ser la expresión de esa unidad de las contradicciones. Y si hay
—como los hay— obreros que se niegan a dejar de trabajar el 1.º de Mayo es que se ponen fuera de la conciencia
colectiva socialista del proletariado. Suelen ser de los que
se llaman a sí mismos anarquistas.

En cuanto a eso de diferenciar el comunismo del socialismo, el radicalismo del reformismo, la Segunda de la
Tercera —pronto tendremos la Cuarta— Internacional eso
ni suele llegar a conciencia. Es algo preconsciente.

España, n. 261, 1-V-1920

CIUDADES ESPAÑOLAS

BILBAO

BILBAO Y LA NUEVA POLÍTICA

Bilbao es acaso el lugar —villa y no ciudad— de España que más crece hacia dentro de sí mismo, es decir,
que más se espesa, más se concentra y a la vez se transforma más. Dentro de poco empezarán a surgir y elevarse
en él rascacielos. El hado geográfico, encerrándole entre
dos cordilleras, en una valla estrecha, a la gineta sobre una
vía empretilada —hoy un canal—, le ha trazado el cauce

---

[58]   Una de las causas que hicieron que Unamuno abandonase
el partido socialista en 1897 fue el haber expuesto sus discrepan-
cias con las líneas doctrinales de ese partido.

de su alma. La villa tiene que concentrarse, y al concentrarse le obliga luego a expansionarse, pero se expansiona como un proyectil que se lanza. La acción de Bilbao sobre el resto de España, hoy reducida todavía al campo de la industria, del comercio y de los negocios, es una acción de proyectil. O de turbina. Y quiero creer que todos sus hijos, todos los hijos de la villa del Nervión, todos los que hemos fraguado nuestras almas sobre el reflejo metálico de las aguas de aquella ría, vista desde los puentes, llevamos también en lo hondo del pecho la *proyectilidad* [59] de nuestro Bilbao. Y no menos los que tuvimos que salir de ella, los que fuimos disparados por ella, y ejercemos en otras tierras, su ministerio. Conservándonos, tal vez, más fieles a su espíritu y a su tradición.

¡La tradición de Bilbao! Porque Bilbao, como todo lo que tiene de verdad historia —otro diría como todo lo que progresa— tiene una fuerte, una fuertísima tradición, y un tipo fundamental que se transforma, pero no se altera. Sin que importe, ¡claro está!, que repetidos y copiosos aluviones de gentes forasteras, de inmigrantes, vayan envolviendo y, al parecer, ahogando al núcleo tradicional y típico. Porque éste, que es lo orgánico y lo organizado, los domina, los absorbe, se los asimila y los transforma. Y hace de los dos una sola casta. Y alza cada vez más su copa al cielo buscando luz sobre las montañas, y hunde cada vez más su raigambre en el suelo, buscando hierro bajo el arcilloso mantillo de la tierra, el alma inmortal de la Villa de los mercaderes, de las Ordenanzas y de los ferrones que llevaron el nombre de Bilbao —transformado en nombre común *bilboe,* de un utensilio férreo y de presa— a las bocas de criaturas de Shakespeare.

Mientras se agitan en convulsiones histéricas, acaso epilépticas, otros lugares grandes de España —Barcelona,

[59] Capacidad de proyectar su espíritu en otras tierras.

Valencia, Zaragoza...— sacudidos por la revulsión sindicalista, ¿no observáis el carácter macizo, orgánico, de obra de fragua, que la lucha económico social toma en Bilbao? Bilbao tiene hoy un alcalde socialista, y en Bilbao hoy, como siempre, el gobernador civil, el representante del poder central —que no sabe concentrar nada— apenas si cuenta. Allí no cabría uno de esos desaforados jaques que van a provocar, según dicen, a la fiera, a citarle a la suerte de espada. El toreo gubernativo sería allí inútil.

Espero para España y, por lo tanto, para la historia y para la humanidad, mucho todavía de mi madre Bilbao. En este abrumado alud de materialismo histórico, en esta exacerbación del Negocio que está ahogando a la política —y la política es la civilización— toma en Bilbao el movimiento con cierto sentido poético, es decir: creativo, una idealidad. Allí hay ya muchos, los más fuertes, los más bilbaínos, que aspiran no a gozar de la riqueza, sino a crearla. O si se quiere, gozar creándola. Porque el bilbaíno, digan lo que quieran los que por ser incapaces de comprenderlo le calumnian, goza creando más que consumiendo. Y si consume —¡es inevitable!— es ante todo para crear.

El materialismo filosófico, al que los incomprensivos le motejan de grosero, se ha depurado y afinado en el más exquisito idealismo, ya que la materia no es para nosotros nada menos que una idea —y una idea pura, purísima— y del materialismo histórico, profesado e interpretado hoy por la concupiscencia famélica de consumidores no satisfechos, saldrá una fuerte doctrina, con su disciplina consiguiente, de creadores, de productores. El materialismo histórico es hoy entendido, sentido e interpretado como si el fin de la riqueza fuese el de ser gozada, pero llegará a ser entendido, sentido e interpretado como si el fin de la riqueza fuese su creación, el de ser creada. Que el hombre civil ha nacido para crear y gozarse creando. Y este alto sentido, que dará su nueva política a la civilización, tendrá en España como hogar, o mejor como alto horno, si alguno tiene, a la villa del Nervión, a nuestra madre Bilbao. Y volverá a ser invicta.

El creador podrá hacerse orgulloso, pero jamás sórdido como el consumidor, como el gozador de lo que encontró creado.

Quiero endulzar mi pesimismo soñando que de ese mi Bilbao salga la idealización del actual materialismo histórico y con ella la nueva política.

España, n. 282, 25-IX-1920

GÜELFOS Y GIBELINOS

Eso de la dictadura del proletariado... ¿Proletariado? Bueno; tengamos en cuenta que hoy ya proletario no quiere decir el que ocupa una cierta posición económica, el que tiene mucha prole y sólo sus dos brazos para mantenerla, sino el que profesa ciertas opiniones políticas aunque ni tenga prole ni necesite trabajar para mantenerse.

Eso de la dictadura del proletariado ha vuelto a recrudecer el viejo pleito entre el liberalismo, que predica el respeto a los derechos del hombre, a las libertades individuales que pone por encima de la voluntad general, y la democracia, que predica la voluntad del pueblo, del «demo», como ley suprema. «Demo» o pueblo que abusivamente se reduce a la mayoría o aun a la turba, a la masa inorgánica e informe. El liberalismo va a parar en anarquismo [60], y el democratismo en sindicalismo y comunismo.

¿Cómo, pues —se dirá—, hay anarquistas comunistas?

[60] Don Miguel, de vieja cepa liberal, como él se proclama en diversas ocasiones, sintió a veces simpatía por el anarquismo e incluso colaboró en revistas anarquistas.

Lo mismo que hay liberales demócratas y demócratas liberales; en virtud del principio de la concordia de los opuestos. Las contrapuestas posiciones extremas se completan. Toda la dialéctica política vive de la concordancia de las oposiciones.

Ernesto Renan, que gustaba de discurrir dialécticamente, en el capítulo XXIV del libro IV de su *Historia del pueblo de Israel,* nos dice: «El movimiento del mundo es la resultante del paralelogramo de dos fuerzas; el liberalismo de una parte y el socialismo de otra —el liberalismo de origen griego, y el socialismo de origen hebráico— el liberalismo empujando al mayor desarrollo humano; el socialismo teniendo ante todo en cuenta la justicia entendida de una manera estricta y de la dicha del mayor número sacrificada a menudo en la realidad a las necesidades de la civilización y del Estado». Y en el capítulo XIV del libro IX de la misma obra, dice: «La política lleva consigo, de una manera o de otra, la desigualdad de las clases. El judío es demócrata por naturaleza; tiene el gusto de la igualdad; no quiere a la fuerza armada; no admite otro mérito que la santidad».

Parécenos que en estos pasajes Renan se confunde entre liberalismo, democracia y socialismo. Dice primero que el griego es liberal y el judío socialista, y luego que éste es demócrata. Y sin embargo, nadie más demócrata que el griego liberal. El espejo y dechado de las democracias fue la Atenas de Pericles, la que éste describió en su inmortal discurso en elogio fúnebre de los muertos en la guerra del Peloponeso, discurso político que es el más grande que se conoce.

Aristóteles definió al hombre diciendo que es un animal político, esto es, civil. Y al griego, o al ateniense más bien, le cuadraba perfectamente esa definición, aunque no acaso al bárbaro. El ateniense era un animal político. No era hombre de casa, sino más bien de la calle, o, mejor aún, del «ágora» de la plaza pública. Su régimen era el del cabildo abierto. Discutía en público todo lo público, y la libertad que más apreciaba era la de poder criticar y juzgar públicamente al que mandaba. La mujer cuidaba en tanto de la casa. Y hasta en los tiempos de su peor servidumbre, cuando se supone que San Pablo visitó Atenas, dice el libro de los *Hechos de los Apóstoles* (capítulo XVII v. 21) que los atenienses y sus huéspedes extranjeros no se ocupaban en otra cosa que en decir u oír novedades y en juzgarlas.

La «parresía», la franqueza, el decirlo todo, era lo que más apreciaba el ateniense. Su interés era discutir y juzgar y votar los intereses del común —«coinón»— de la «res pública», de la cosa pública. Su mayor objeción contra el gobierno absoluto no era que gobernase mal, sino que gobernase en secreto, que no diera razón pública de sus actos. Repugnaba acaso más el despotismo, el régimen de secreto, que la tiranía, el de violencia. Por nuestra parte preferimos también que nos maltraten, dándonos cínicamente la razón del mal trato, como a vencidos, que no el que se nos cuide con la solicitud de un pastor a sus ovejas —a las que ordeña y esquila y se las come— pero sin darnos cuenta del cuidado con que nos trate.

Democracia, lo hemos dicho muchas veces, es para nosotros ante todo y sobre todo, publicidad. Lo que más se opone a ella es el régimen de clandestinidad, es la diplomacia secreta. La luz basta para sanear a un pueblo. No hay microbicida como el sol. Y si «demo» es pueblo, lo democrático es lo público. Que es a la vez lo noble e íntimamente popular. Ahora que pueblo no es masa, no es turba. El pueblo es algo orgánico y organizado. No discute y juzga y vota sino lo organizado [61] La turba ni tiene

[61] El odio a la masa entendida como rebaño uniformado, es algo común a los intelectuales de la generación de Unamuno.

lenguaje articulado; grita y no dice nada. A lo más da vivas y mueras y canta himnos. Lo que no es decir nada [62].

Pericles en su discurso inmortal dijo que se llamaba democracia la de Atenas porque su gobierno no era para los pocos, sino para los más. Pero estos más lo que pedían era que se garantizase el libre juego de la actividad individual, era el respeto a las libertades del individuo. El pueblo, el «demo», los más, propendían más bien al anarquismo. Aquel cínico señorito ático que fue Alcibiades, cuando excitaba a los lacedemonios, enemigos de su patria, a que fuesen contra ella, les decía que se llama pueblo —«demo»— a todo lo que se opone al que ejerce el poder público, al dinasta. Y no le faltaba razón.

Pero aquella democracia ateniense, espejo y dechado de las demás, nació en una pequeña ciudad. Como siglos después ocurrió en las nuevas Atenas, en Florencia. Alfredo Oriani [63] en su hermosísima obra «La Lotta política in Italia» decía del Dante que «es el más grande ciudadano de todos los siglos y su patria no es todavía más que su ciudad».

Y este mismo Oriani, en ese libro preñado de enseñanzas, de sugestiones y de bellezas, hablando de la libertad de los comunes italianos escribe: «El pueblo es, pues, una aristocracia burguesa formada por encima de la muchedumbre, por concesión de la muchedumbre misma. Todos los estados comunales italianos del tiempo prueban abundantemente tal forma de derecho electoral, pero esta usurpación del pueblo es tan aceptada por la muchedumbre que pasa inadvertida, y los primeros años de la era

[62] En repetidas ocasiones Unamuno repetirá que le parecen ladridos tanto los «vivas» como los «viscas» y «goras».

[63] Alfredo Oriani (1852-1909) licenciado romano en jurisprudencia y escritor de obras de tipo político. Fue considerado como uno de los precursores del fascismo en Italia.

consular hasta 1133 representan la edad de oro en la historia italiana; todo se hace en público por el público; muchedumbre y pueblo, representado y representante, se confunden en una sola idea y en una misma voluntad... «En público y por el público», notémoslo bien, porque eso es democracia.

Pero como ahora entre liberales y demócratas, entre anarquistas y socialistas, entre mencheviques y bolcheviques, entre mayoritarios y minoritarios..., en la Italia medioeval era grandísima la confusión entre güelfos y gibelinos, ni hay otro medio de distinguirlos que negativamente. Había quien era güelfo en una ciudad y gibelino en otra. Y eran blancos o negros unos u otros.

¿Qué nos dice Oriani de estos dos partidos, blancos y colorados, como si dijésemos, o unitarios y federales? Oigámosle:

«Güelfos y gibelinos, irreconciliablemente enemigos y recíprocamente invencibles, no son más que dos formas del mismo hecho y dos momentos de la misma idea. Los unos representan una democracia mal adiestrada en las armas, aunque hábil para el gobierno, avara, enemiga de toda grandeza individual y de toda libertad intelectual por rabioso sentimiento de igualdad; los otros son una aristocracia armada, pródiga, altanera de libertad legal, arrecida en viejas fórmulas y por ende incapaz de comprender los intereses móviles y múltiples del pueblo. La historia, imponiéndoles un combate secular y sin victoria, obtiene de los güelfos el progreso, la riqueza, la igualdad, la democracia; de los gibelinos, el genio, el carácter, la libertad...

Las victorias alternadas de los dos partidos consagran todo el progreso obtenido por el vencido antes de la derrota; la plebe, insondable fondo en que ambas sectas cobran fuerza, acoge a todos los caídos y se alza con todos los surgientes; sus individuos sin nombre se hacen ciudadanos combatiendo en la ciudad por la ciudad; el partido es escuela de guerra, de diplomacia, de gobierno, de viajes, de igualdad, de libertad, de nacionalidad, de italianidad. Mientras el palacio del grande amenazando la casa del burgués protege el tugurio del pobre, la casa del mercader atrae nobles y plebeyos; el dinero y el poder, el medio y el fin de la guerra disciplinan y avecinan a todos los que querrían diverger. Cuando triunfan los güelfos, artes y oficios redoblan la masa del pueblo oficial; cuando prevalecen los gibelinos, las artes menores, los más viles oficios, las industrias más despreciadas, el pueblo enjuto, los Ciompi, invaden la escena y conquistan puesto en ella».

Y la historia se repite.

España, n. 228, 6-XI-1920

Sin fecha. Recibida el 26 de noviembre de 1920, de Salamanca.

SR. D. GILBERTO BECCARI

Habrá usted leído, mi querido amigo, que la Audiencia de Valencia, me condenó por dos artículos, en que supuso había injurias al Rey, a 16 años de presidio —8 por cada uno—. Claro que estoy libre y que nunca se pensó en ejecutar las sentencias. Es más, como antes de la vista se firmó un indulto general, se me condenó, por instigación de la reina madre [64], la austriaca, para ejercer en mí un rencoroso perdón. De no haber habido indulto previo se me habría absuelto. Pero como no debo aceptar así el

---

[64] María Cristina de Habsburgo, madre de Alfonso XIII.

indulto —ya que el fallo es injusto— me he alzado en recurso al Supremo y hemos empezado una campaña contra el Código absurdo y más en lo referente al delito de lesa majestad, y contra lo que aquí pasa. Aparte de seguir la que llevo hace cinco años contra las cosas de nuestro rey que va a perder a España... Y esto y otras cosas me traen en un torbellino.

Le envío las autorizaciones para *Niebla* y *Abel Sánchez*.

Los *Ensayos* irán pronto. Hace tiempo que no me he comunicado con la Casa que me los editó y que lleva mal su venta.

En breve saldrán un poema y un tomito de novelas míos. Se los enviaré.

Hágase cuenta de mi situación.

A ver si puedo escribirle de otras cosas pronto.

Un abrazo de

UNAMUNO

[Inédita]

Eduardo Dato, Presidente del Consejo de Ministros
y representante a ultranza de la neutralidad española.

Salamanca, 21-III-1921

SR. D. GILBERTO BECCARI

Tengo aquí, mi querido amigo, tres postales de usted por contestar. No le sorprenda. He vuelto a ser procesado y por cuatro veces, una por combatir por escrito a la policía y otras dos por haber denunciado otros abusos del Tribunal Supremo. No saben ustedes bien cómo se está desbordando aquí el terror blanco y el lívido, el número de denuncias y procesos que hay por supuestos delitos de imprenta. Y ahora con ese bárbaro y estúpido crimen del asesinato de Dato todo se le vuelve a la policía registrar casas de socialistas que nada han tenido que ver con ello y meter preso al primero que cojan para tenerle que soltarle luego. Lo que está pasando es una vergüenza. La reina madre, la austriaca, con una camarilla de generales y cortesanos está ejerciendo una verdadera Regencia de despotismo antiilustrado. El mismo pobre señor Dato cayó víctima de un sistema de represión que él no aprobaba aunque sin valor para hacerlo cesar o irse del Gobierno. Y todos esperan el estallido [65].

Ya le dije que de *Paz en la guerra* no me queda ejemplar ninguno. Se agotó.

---

[65] Contrasta esta actitud de Unamuno ante el asesinato de Dato y la antipatía que, mientras vivo, éste siempre le suscitó.

En una de sus postales me ofrecía libros de esa. Acepto la oferta. Un envío que dijeron hacerme hace ya meses de *Il Convegno* [66] no ha llegado a mí. A ver si usted tiene más suerte.

A Puccini [67] que le escribiré.

Pronto creo que le enviaré dos dramas nuevos y mi novela *La tía Tula.*

Muy su amigo

MIGUEL DE UNAMUNO

[Inédita]

Salamanca, 15-V-1921

SR. D.GILBERTO BECCARI

He recibido, mi buen amigo, cuatro pruebas del artículo que Ezio Levi [68] dedica a mi *Niebla* en la *Nuova Antología,* y el que usted me envía. También tengo el libro de Tilgher [69]. Veo lo de Carlesi; gracias. Me van a dar ahí más público que el que en España tengo.

Está bien el título de *Il segreto della vita* a los ensayos elegidos. Hay, sin embargo, otros dos que tengo en mucho y son: «Soledad» y «Plenitud de plenitudes». Adjunta la autorización.

En cuanto a los libros espero los que le pedí y luego pediré otros.

[66]   Revista de Milán en la que colaboró Unamuno.
[67]   Mario Puccini.
[68]   Hispanista italiano amigo y comentador de don Miguel.
[69]   Adriano Tilgher, crítico de teatro y corresponsal de Unamuno.

Papini me envió a Madrid su «Vida de Cristo» que no
he visto, pues la recogió allí uno de mis hijos y no la ha
enviado aún. Deme la dirección de Papini; quiero escribirle. ¿Sabe de un Amendola [70] a quien conocí en Udine?
¡Cómo recuerdo aquellos días de Udine y mi visita al
frente y Cortina d'Ampezzo y el Piave y Venecia...! ¡Y el
lago Mayor! ¡Qué días aquellos! *¿Cuándo volveré por ahí?*

Las cosas de aquí cada vez peor. A nuestro rey le
da ahora por jugar. El otro día ganó al tiro de pichón
60.000 pesetas. En ese juego hay dos *pajareros* —que preside él— y *escopeteros*. ¡Como en Bizancio! Ahora abomina de los ingleses. En parte por ir contra su mujer, la reina, a la que culpa de la mala salud y degeneración de sus
hijos. El mayor, el heredero, es hemofílico, como lo era
el zarevich, el segundo sordo-mudo, etc. [71].

La persecución a la prensa libre es feroz y estúpida.
Acaso este verano oigan ustedes algo gordo. ¡Una pena!
Muy su amigo

MIGUEL DE UNAMUNO

[Inédita]

LA MONARQUÍA SEGÚN UNAMUNO

A DON ALFREDO L. PALACIOS

Como es la de usted, mi buen amigo, la primera firma
que aparece en el para mí honrosísimo mensaje que me
dirige la juventud estudiosa de Buenos Aires, por iniciati-

---

[70] Giovanni Amendola político y escritor antifascista italiano
corresponsal de nuestro autor.
[71] Se refiere Unamuno al príncipe Alfonso y al príncipe Jaime respectivamente.

va de la sociedad «Cultura General» y en protesta contra
mis condenas, es a usted a quien dirijo estas líneas para
que se las dé a conocer a los firmantes de él.

No he de hacer aquí sino una brevísima historia de
ese «fallo anacrónico e injusto», como ustedes le llaman.
Pongo de lado el absurdo de que la ley española castigue
con nada menos que ocho años de presidio las supuestas
injurias al rey y que, estimando injuria toda expresión en
menosprecio, puede ser hasta el llamarle *mequetrefe* y por
habérselo llamado estuvo un escritor preso. Ese rigor de
castigo se dictó, para mayor bellaquería, con el propósito
de que el monarca indultara siempre, mostrándose así, a
bien poca costa, magnánimo; magnánimo de alma chica.
Indulto que, en tales circunstancias, no pasa de ser un
rencoroso agravio.

Mas aparte esto, en mis dos artículos condenados y en
que lo grave para los que mandaron perseguirlos estribaba
en que comenté lo que *The Times* escribió acerca de los
manejos de la ex-Reina Regente, Doña María Cristina de
Habsburgo-Lorena para que España no se incautase de
barcos alemanes, en esos artículos no había injuria alguna,
ni grave ni leve, al rey Don Alfonso, y el Tribunal que,
bajo presión superior, los condenó, sabía que no la había
allí. Es decir, su presidente un *inteligente*... en tauroma-
quia, ¡claro!, es posible que no supiera ni eso. Debió de oír
los artículos denunciados, porque los leyeron, en el acto
del juicio ante mí y él, pero no estoy seguro de si los oyó
y sí de que no los entendió.

Habíase dictado antes del juicio, mucho antes, pero
después de incoado el proceso, un indulto general, pero
saliéndose en él lo que hasta entonces se había hecho en
casos semejantes y era sobreseer los procesos pendientes.
Ahora habían de ser fallados antes que se les aplicara el
indulto, e hízose así porque había el propósito de indul-

tarme y que el rey apareciese magnánimo, y el de amenazar para posible reincidencia. Y se me condenó *para* que se me indultase.

Hay más aún. Cosa de un mes antes de la vista de mi causa, un fiscal retiró una acusación, en el acto del juicio, contra otro ciudadano acusado del mismo delito de lesa majestad que yo, y a raíz de ello el Fiscal del Tribunal Supremo —un desequilibrado al servicio de la camarilla habsburgiana que está deshonrando a mi patria y que en una circular reciente acaba de llamar a los fiscales *vengadores*— dio una circular —nos lo dijo en el acto del juicio el delegado que mantuvo la acusación fiscal, aunque sin acusar— para que no se retirasen, una vez presentadas, tales acusaciones por delitos de imprenta.

Y ahora, después de esta breve reseña de mi caso, tengo que decirles, amigos míos, que en este Reino de España, el último despotismo que en Europa queda, según dijo la revista conservadora inglesa *Saturday Review,* se está desencadenando, suspendidas arbitrariamente las garantías constitucionales, la más bochornosa persecución. Se denuncia escritos por cualquier cosa —tengo cinco nuevos procesos encima—, por decir, v. gr., que la *Biblia* es un tejido de absurdos, que la policía cobra del juego prohibido, que el Tribunal Supremo obedeció a «influencias ilegítimas» —presión de la Corona —y lo dijo don Santiago Alba [72] en el Congreso— en un informe del acta de un diputado republicano; se encarcela obreros sin motivo justificable; se les deporta, llevándoles a las veces a pie de un extremo al otro; se les tortura; se finge que huyen para fusilarlos, a lo que se llama «ley de fugas», etc., y en tanto el rey se divierte y *juega* y dicen que piensa ir a esa

[72] Ministro de Hacienda en 1917.

19

República —*con careta*, sin duda—, a ver si les engaña a ustedes ya que a nosotros no nos engaña ya [73].

Algo de esto, muy moderadamente y con tiento, he dejado traslucir en algunas de las correspondencias quincenales que desde hace ya años envío a esa, pero parece ser que aunque iban certificadas se han perdido en el camino [74].

Y ahora, generosos amigos y compañeros, los de la juventud estudiosa sobre todo, todos los que han firmado en ese homenaje que será mi orgullo y que alivia cierta cruz [75] que se me dio aquí para señalar el sitio en que había de herírseme, permitan que un español que ha tomado sobre sí los dolores y vergüenzas de miles de españoles movidos de terror o de pena, un español que ha ensanchado a España al hacer que su voz se oiga donde nuestro común verbo resuena, les pida que acudan como puedan en ayuda de este pobre pueblo explotado, oprimido y envilecido por el hipócrita despotismo habsburgiano. Hase sustituido a la Constitución con la Inquisición; el poder judicial pervertido de servilidad; el ejecutivo tapujo de la camarilla; el legislativo obra de ella. Sólo campean libres el juego de azar, la pornografía y los negocios turbios.

¡Ah!, si pudiese ir yo, personalmente, a esa, como es mi antiguo y ardoroso anhelo, a darles las gracias de voz viva y caliente y doliente, a comulgar con ustedes todos en el culto a la Democracia, a la Libertad y a la Justicia! Pero no me dejan, y el tener que ganarme día a día el pan de mis hijos, me lo impide. O mi viaje o el del otro, el del que se ha puesto injuriado por mí; o la verdad o el en-

---

[73] Una de las causas principales por las que Unamuno no fue a Hispanoamérica se debió al temor existente en el gobierno español a que allí hablase mal del Rey y estropease el viaje de éste.
[74] Se refiere a «La Nación», de Buenos Aires.
[75] Se refiere a la Gran Cruz de Alfonso XII, que el rey Alfonso XIII le concedió e impuso personalmente en 1905.

gaño. Yo llevaría la representación de España; él llevará, si va, la del Escorial, villa de los huesos y cenizas de los Habsburgos y Borbones que han hundido a esta pobre patria mía, a la de Garay y de Mendoza, no de Fernando VII, el Abyecto, que los déspotas hipócritas y solapados no tienen patria aunque tengan patrimonio.

Les abraza.

En Salamanca —donde me tienen como preso—, a 23 de junio de 1921.

Nosotros, n. 146, Buenos Aires

SEÑOR JOSÉ CANEDO PERÓ

PRESIDENTE DE LA SOCIEDAD «CULTURAL GENERAL»

Muy señor mío y amigo:

Después de haber recibido el homenaje tan honroso que inició esa noble sociedad «Cultural General» y antes de recibir su carta —entra uno y otro recibo ha mediado más de un mes— he escrito la contestación a aquél y como no sabía a quién dirigírsela lo hice al doctor Alfredo L. Palacios, cuya firma es la primera que aparece en los documentos. Mas entiéndase que es para todos y muy especial para los promovedores de ese acto de verdadera simpatía hacia la verdadera España, la España universal y eterna.

Nada tengo, en rigor, que añadir a lo que por mediación del Dr. Alfredo L. Palacios les dije. Tan sólo que desde que escribí aquello a hoy —y van pocos días— las cosas han empeorado y se nos quiere arrastrar a un verdadero régimen absoluto y despótico de poder personal irresponsable. Y con incivil camarilla detrás que es peor aún.

Sé que los accionistas del patriotismo oficial gritaron que llevamos nuestro pleito al extranjero, pero esos que así gritan son los descendientes, sucesores y herederos de los que pronto hará un siglo, en 1823, llamaron a los soldados de Luis XVIII de Francia que con el Duque de Angulema vinieron a derrocar la Constitución y a poner en su lugar la Inquisición regia, cuando despotizaba el abyecto Fernando VII. Y en tiempos más recientes, hace pocos años, en las postrimerías de la dinastía brigantina en Portugal, cuando se soñaba aún en el Vice Imperio, recibió el entonces rey don Manuel una carta del nuestro diciéndole que pasaría, al frente de sus batallones, la frontera para sostenerla en trono. Carta que se publicó en un libro cuya tirada hizo nuestro gobierno que recogiese el de Portugal.

¡Y esos son los que nos censuran y hasta insultan cuando al ver perseguida aquí la democracia, la libertad y la justicia apelamos a la conciencia universal y sobre todo a la de los que hablan esta nuestra lengua que no puede, sin peligro, proclamar aquí la verdad!

¡Gracias, hermanos, gracias!

Dijo vuestro máximo Sarmiento el 24-IX-1873 —había entonces República en España —en su máximo discurso que habría ahí patria y tierra, libertad y trabajo para los españoles cuando en masa fuéramos a pedírosla, «como una deuda». Pues bien, yo, en nombre de mis hermanos los españoles liberales, os pido que nos ayudéis a recobrar aquí patria y tierra, libertad y trabajo.

Y por lo que ya habéis hecho, gracias, hermanos, gracias otra vez.

Os saluda con la izquierda sobre el corazón y tendiéndose la diestra desde Salamanca a 10-VIII-1921.

En *Nosotros,* Buenos Aires, 1921

CARTA ABIERTA A LOS ITALIANOS

En septiembre del 1917, visité por segunda vez [76], y después de veinticinco años, Italia. Esta segunda vez era más que para ver Italia, la guerra italiana. Nuestro peregrinaje fue al frente y lo visitamos todo.

Horas tranquilas, pacíficas y serenas las que pasé en Udine, principal centro de nuestras excursiones. No podré nunca olvidar en mi vida aquel recóndito albergue de provincia, donde parecía encontrarse toda la paz secular de las campiñas friulesas. No olvidaré a aquella Rosina que no quería comprometerse con ningún novio, mientras que la guerra durase, por miedo de que ésta se lo matara!...

¿Y la entrada en Venecia, por el Gran Canal, sin otra luz que la de la luna? Me hacía recordar las palabras de Shakespeare: «Estamos hechos de la materia de los sueños». Porque no era Venecia, vestida solamente del claro de luna, nuestro sueño, sino que estábamos nosotros, sus visitadores, con el sueño de ella. Y, al esconderse y ocultarse junto a las lagunas, entre mar y cielo, la Ciudad del Adriático, defendida contra la barbarie bélica, la Venecia histórica, construida por la leyenda, resurgía más potente.

En Venecia sentí como en ninguna otra parte lo que es ciudad, pura ciudad. No hay casi nada de rural, de térreo en ella; ni parque, ni jardines en su centro; tiene la menos tierra posible. Todo es agua, agua fluida como la historia, agua en la que se refleja el cielo, y sobre el agua, suelo ciudadano, civil, pavimento y no tierra, palacios de mármol.

Se ha dicho que Venecia es una gran nave anclada. Y por esto es civil. Lo civil es más marítimo que terrestre.

[76]   La primera vez que visitó Italia fue en 1889 y lo hizo invitado por su tío Félix de Aranzadi.

Del mar surgieron las más grandes ciudades. Las grandes *urbes,* muy adentradas en el terirtorio, privadas de una arteria de río navegable, no siempre llegan a ser verdaderamente civiles. Su suelo es tierra. Además el agua es como la conciencia del paisaje. Y Venecia está llena de conciencia de sí: se ve casi toda reflejada por el agua que es el suelo.

Torné a mi España, llevando conmigo la visión del frente de guerra italiano, de la desolación del trágico Carso, de la espléndida epopeya en piedra —víscera de la tierra— que es el Cadore y aquellos picos dolomíticos que se elevan al cielo como dedos de gigantescos esqueletos de manos que... ¿suplican o amenazan?... Descendimos por el Piave que poco después debía alzarse a la eternidad de la historia.

De retorno a mi Salamanca, que tanta se asemeja a una vieja ciudad italiana del Renacimiento, preparaba mis notas para dar expresión a mi sueño de Italia en guerra, y ya había enviado a la Argentina las primicias de mi visión de peregrino, cuando acaeció el trágico hecho de Caporetto. No podíamos explicárnoslo, nosotros que recorrimos las orillas del Isonzo, que visitamos Gorizia y Monfalcone, que habíamos sentido hablar a Armando Díaz de la inminente toma de Trieste. Pero después comprendimos... [77].

Un sentimiento de respeto y de pudor, de fidelidad a lo que habíamos visto, oído y sentido, nos prohibía, después de Caporetto, de hablar de nuestra visita al frente italiano. ¡Aquí nos tomarían en burla!... Nos lanzarían a la cara cuanto nos habían sentido contar en favor del hercúleo esfuerzo italiano para domar con el arte militar una naturaleza salvaje.

---

[77]   Italia, según Unamuno, se había engreído con sus victorias iniciales y se volvió imperialista.

Después, vino el rescate y finalmente la victoria. ¿Y ahora?

Ahora callamos por otros miramientos y pudores. Ahora los españoles «a los que duele España», apenas pueden abrir la boca sobre la lucha por el triunfo, por el fruto de la victoria y sobre los vencedores. Vemos, desde lejos, combates por una paz más laboriosa que la guerra misma; vemos pueblos, ciegos todavía por la victoria y por la derrota, oscurecerse en su historia. El sudor de la batalla, quizá la sangre, ofusca su vista y no ven más que a través de esta nube de sudor y de sangre —y de pólvora y de humo de pólvora— su porvenir. Comprendemos que nuestra neutralidad a ultranza fue un error y una ignominia...

Y ahora cuando el «vanidad de vanidades y todo es vanidad» (vanidad el triunfo, vanidad la derrota, vanidad la paz, vanidad la guerra) nos visita, ¿qué podemos decir a aquellos que queremos y que nos han servido de guía en nuestra peregrinación por la dolorosa historia humana?

Se han repartido el botín y las pérdidas de guerra los vencedores y el espectáculo nos ha causado pena. Ahora esperamos que esta guerra comience a dar frutos eternos de espíritu, comience a enriquecer el tesoro de las ideas y de los sentimientos inmortales... Y esperamos que surja la Iliada, que surjan las tragedias del ciclo troyano. Porque si esta guerra no enriquece y también no cambia la visión histórica de la vida y de la muerte, del tiempo y de la eternidad humana, habrá sido una guerra inútil.

Además de las tierras irredentas, hay ideas, visiones, sentimientos irredentos. No es sólo de la dominación político material del bárbaro de lo que debe liberarse la italianidad, sino de la dominación ideal de la barbarie debe liberarse completamente el espíritu italiano y el de los otros pueblos que lucharon contra el imperialismo categórico.

Y es necesario sacar del triunfo de esta guerra —y de

su derrota— una poesía, una leyenda, un derecho e incluso un poco de religión, de renovación religiosa.

Lo que nos importa a nosotros españoles que amamos la Italia eterna, es que ella se enriquezca de nuevas obras de arte, de ciencia, de saber y de sentimiento.

Para nosotros que creemos que la *Divina Comedia* o la *Scienza Nuova* valen más que cualquier territorio, importa sobre todo ver qué obras de espíritu dará a Italia su victoria sobre el imperialismo de los Habsburgos.

El grande, noble y fecundo imperialismo romano fue el de la República, no el de los Césares. Imperialismo no es cesarismo. Una nación puede sentirse César; y de esto, del cesarismo, le proviene la muerte.

«Dios y Pueblo; Unidad y Libertad», dijo Mazzini que, al calor del irredentismo italiano, sintió el de los otros pueblos. El pueblo, a quien Mazzini queda dar, con la libertad, la unidad, no debía ser, según su menta y su corazón un pueblo-César, un César colectivo. Mazzini habría rechazado todo cesarismo colectivo.

Nosotros los españoles, nietos de los *conquistadores* — España fue una nación cesarista— avergonzados de nuestra impotencia, temerosos, adolecidos por nuestra historia, en este extremo occidente de Europa, a las puertas de Africa y de América, soportando la brutalidad de la política realista que nos es impuesta, volvemos los ojos a los que han salido triunfantes de la guerra, y les pedimos... luz. Nada más que ¡luz, luz, luz!

Vestida de claro de luna, como de un hábito de inmaterialidad civil, vi en los días angustiosos de la guerra a la Reina del Adriático, la «no terrena» Venecia, y ella me dio una lección.

Ahora que Italia está revestida por la luz de la victoria, esperamos de ella una lección. Su deber hacia la humanidad toda es de ser fiel a su misión y convertirse una vez más en maestra de civilización. Y no esperamos enseñanzas de la Italia de Maquiavelo [78], sino de la de Mazzini.

¿Puede hoy un español pronunciar esta plegaria?

A nosotros los españoles debe también redimirnos Italia, pero de las culpas de nuestra tradición de cesarismo, debe redimirnos: del sedimento espiritual de aquel tiempo en que nuestros antepasados la suyuzgaban, cuando era César Carlos I de España y del rencor que nuestra decadencia nos ha dejado.

¿Cómo nos redimirá de esto?

Mostrándonos la luz que ponga en fuga a los fantasmas del cesarismo colectivo. Y ésta será la victoria eterna de Italia y la obra de un nuevo renacimiento.

> (En Miguel de Unamuno, *Perchè esser così*. Traducción de G. Beccari, Urbis, Roma, 1921)

[78] La visión que nuestro autor tiene de Maquiavelo es muy variable. Alaba en él al gran político realista, pero desprecia a sus seguidores.

EL PROCESO DE CRISTO

Hay varias explicaciones teológicas, todas ellas complicadas, de la muerte, en cruz afrentosa, de Cristo. Quien sea capaz de leer la prolija obra que Ritschl dedicó a la justificación y reconciliación por la muerte de Cristo podrá medir hasta dónde llega el tecnicismo teológico, que es el más hermético de los tecnicismos. Pero si hay varias explicaciones teológicas, a cual más enrevesada, de los méritos que adquirimos por el rescate cristiano, de la redención, no hay acaso más que una explicación religiosa, y es la histórica.

Ante todo, ¿por qué se le crucificó al Inocente, al Justo? Se os dirá que para que se cumplieran las Escrituras. Y como no ha llegado a nosotros el proceso judicial, y acaso no le hubo... Pero nos basta el Evangelio, y oigámosle.

En el capítulo XI, versículos 47 al 53, del cuarto Evangelio, el según la tradición de Juan, se dice: «Entonces los pontífices y los fariseos juntaron concejo y decían: ¿qué hacemos? parque este hombre hace muchas señales y si le dejamos así todos creerán en él y vendrán los romanos y quitaron nuestro lugar y la nación». Y Caifás, uno de ellos, Sumo Pontífice aquel año, les dijo: «Vosotros no sabéis nada, ni pensáis que nos conviene que un hombre muera por el pueblo y no que toda la nación se pierda». «Mas esto no lo dijo por sí mismo, sino que como era el Sumo Pontífice en aquel año, profetizó que Jesús había de morir por la nación, y no solamente por aquella nación, mas también para que juntase en uno a los hijos de Dios

que estaban desparramados. Así que desde aquel día con-
sultaban juntos de matarle».

Aquí hay un hecho histórico y un comentario religioso
del evangelista. El hecho es que a Jesús, el Cristo, se le
persiguió y condenó por anti-patriota, porque provocaba
con su conducta la intervención de los romanos, y el comentario es que venía a fundar una Internacional, o mejor,
una sociedad católica en el sentido estricto de esta palabra,
esto es: universal.

Persiguiéronle al Cristo los judíos por anti-patriota, por
anti-nacionalista, porque en vez de ser como los Macabeos
—o sea Martillos— un cabecilla de insurrección guerrera,
declaró que su reino no era de este mundo. ¿Y quién no
recuerda al respecto lo del César y Dios? Mas conviene
hacer notar en qué ocasión se dijo lo de: «dad al César
lo que es del César y a Dios lo que es de Dios», que fue
cuando para buscarle conflicto con las autoridades romanas
le preguntaron si era lícito dar tributo al César, al poder
intruso del invasor, y él, entendida su astucia, pidió la
moneda, preguntó de quién era el cuño, y al decirle que del
César pronunció la frase eterna y sublime (Lc XX, 20
a 26). A lo que podría decirse que al César se le ha de dar
su dinero —sólo el suyo— y no otra cosa. O como glosó
Calderón: «Al Rey la vida y la hacienda se ha de dar,
mas el honor es patrimonio del alma y el alma sólo es de
Dios». Aunque apenas si cabe dar vida y hacienda sin
enajenarse del honor.

Por anti-patriota, por sedicioso, por rebelde, persiguieron los judíos a Jesús. Y al llevarle a Pilato, el prefecto
romano, decíanle que pervertía la nación, que vedaba dar
tributo al César y que decía que era rey (Lc XXIII, 2).
Pilato le preguntó si era rey, respondió él evasivamente:
«tú lo dices», el romano no le halló culpa en ello y al saber
que era galileo enviolo al rey Herodes (Lc XXIII, 3 a 7).
Era este rey Herodes, el Tetrarca, aquel contra quien alzó

su encendida palabra Juan el Bautista, a quien por su mandado se le degolló y cuya cabeza le fue presentada en un plato por su hija y de Herodías (Mt XIV, 1 a 12). Y este rey, tan perverso como débil, deseaba ver al Cristo y verle hacer, acaso como en deporte, un milagro (Lc XXIII, 8 a 12), divertirse y menospreciarle y burlarse de él. Y le escarneció, y Pilato mismo quiso echar la cosa a broma y a sainete, pero el pueblo que pedía tragedia, el pueblo a quien los pontífices y fariseos habían hurgado en su vil patriotería, en su abyecto nacionalismo xenofóbico, clamó: «¡crucifícale! ¡crucifícale! (Lc XXIII, 21). Así fue de Caifás, que era algo así como Fiscal del Tribunal Supremo, a Pilato, y de Pilato al rey Herodes.

Sobre la cruz hizo poner el romano «Jesus, nazareno, rey de los judíos». Y cuando muchos de éstos lo leyeron fueron a decirle a Pilato que pusiese no que lo era sino que él, Jesús, decía serlo; mas el romano contestó: «¡Lo escrito, escrito está!» (Jn XIX, 19 a 22).

He aquí, pues, todo el proceso del divino Rebelde, del anti-patriota Jesús. Rebelde y anti-patriota según el mundo, según los precursores de los pontífices y los escribas y los patriotas de hoy. Y el proceso sigue y se sigue crucificando al Cristo por los maestros de los nacionalismos. Y de estos nacionalismos tienen que redimirnos ese proceso y el divino procesado.

El divino ajusticiado que mientras la Iglesia que se encubre con su nombre ha canonizado a tantos, él, Jesús, no canonizó, no prometió la gloria sino a un compañero suyo de suplicio, a un rebelde, a un bandolero, a un acusado por los fiscales o diablos —diablo quiere decir fiscal o acusador—, a quien dijo: «De veras te digo que hoy estarás conmigo en el paraíso» (Lc XXIII, 43). ¿Que el buen bandido se arrepintió? Según qué sea arrepentirse... Pero el que no se arrepiente es Caifás, Caifás a sueldo.

¡Quién había de decir que esa cruz en que murió el

anti-patriota serviría, corriendo el siglo, de empuñadura
a la espada de la conquista! ¡Quién había de pensar que
se llegara un día a esgrimirla contra otra nación! ¡Y tratar
de convertir indios o de rechazar moros a cristazo limpio!

Pero cuando el Cristo eterno, desde su cruz de triunfo,
ve que se toma su nombre en la cruzada —¡cruzada!—
contra la morisma y se levanta en tierra de moros altares
al legendario Santiago Matamoros —que parece fue un
caudillo kaisereo y acaso tudesco—, exclama: «¡Padre,
perdónalos, porque no saben lo que hacen!» (Lc XXIII,
34). No, no saben lo que hacen, ni lo que se dicen. Y si
son obispos, o inspectores, menos todavía. Sobre todo me-
tidos en campañas sociales y nacionales.

España, n. 315, 8-IX-1922

EL GRAN MENTIDERO

Para que vean cómo pecaron de impacientes los
que creyeron que D. Miguel de Unamuno había de-
jado su conciencia de español a las puertas de Pa-
lacio, olvidándose de recogerla a la salida, reproduci-
mos el siguiente dolorido artículo que ha publicado
El Mercantil Valenciano, y donde el tono de inquie-
tud y amargura por los destinos de España es, si cabe,
mayor y más intenso, por más objetivo, que el que
dominaba en sus escritos antes de la ruidosa visita
al monarca. Este y otros artículos suyos que hemos
visto publicados confirman lo que supusimos: que
en Palacio se dejó una irritación personal, pero que
de él salió con su dolor de español acrecentado, toda-
vía más desesperanzado.

¡Qué ganas, Dios mío, de encontrarme de nuevo en el
fecundo recogimiento de mi celda de Salamanca! Y no digo
«sosegado», porque verdadero sosiego tampoco lo he gusta-

do allí. Ni ya en parte alguna. ¡Pero en esta Villa y Corte!... La de la Corte, la del Parlamento, la de los mentideros... Toda Madrid no es apenas más que un mentidero de España. Y ahora aparece atacado de histerismo, acaso de epilepsia [79].

Ayer tarde volví a hablar en el Ateneo para historiar mi visita a Palacio, para contar cómo fui llamado a él y cómo a él acudí como personero de los agravios públicos contra un régimen de despotismo. El público, maleado en mucha parte por la picardería de los políticos de oficio, no iba a enterarse de lo que yo dijera, sino de lo que yo callara, de lo que suponían que habría yo de callar. Este público está tan poco acostumbrado como el rey mismo a ver a un hombre de pie y que dice toda la verdad sin sobreentender ni subentender nada. El público del gran mentidero no es fácil que se entere desde luego de la verdad sencilla. La sencillez se le aparece como un velo. Y menos mal que luego recapacita y reflexiona y reacciona, y a las veces acaba por comprender.

He llegado a la conclusión de que un cuerdo entre locos puede aparecer como un loco entre cucos. Creen que es cuquería lo que no es más que locura y creen que es locura lo que es cordura. «¡Hablar lenguaje de razón a sentimentales!...». Así me decía un amigo. Pero estos histéricos de revolucionarismo sin contenido no son sentimentales.

¡Revolución... revolución!... Sin duda; se está haciendo; la estamos haciendo, unos sin querer y otros queriéndolo. Y yo, tanto como el que más [80], más que el que más en España. Pero hay un público de cine y de mentidero y de Plaza de Toros, el que va en busca de «hule», que

[79] Su antipatía hacia las grandes ciudades no cambió a lo largo de su vida.
[80] Véase *¡Yo sí que soy político!*

aspiraba a verme avanzar a la suerte suprema entre aplausos del tendido, pero solo. Para hacerme luego un entierro —de muerte pública y civil, se entiende— de primera.

La serpiente no se desprende de la piel vieja, les decía ayer, mientras no tiene bien formada y resistente la nueva piel por debajo de la vieja, ni la costra de una herida cae hasta que la herida no está cicatrizada. Y si cae antes se forma otra costra, peor que la caída. A que se forme la nueva piel, a que se cicatrice la herida, debemos tender todos.

¿Cuánto tardará en caerse la piel vieja? ¡Quién lo sabe!... Pero creemos que poco, muy poco tiempo. Porque se están cayendo ya y a pedazos. Y aparece bajo los jirones no una piel nueva, sino la carne al desnudo, el cuerpo de la nación desollado. Porque no es el reino, no, lo que se deshace y despedaza; lo que se deshace y despedaza es la nación, es el Estado. ¿Y qué le sustituye?

Que el reino se deshaga y despedace es un bien; que la vieja piel se desgarre en harapos es un bien, ya que está podrida y amenaza gangrenar al cuerpo. Porque lo peor de este régimen de despotismo es que es un régimen de negocios. El despotismo, execrable como es, puede ser algo fuerte, una camisa de fuerza para un loco; pero el régimen de negocios es una faja de podredumbre.

Parece que recientemente se ha marcado una cierta orientación liberal, pero... ¡Y tan pero! La superstición del negocio sigue. Se le llama a consulta a un hombre de pluma, a un escritor, y no ya sólo a caciques políticos o a espadones; pero el que realmente gobierna es el negociante, es el financiero, es el agiotista. Nada se admira más que el arte de hacerse rico en poco tiempo, y sea como fuere. «¿Cuánto tiene? Quiero conocerle; que venga, que venga». ¡Los negocios, oh, los negocios!

Y esto en toda esta Europa convulsionada. Se comprende el sentimiento que ha invadido a ciertos corazones con la tragedia del último Kaiser del Imperio Austro-Húngaro. Morir destronado... ¡pase! ¡Pero tronado! Es realmente pavoroso y va a ser cosa de que los reyes que aún quedan formen un sindicato, una cooperativa o mejor una sociedad de seguros mutuos. ¡Una nueva Santa Alianza, pero financiera y no militar! ¡Tales tiempos corren!...

Y esa fiebre de grandes y pequeños e ínfimos negocios de Plaza de Toros que esperaba verme lidiar la última suerte y husmeaba «hule»; los de ese público no se cuidan sino de sus pequeños, de sus ínfimos negocios. Vocean revolución en público y pordiosean «enchufes» en privado. ¡Y como yo no puedo darles más que un espectáculo!... Porque más allá del espectáculo ni ven ni sienten nada.

¿Y ahora? Ahora adelante, en el mismo camino, y que mormojee sandeces el mentidero.

España, n. 317, 22-IV-1922

CLARAS REFLEXIONES SOBRE BRAND

Vuelvo a pensar en el *Brand* ibseniano —o mejor kierkegaardiano— [82] y en el problema de los problemas íntimos: el de la radical soledad interior. Sobre todo la soledad de un alma que penetrada del sentido dramático, trágico, de la historia, que es el más hondo sentido histórico, se ve peloteada entre la espuma de las olas embravecidas.

_____

[82]   Tanto Ibsen como Kierkegaard fueron dos de sus escritores preferidos.

O en más baja metáfora: figuraos dos ejércitos en batalla, en un llano, el uno frente al frente y un combatiente que desde un aeroplano deja caer proyectiles sobre uno de los dos ejércitos, del que se siente enemigo, y que los del otro ejército, los que se dicen de los suyos, le reclaman a sus filas y que él contesta que desde esas filas, desde el llano, pie a tierra, no haría nada de provecho para los fines de la campaña. Ni faltaría en este ejército quien dijese que pues el hombre del aeroplano estaba sobre el ejército contrario, en el vuelo de su campo, pertenecía a él.

Pero esta metáfora es pedestre y ahonda poco y si la empleo es sólo para ponerme al alcance de la psicología elementalísima de nuestras masas. Con esto del aeroplano vislumbrarán mejor ciertas cosas que con el ejemplo de *Brand*. Porque el aeroplano es bien visible y es mecánico.

«Y bien, ¿cree usted en Dios o no cree en Él?». Vaya usted a decir al que tal cosa le pregunte que lo primero es ponerse de acuerdo respecto a lo que queramos decir con eso de Dios y con lo otro de creer. Lo más sencillo, aunque parezca lo más complicado, y lo más breve, aunque parezca lo más largo, sería hacer la historia de la creencia en Dios según se ha desarrollado en la historia, lo cual sería hacer la historia de Dios y la de su creencia a la vez. Pero los creyentes, así como los incrédulos —que son otros creyentes— no entienden de historia. Y en este aprieto, o se dice, como decía Goethe, que era ateo, deísta y panteísta a la vez, o se dice que no se es ni ateo ni deísta. «Ni creo ni no creo en Dios porque no acepto la categoría de creencia, tal como usted me la presenta». ¿Luego duda? es usted un escéptico...». «Ni dudo; hago historia».

«¿Es usted republicano, sí o no?» —se me pregunta—. Y repregunto: «¿qué es eso de ser republicano?». Porque republicanismo es una cosa: una doctrina, y república es otra: un hecho histórico. Y el así repreguntado se me pone a explicar su republicanismo y tal vez acaba: «¡más claro...

ni agua!». Sí, más claro ni agua; pero agua clara ¡claro! Y aquí el agua está casi siempre turbia. Y más si es agua de doctrina política. Y luego aquello de Guerra Junqueiro de que los que todo lo ven claro son espíritus oscuros. «¡Luego es usted monárquico!». «No, señor, no hay tal luego»[83].

Todo el que vive dentro de las leyes en una república es republicano aunque sea monarquista y todo el que vive dentro de las leyes en una monarquía es monárquico aunque sea republicanista. El hecho es hecho y la doctrina es doctrina. Y el historiador subordina las doctrinas a los hechos. No los hombres a las cosas, según quería Marx, sino las doctrinas a los hechos. Que los hombres no son doctrinas. Un hombre es algo más rico, más vivo, más fecundo, más íntimo que una doctrina o que un sistema.

Figuraos al pobre Brand de jefe de un partido político local o nacional. Lo habría disuelto a los pocos días. Y de hecho en aquel oscuro lugar perdido entre los fiordos de Noruega le tomaron como algo así como un jefe de partido. ¡Y tal fue su fin! A pesar de lo cual Brand sacudió la conciencia de aquel pueblo que no fue después de su llegada el mismo que había sido antes. Le pidieron lo que él no podía dar, pero él dio más que le pidieron, pues que se dio a sí mismo. Pero no le creyeron y llamáronse a engaño. Nunca se le cree al hombre que da al hombre. Y menos si se le pide un caudillo.

Cristo, con ser el Cristo, huyó al monte cuando las turbas quisieron proclamarle rey. Dijo que su reino no era de este mundo y dejó para que después de ajusticiado pusiesen sobre su cruz que era rey.

«Bueno, bueno, esas son sutilezas; ¿usted va a apoyar a la monarquía, sí o no?». «¿Yo? ¡nunca! «Entonces...»

[83] C. Rivas Cherif había publicado un pequeño artículo en el que se pregunta si Unamuno es republicano.

«¿Entonces qué?». «Que entonces ¿usted nos ayudará a derribarla»? «¿A ustedes? y ¿quiénes son ustedes? Y sobre todo, ¿cómo? ¿Cómo se derriba eso? ¡Dígame cómo! Y veamos si no es más sencillo dejar que se caiga sola y si todo lo que ustedes hagan para derribarla no contribuirá a que se sostenga más tiempo, para mal de todos y de ella misma...». «No me explico esto...». «Pues yo sí, yo me explico y veo más claro que el agua clara que es el revolucionarismo de ustedes el que mantiene en pie, aunque tambaleándose, esa momia histórica, ese pellejo vacío, esa ficción... Y que no es por los procedimientos de ustedes como se ha de precipitar su definitivo e inevitable derrumbamiento». Pero a qué seguir?

Hay que elevar la visión, hay que subir a cielos más puros que los del aeroplano que se cierne sobre la polvoreda y la humareda de la batalla —pues no se hace puntería desde muy alto—, hay que llegar a las cimas heladas y solitarias en que murió Brand, alma religiosa.

¡Sentir religiosamente la civilidad! ¡Sentir con religiosidad la historia! ¡Llevar a cabo los propios actos sin previa deliberación pública, por sí mismo, con pura conciencia de continuidad histórica y en vista de un fin último! Tucídides, alma civilmente religiosa —su religión era la civilidad—, decía que escribía *para siempre*. Hay que hacer historia para siempre. Y por buscar un efecto de momento se puede abandonar la causa permanente. La más profunda labor política es una obra de educación.

España, n. 318, 29-IV-1922

POLÍTICA DE PARTIDO

En la contestación a la enquesta —no encuesta ¡valla otra vez!— que sobre el nuevo hispanoamericanismo que se publicó en el número 320 de este semanario e iba firmada por el presidente y el secretario del Club Español de Buenos Aires, se hablaba del «amargo sentimiento de desesperanza en que han caído mucho de los españoles residentes en América, ante el espectáculo que ofrece la política española, en la que por desgracia se destaca, vista de lejos, más la preocupación por los intereses de partido que el empeño patriótico de restañar las heridas de nuestra nación y favorecer y acelerar su evolución y progreso, única manera de acrecentar las naturales simpatías que despierta en estos países, por los lazos de familia que a ellos la unen». Palabras sencillas, claras y al parecer muy sensatas, pero que tapan un equívoco que conviene deshacer.

Con frecuencia, en efecto, recibimos de una parte de las colonias españolas establecidas en América excitaciones a deponer nuestras diferencias políticas y a unirnos, no se nos dice bien claro bajo qué bandera. Porque toda unión tiene que ser política, ni hay manera de restañar las heridas de España ni de favorecer y acelerar el progreso de su civilización, de hacer historia, sino bajo un ideal político. No bastaría un programa de obras económicas y de progreso material, y aun este programa iría a dar en política. Porque la historia de la civilización es política. Y sin lucha política no hay civilización posible.

El presidente y el secretario del Club Español de Buenos Aires se lamentaban en ese escrito de que en la Argentina no se ha logrado constituir «en forma eficiente, digna de tomarse en cuenta» una Confederación de Sociedades españolas. Sabemos, en efecto, algo de ese intento y nos parece naturalísimo su fracaso. Y es porque para constituir esa Confederación se quiso prescindir del carácter político que podían tener algunas de esas Sociedades de una manera que implicaba... otra política. La política patrocinada por los representantes oficiales del Reino de España, en las Repúblicas hispano-americanas, la política del régimen actual. Que es una política de partido.

El jefe del Estado español, que sueña con hacer un viaje a la América de lengua española, es una especie de jefe de partido político, o jefe de una especie de partido político. Y eso que allí y aquí se llama desprenderse de los intereses de partido es hacer política de otro partido, del partido cuyo bosquejo de programa se nos dio, haciendo de notario el señor La Cierva, en Córdoba.

«El empeño patriótico de restañar las heridas de nuestra nación» no sólo no excluye la acción política y de partido sino que no se concibe sin esta acción. Y esas voces que desde América nos amonestan a la unión sagrada no nos dicen bajo qué principios y bajo qué enseña se ha de hacer esa unión. Porque hablar de la patria es una vaguedad imperdonable.

Entre los españoles residentes en la Argentina que acudieron a aquellas reuniones en las que se pretendió constituir la Confederación única de Sociedades españolas de aquella República, había quienes creían punto esencial el de que se renuncie aquí a la conquista de Marruecos —empresa de inspiración dinástica—, y otros el que se acabe el régimen de despotismo anticonstitucional; y ¡es claro! los que así pensaban no iban a confederarse bajo un programa que pareciendo excluir diferencias políticas establecía un criterio político. O más claro, que mientras los españoles de España estamos empeñados en una obra revolucionaria —que este es el caso— no van a unirse los españoles residentes en la Argentina bajo la bandera que les den en la Embajada del Reino y para preparar cierto viaje político. Y de política de partido. ¿O es que todo español residente fuera de España tiene la obligación de ser monárquico y dinástico?

Para favorecer y acelerar la evolución —mejor: revolución— y el progreso de la nación española, de la civilidad y de la civilización españolas, lo que hay que hacer es política. Y así cuando en cierta ocasión solemne se le manifestaba al que esto escribe temores de que si llegase a ir a la Argentina —para lo que se le pone todo género de tropiezos— fuese para hablar allí de política española, pensó que a los españoles residentes en América es de política española de lo que hay que informarles. Porque eso de que las colonias españolas residentes en el extranjero hayan de ser gubernamentales de España no es ningún postulado patriótico. Y suele ser patriotismo favorecer un español desde el extranjero la obra revolucionaria de España. ¿Se le ha ocurrido a nadie culpar de anti-patriota al máximo Mazzini porque desde Londres trabajaba en la revolución italiana? ¿O a Ruiz Zorrilla porque en la española lo hacía desde París? ¿O a los venizelistas griegos que desde los Estados Unidos conspiran contra el Constantino de estirpe danesa y cuñado del ex kaiser germánico?

Sin política no hay civilización posible y cuando esos españoles residentes en América nos amonestan a deponer nuestras diferencias políticas lo que hacen es pedirnos que entremos en otra política, en la del partido del poder personal del monarca, política de *realidades* (!!!) materiales, pero no de idealidades de civilización. Que no son los viajantes de comercio los verdaderos políticos [84].

España, n. 324, 10-VI-1922

[84] Varias veces critica al monarca español de intentar hacer propaganda en América de su partido político.

EL IRREVOCABLE VULGO PROGRAMÁTICO

Sabemos de un catedrático de Matemáticas que suele decir que aunque él enseña «eso de la inconmensurabilidad» —«¡qué remedio! ¡es la ciencia ortodoxa!», añade— no cree en ella. No le cabe en la cabeza —lo que nada tiene de extraño, por lo demás— que pueda haber dos magnitudes —longitudes, áreas, volúmenes, lo que fuesen— que no tengan una medida común, por pequeña que ésta sea. Y, sin embargo, la inconmensurabilidad es lo normal y corriente.

Mas conviene hacer aquí notar que es tal en nuestro país la ignorancia respecto a estas —y a todas las demás— cosas, que en el lenguaje corriente de la prensa y de los mítines, en el lenguaje del irrevocable vulgo alfabético, inconmensurable quiere decir lo mismo que inmenso. Y es que para las más de nuestras cabezas —no decimos mentes y menos espíritus—, inconmensurabilidad no quiere decir nada. Como que aún anda por ahí gente tras de la cuadratura del círculo.

Las más de las inteligencias con que hemos tenido que ponernos en contacto son del tipo que llamaríamos democritianos [85]; lo comprenden todo a base de átomo rígido —muy pequeño, todo lo pequeño que se quiera, pero indivisible, impenetrable y de una densidad infinita— y de vacío. Son, en rigor, materialistas. El tipo mental que se podría llamar heraclitiano, el que concibe el mundo en flujo y en función, en transición y en matiz, dinámicamente apenas si le hallamos. Lo mismo en ciencia, en arte, en filosofía, en historia y en política. Si bien la política no es más que historia.

[85] Seguidores del filósofo griego Democrito.

Nuestros historiadores y nuestros políticos calculan por sistema métrico decimal. Y en cuanto les sale una fracción periódica siquiera ya están perdidos. Los vocablos de que se sirven —vocablos, que no conceptos— son atómicos, en el sentido de que son indivisibles e impenetrables. Y quieren que sean conmensurables entre sí. Democracia, liberalismo, unitarismo, federalismo, socialismo,(comunismo, republicanismo, monarquismo? No, sino pedruscos, pedruscos y pedruscos. ¡Y a eso se le llama ideas!

Desde que en 1900 escribimos nuestro ensayo *La ideocracia* venimos, con una persistencia que parece veleidad, predicando la misma doctrina y aplicándola en variadísimas formas. Y las cabezas democritianas —cabezas de rebaño para formar partidos con programas conmensurables unos con otros y con ideas fijas— las cabezas democritianas de nuestro irrevocable vulgo alfabético sin acabar de entenderlo. Acaso porque su lenguaje —lenguaje hecho— y el nuestro —lenguaje siempre haciéndose— no son comprensibles entre sí. Porque ¡es tan difícil entenderse con un dogmático, siquiera sea un dogmático de la duda!

«Diga usted —nos dijo—, ¿cree usted en Dios?». «Hombre —le respondimos—, para contestar a eso como el Catecismo dice: sí o no, es preciso que primero nos pongamos de acuerdo respecto a lo que vamos a entender por creer, por Dios y por en». Y el hombre: «Bueno, bueno, con piruetas y paradojas a mí no. ¡Usted no es más que un cuco!». Y el pobre gorrión se nos fue muy enfadado. Pensamos luego si era un jefe de estadística religiosa que venía a clasificarnos, metiéndonos luego en la casilla de *ateos* o en la de *deístas*.

Nuestros democritianos y conmensurables del irrevocable vulgo alfabético que engrosa los partidos programáticos y verbales le llaman a todo esto que predicamos confusionismo. Para ellos, que saben a lo sumo aritmética y que manejan bien el sistema métrico decimal, el cálculo infinitesimal es confusión pura. Y el sentido histórico aplicado al saber de las cosas del espíritu, aplicado sobre todo a la política, que no es más que el sentido mismo del infinito, del flujo, de la función, de la inconmensurabilidad.

Ideas. ¡Qué han de ser ideas las del irrevocable vulgo alfabético y programático! Cuando nos dicen de un hombre que es hombre de ideas, ya nos disponemos a ver en él una cámara de témpanos de hielo infundibles; ¡tal es el frío que en ella hace! Nunca esperamos encontrarnos con el cauce de un río de aguas vivas. De aguas que corran y hasta que se evaporen en bruma. El espíritu de esos hombres es atómico. Su cabeza suele ser átomo puro.

«El pueblo no entiende de matices —nos decía un agitador político—». Llamaba pueblo al irrevocable vulgo alfabético y programático. Porque el pueblo, ¡sí! El pueblo entiende de matices. Como que vive no de ideas, sino de símbolos y de pasiones y de emociones. Y por eso el Cristo le hablaba al pueblo en parábolas, metáforas y paradojas, sin un solo silogismo. El silogismo pertenece a la lógica de sistema métrico decimal.

Goethe decía que él era ateo, deísta y panteísta a la vez. Y Rousseau ¿qué era? A ver ¡que le encasillen y clasifiquen a Rousseau esos señores de la estadística religiosa o de la política! ¡Como que por eso hizo una revolución íntima Rousseau! Como no la ha hecho ni la podrá hacer ningún definidor de programa.

Y no, amigo mío, no. ¡Esto no es individualismo e insolidaridad! Esto es sencillamente que los hombres, cuando somos hombres y no números enteros matriculables, somos inconmensurables unos con otros y no se nos puede reducir a sistema métrico decimal. Es que los hombres tenemos que entendernos de otra manera. Para fundirnos unos con otros tiene que fundirse cada uno. Con témpanos no se hace corriente viva.

Eso que llama ideas el irrevocable vulgo alfabético y

programático no sirven más que para separar o para encadenar, pero jamás para fundir a los hombres.

Todo esto parecerá a muchos algo abstruso o sobrado metafórico. Creerán que aquí hacen falta la anécdota, la gacetilla, los nombres propios, las fechas, las alusiones personales, la película de la historia. Que ya no es historia. Pues bien, ¡sea! Iremos dando, por vía de ejemplificación, todo eso.

España, n. 327, 1-VII-1922

LA IDOLATRÍA REPUBLICANA

Al final de su «Hombre y sobrehombre» (Man and Superman), a que llama «comedia y filosofía», insertó Bernard Shaw unas «máximas para revolucionarios». En estas máximas hay una sección titulada «idolatría», que nos conviene reproducir. Dice así: «El arte del gobierno es la organización de la idolatría. La burocracia consta de funcionarios; la aristocracia, de ídolos; la democracia, de idólatras. El populacho no puede entender la burocracia; sólo puede adorar los ídolos nacionales. El salvaje se doblega ante ídolos de madera y piedra; el civilizado ante ídolos de carne y sangre. Una monarquía limitada es una invención para combinar la inercia de un ídolo de palo con la credibilidad de uno de carne y sangre. Cuando el ídolo de palo no responde al ruego del aldeano, éste le pega; cuando el de carne y sangre no satisface al civilizado, éste le corta la cabeza. El que mata a un rey y el que muere por él son igualmente idólatras».

Recordábamos estas máximas para revolucionarios del gran humorista irlandés —que es socialista— al darnos cuenta en estos días, por merced de un cierto paso nuestro, de toda la extensión y profundidad de la idolatría monárquica de nuestros supuestos y sedicentes republicanos españoles. El republicano español es un fetichista de la monarquía y, sobre todo, de la persona del rey. Es algo así como los demócratas de esas Repúblicas hispano-americanas que se perecen por las cruces y los cintajos y las excelencias aristocráticas y los títulos.

Nadie tiene aquí más alta idea del monarca que los que se llaman republicanos. Su máxima de que se debe huir de él, darle en todo caso la espalda, no acudir a una cita si a ella le llama alguien, obedece a que se figuran que no es posible ponerse al habla con él sin caer, inmediatamente, bajo la seducción de sus dotes regias. Las que ellos se figuran.

«¿Va a ver al párroco?» —me decía un librepensador— «¿va a ver al párroco? ¡Conversión al canto!». Y le repliqué: «¿Pero tan alta idea tiene usted del párroco, o tan baja de las convicciones de su compañero, que no comprenda el que pueda ir a departir con el párroco sin convertirse al punto a la fe de éste?». Y me contestó: «¡Hum! ¡Hum! Esos curas... Esos curas tienen unas artes...». Y por ello me convencí de que el pobre librepensador creía en agüeros y hechicerías, es decir, que no era capaz de pensar libremente. Y así nuestros republicanos. No conciben que uno le dé la mano al rey o reciba de él un cigarrillo, si fuma, sin convertirse al punto en ferviente monárquico. Y es que son idólatras.

Hubo aquí un ilustre hombre público, republicano él, que no bautizó a sus hijos y los crió fuera del gremio de la Iglesia Católica Apostólica Romana, en que él se había criado. Y a uno de esos hijos, sus amigos, que no su padre, le inspiraron tal horror a la Iglesia y a sus prácticas que no quería entrar en ningún templo. Hasta que el padre lo supo, le tomó un día de la mano y le metió en un templo diciéndole: «Es menester que lo veas y hasta que asistas a una misa para que sepas lo que es ésta, y, sobre todo, para que te convenzas de que los santos de palo no se comen a los niños como tú». El buen padre no quería que su hijo siguiera siendo idólatra. Que idolatría es huír de los ídolos.

Sin duda que muchos creemos que el figurarse uno que comete un gravísimo pecado mortal, ni aun venial, comiendo carne y pescado en una misma comida en Viernes Santo es superstición, pero no menos supersticioso nos parece el celebrar en dicho día un banquete de promiscuación y comerse de un solo bocado un cachito de sardina y otro de jamón. Superstición esto como lo otro y aun mayor.

Todo esto nos sugiere el hecho de que muchos de nuestros supersticiosos republicanos españoles se escandalizaron cuando el que esto escribe acudió a una cita que le hizo el monarca, y acudió a ella a sostener cuanto venía sosteniendo y a ratificarse en ello. Y en especial a hacer constar que ni agradecía ni podía agradecer un indulto humillante, ya que está seguro de que se le condenó injustamente y nada más que para indultarle. Y salió de la entrevista como había entrado a ella. ¿unque no! Salió más convencido aún de la injusticia con que se le había condenado, pues que no oyó ni disculpa ni explicación alguna de ello.

«Es que hay actos —nos dice aquí uno de esos idólatras— que llevan en sí una cierta significación, y uno de ellos es el entrar en un palacio real que no se puede entrar a él sino a someterse». ¿Sí, eh? Pues ese es un juicio idolátrico y de puro rendimiento a la liturgia. Y ahora, allá va el apólogo del rombo verde, que acabamos de inventar.

Erase éste un país devorado por la pestilente doctrina del «nadismo» y sobre todo por el valor que se les daba a emblemas, banderas, himnos, motes y otras fruslerías.

El emblema de los «nadistas» era ponerse un rombo verde en la solapa de la chaqueta. Y una vez que le invitaron a un hombre, que no era idólatra, a un acto en que había de combatirse al «nadismo» presentose mi hombre con un rombo verde en la solapa de la chaqueta. Y tronó contra el «nadismo». Que es como ir a combatir al republicanismo tocado de un gorro frigio o la monarquía con una corona real en el sombrero. Y la gente se desconcertaba y unos decían que era contradicción y otros que era extravagancia y otros que era hipocresía. Hasta que el hombre se volvió y les dijo: «No, no es eso, sino que me revelo contra nuestros emblemas todos, sean rombos o cruces, o estrellas, o triángulos, o medias lunas, y de cualquier color que sean verdes, rojos, blancos, negros, grises... Y quiero que juzguéis a los hombres por lo que hagan y digan, y no por los emblemas ni por los motes».

He aquí algo que no pueden comprender estas pobres gentes que llaman hacer profesión de fe política el ir a matricularse en un partido, inscribirse en la lista que lleva el comité, contribuir a la cuestión y ponerse el emblema en la solapa de la chaqueta o en donde sea. Lo que no es matrícula no les merece confianza. «Voy a apuntarme para comunista; ¿dónde se hace eso?» —nos pregutaba una vez un pobre sujeto.

Y así resulta que todo este pobre republicanismo español es una cosa litúrgica e idolátrica. Y el que rompe la liturgia, o no hace caso de ella, claudica, y el que va a ver al párroco va a convertirse. Porque lo consecuente es aquello del personaje de López Silva, de aquel que, como era de Pi, le iba eructando a un cura por el cogote.

No, en España no hay aún verdaderos sentimientos republicanos, que si los hubiera ni habría esa idolatría monárquica en que los republicanos se distinguen, ni nadie dudaría de que es posible mantenerse de pie frente al rey y decirle lo que públicamente se ha dicho antes.

Se ha dicho que nadie tiene menos respeto a los santos —a los de palo, se entiende— que los sacristanes, y cabría añadir que nadie tiene menos respeto a un rey que un cortesano. Y el hecho, comprobado por nuestra historia, es que no han solido ser los republicanos los que han destronado a los reyes. A doña Isabel II no la echaron del trono en 1868 los republicanos, sino los monárquicos. Y no serán nuestros actuales republicanos españoles, idólatras de la monarquía los más de ellos, los que acaben con ésta. Su propia idolatría se lo impide. Le tienen un respeto supersticioso. No se sienten capaces de acercarse al ídolo y de echarle mano ni aun para sacarlo del altar y ponerle en el suelo.

¡Si tuviéramos que esperar remedio de esos idólatras! Para ellos todo se cifra en mantener la liturgia negativa, la protesta inútil. Y hasta ofender la memoria de aquel gran ciudadano que fue Emilio Castelar, el que más hizo en España por educar los sentimientos republicanos. Pero Castelar no fue un idólatra. Como no lo es hoy Melquiades Alvarez [86].

España, n. 334, 9-IX-1922

BATALLA Y BARAJA

En alguno de nuestros artículos y en uno de nuestros discursos —el último más ruidoso y el más eficaz y de consecuencias— citamos una frase que atribuye a Maura, aquella de Fernando VII y pico. De la que en San Se-

---

[86]   Jefe del partido liberal, muerto en 1936.

bastián han hecho otra: Fernando Siete y media [87]. Y al recoger aquella primera frase, la atribuida a Maura, y por nosotros popularizada, la cambiaba una publicación periódica, la revista *Cosmópolis,* por esta otra: Fernando hípico. La confusión es, como muchas otras confusiones, grandemente sugestiva. Que ya Renan disertó, tan agudamente como él solía hacerlo ,sobre la fecundidad de las equivocaciones, las malas traducciones y las erratas. Suelen ser tan generadoras de nuevas ideas como la rima.

Fernando VII, el hijo de Carlos IV, el rey manolo, poco o nada tuvo de hípico, es decir, de ecuestre. Hay, sí, un retrato de él a caballo, pero en la Edad Moderna cuando se le quiere dar majestad al retrato pintado o esculpido de un rey no se le representa en un trono, sino a caballo. El caballo parece ser el trono de los reyes modernos. En Madrid tenemos a Felipe IV a caballo, y el pobre señor tampoco tenía nada de ecuestre. Y en el Retiro Alfonso XII avanza a caballo sobre el estanque como para simbolizar nuestras conquistas ultramarinas. Aunque nuestras, no; sino suyas, de esos reyes ecuestres.

Cuando se les retrataba a los reyes en el trono poníaseles vestidos de reyes, con corona y manto de armiño, mientras que a caballo se les representa de capitanes generales de sus ejércitos. Los reyes entronizados son reyes; los reyes a caballo suelen ser caudillos militares. Y de caudillo militar nada tuvo el manolo Fernando VII de Borbón.

Los reyes de España después de Carlos I, tanto los Austrias o mejor Habsburgos como los Borbones no han tenido nada de belicosos, de militares, y por tanto nada de ecuestres. Ni Felipe II el covachuelista, ni los dos pobres Felipe III y Felipe IV, ni el imbécil de Carlos II entre los Habsburgos. La caballería, la milicia, se quedó para los

---

[87]   La condición de jugadores es una de las que más echa en cara a los reyes españoles.

bastardos, para los dos Juanes de Austria. Y entre los Borbones, a partir del nieto de Luis XIV de Francia, rey absoluto nada militar, tampoco vemos la caballería. Carlos IV cazaba a pie. Fernando VII no sabemos que se distinguiese en montar; por lo menos caballos. Luego vino una mujer y Luego Alfonso XII, al que le hicieron ir a caballo a presenciar el fin, ya convenido, de la guerra carlista, pero que no se distinguió después por sus aficiones militares. La realeza española sin ser civil, ni mucho menos, no ha sido militar. Aunque alguna vez haya creído deber fingirlo. No hemos tenido ni un Gustavo Adolfo o un Carlos XII de Suecia, ni un Federico de Prusia, ni un Víctor Manuel de Saboya. A no remontarnos a Alfonso el Batallador.

A esto se nos podrá argüir que hípico no significa propiamente militar o caballero en el sentido que a esta palabra le ha dado la tradición histórica. No se monta sólo para ir a la guerra o a las maniobras militares. Un jockey monta a caballo y no por eso se le ocurre a nadie llamarle caballero y tratarle como a tal. Y, en efecto, Rubán no es Babieca. Y acaso quepa sostener que no le damos a hípico el mismo sentido que a ecuestre. Don Quijote montando en el Clavileño era mucho más caballero que Sansón Carrasco montando en el más brioso corcel.

Pero a su vez uno de esos hombres duchos en adelgazar conceptos podría redargüirnos que también la de los caballos de carrera, la de los Rubanes, es batalla y es guerra. Y si el redargüidor fuera sujeto algo versado en nuestra lingüística podría decirnos que *baraja* no quiere decir otra cosa que *batalla*. Y por eso en la baraja hay reyes y hay caballos. Y hay sotas o escuderos. Aunque no todos de espadas. Lo cual es muy cierto, pero el uso ha hecho que *barajar* signifique muy otra cosa que *batallar,* y a nadie se le ocurriría llamar a Alfonso I de Aragón Alfonso el Barajador.

Por lo demás claro está que barajar es un modo de batallar y que hay verdaderas campañas de baraja o de cosa que lo valga. Pero éstas suelen ser campañas de timba, esto es, de despeñadero, que no otra cosa quiere decir en catalán *timba*.

Por una timba va rodando el reino de España, pero alegremente. Y ahora, en estos tiempos de palacios de hielo, quebradizos, patinando para mejor romperse la crisma. El pobre Rubán va a romperse la equina cabeza en un *skating*.

¡A qué reflexiones nos ha dado lugar la confusión del redactor de *Cosmópolis* entre «y pico» e «hípico»! ¡Qué fecundas son las equivocaciones!

Y ahora recordemos lo de Fernando VII, el de a pie: «¡Marchemos francamente, y yo el primero, por la senda constitucional!». Dijo *marchemos* y no *cabalguemos*.

España, n. 343, 11-XI-1922

LA CRISIS DE LA IRRESPONSABILIDAD

Eso del expediente Picasso va a poner en definitiva prueba la lealtad de los monárquicos incondicionales, de los que se dicen tales. Entre ellos de los que protestan, por lo menos de boca, la doctrina de la consustancialidad de la monarquía y de la patria [88].

Si para poner a cubierto la irresponsabilidad constitucional del monarca rehusan ellos responder de veras es

[88] Escándalo por el desfalco de 1.050.000 pesetas en la Comandancia de Intendencia de Larache y expediente, cuyo juez instructor se llamaba Picasso, por el desastre de Annual.

que son malos monárquicos, desleales al rey. Lo noble, lo hidalgo, lo caballeresco es cargar con la responsabilidad los que no sufrieron, o no quisieron o no pudieron enfrenar a su tiempo transgresiones de irresponsabilidad. Porque negarlas es ya lo peor.

En el expediente se habla de la desaparición, o mejor del robo de los documentos pertenecientes al desdichado general F. Silvestre, al brazo ejecutor de la santiagada, de aquella desatinada hazaña —más bien fechoría— fraguada en oficina de inepcia y de frivolidad estratégicas. Acaso entre aquellos documentos estuviese el famoso telegrama de «¡ole los hombres!, ¡así se hacen las cosas!», y así se deshacen.

La actual crisis política de España es la crisis más honda después de 1868; es la crisis de la irresponsabilidad. Y ¿no podríamos hacer suposiciones?

Supongamos que al irresponsable le pesara su irresponsabilidad y quisiera gobernar y gobernar con todas las de la ley, personalmente y respondiendo y que el obstáculo para ello fuesen los que en vez de servirse de él —que es constitucionalmente lo correcto— le sirven. Y que él se diga: «sí, que me sirvan, pero teniendo yo la iniciativa y con ella la responsabilidad, y no que yo les sirva a ellos». Y supongamos que él quisiera responder y respondiendo echar por tierra un régimen constitucional que estimara absurdo y que son sus servidores los que se opusieran a ello porque les conviniese esta ficción de constitucionalidad. En este caso podríamos llegar a ver un acto que sería sonado en la historia.

Lo que es inmoral, profundamente inmoral, es servir en Palacio a una política absolutista o despótica, de irrefrenada actuación personal, y negarse luego en el Parlamento a responder constitucionalmente. El Gobierno que no tiene medios de impedir escapadas de agencia diplomática al extranjero y fragmentos de operaciones bélicas dimite inmediatamente. «Es que no se puede dejar la corona en la calle», dicen. ¡Es el deber en ese caso! «¡Es que el patriotismo exige ir a ocupar un puesto que si no sabe Dios quién lo ocuparía!». ¡Quien quiera que fuese! Una vez dijo Maura: «¡que gobiernen los que no dejan gobernar!». Pero el gran mascarón de proa de esta desvencijada nave que se hunde jamás ha dicho, que sepamos: «¡que gobierne el que no deja gobernar!».

Estamos en la crisis de la irresponsabilidad. Ni la queremos los liberales ni la quiere el irresponsable, aunque por motivos contrapuestos. Sentimos el absurdo de esa ficción constitucional unos y otro. Los liberales, los verdaderos liberales somos republicanos; el irresponsable es absolutista o imperialista.

Los que en esta crisis se ven perdidos son los que constituyen la taifa de políticos que han vivido y medrado al amparo del absurdo sistema pseudo-constitucional español, de esa monstruosidad que es la Constitución de 1876, la del por la gracia de Dios Rey constitucional de España.

Estamos tocando los efectos de esa desatinada Constitución que forjó Cánovas del Castillo, el que nada hizo para impedir la caída de doña Isabel II, el que trajo luego a Alfonso XII, cuando éste era protegido del duque de Montpensier, con cuya hija casó luego. De aquel duque, don Antonio de Orleans, que conspiró contra su cuñada la reina. La Restauración fue, en sus comienzos, un acto anti-carlista, y un acto de anti-carlismo fue el primer matrimonio de Alfonso XII con la Orleans. Luego la Restauración se enlazó con el carlismo, se carlistizó, volviendo al sendero del reinado de Isabel II. Y en la tras-Regencia ha vuelto a asomar el espíritu absolutista en lucha con la irresponsabilidad constitucional.

La reforma constitucional la quieren las dos fuerzas en lucha, aunque en sentido contrario. Ninguna de las dos soberanías tolera a la otra. Eso de la co-soberanía solamente la sostienen esos... (no encuentro calificativo adecuado) que han vivido de la abyección. De la abyección de encubrir su responsabilidad con la irresponsabilidad ajena [89].

España, n. 346, 2-XII-1922

EL MAL MÁS GRAVE

AL BUEN AMIGO «AZORÍN»

¿Se acuerda usted, mi querido amigo, dónde y cuándo nos vimos y hablamos la última vez? Fue en el Paseo de la Castellana, de esa villa y corte, yendo yo a casa del conde de Romanones. Por cierto que usted quiso acompañarme allá y le di a entender que la cita era de reserva. Iba a concertar la forma de acudir a la llamada a Palacio. Y sé que de esta tan precipitadamente comentada visita dijo usted que era una de mis paradojas [90].

¿Paradoja? Dado el valor originario que a este término le damos los que sabemos griego, puede ser. Y paradoja en que, dándose las mismas circunstancias —lo que ya no es fácil—, volvería a incurrir. Aunque sólo fuese para oír que hay que exigir por el desastre todas las responsabilidades y a todos, incluso al que lo decía, y poder repetirlo al público.

[89]   En estos momentos los partidos de la oposición están exigiendo al rey y a su gobierno responsabilidades por el desastre de Marruecos.
[90]   Hace mención de su visita al Rey acompañado por Romanones en 1922.

Aquello fue una paradoja, pero no sé si calificar así el que usted, amigo mío, exalte de vez en cuando a Cierva. Eso lo debe usted dejar para el *A B C,* órgano de la aviesa ramplonería conservadora. ¡Ah! ¿Que usted escribe en él? No le he de hacer por ello ningún reproche si en el terreno que allí le acotan le dejan libertad. Nunca se me ha de ocurrir decir lo que de usted, cuando escribió en ese mismo *A B C* unos artículos en elogio de los Estados Unidos de la América del Norte dijo un altísimo personaje y fue: «¿Cuánto le darán a *Azorín* los norteamericanos por estos artículos-». Sin duda ese personaje —no persona— no está hecho a que le defiendan sino por salario y cree que todos somos alabarderos. ¡Pobre señor! ¡No, no le haré un reproche porque se haya refugiado en un coto del órgano de la aviesa ramplonería conservadora, pero eso de la Cierva...!

Recuerde lo que Valle-Inclán le dijo al salir de una visita a ese sujeto, a que usted le llevó. «A lo sumo una mula del Renacimiento». ¡Y ni eso! Usted pertenece, y hasta creo que preside la asociación P.E.N. creada por nuestro admirable Ramón. Y estará conforme conmigo en que uno de los primeros cuidados de esa asociación debe ser el oponerse a la inundación de la ramplonería, de la dementalidad, de la memez, de la degeneración intelectual. Y ese cómico Sansón agonista —no el que cantó Milton ¡claro!— está ramplonizando y amajaderando a España, está siendo el núcleo de concentración de los majaderos.

Nuestro buen amigo Grandmontagne tenía hace unos años la manía —que no sé si la sigue— de ver aquí, en España, cucos en dondequiera y de denunciar la cuquería. Yo no acierto a verlos. Debajo de los más que por cucos o hábiles pasan veo un memo o un majadero. La cuquería es un disfraz de la mentecatez. Se me está desarrollando aquella terrible facultad de que habla nuestro tan admirado

Flaubert, creo que en su «Buovard y Pécuchet», tristísimo libro que usted ha estudiado tanto.

¿No cree usted, mi buen amigo, que debemos formar una falange contra los avances y ataques de la tontería sobreexcitada, de la ramplonería agresiva, de la brutalidad mental? Cuyo lema podría muy bien ser aquella sentencia de su Cierva: «De aquí a cien años todos calvos».

¡Ay, amigo *Azorín,* qué pena me da verle encadenado a sus desilusiones! Porque no puedo creer que sienta usted ya ninguna ilusión por sus ídolos de un tiempo ni menos por el mayor celestino del que se preguntaba cuánto le darían a usted los norte-americanos por aquellos artículos del *A B C.*

¿Que se retire usted de la política? No, eso no se lo aconsejaré yo nunca y menos a nombre de esa quisicosa que llaman la aristocracia intelectual. No sé si el amigo Pepe Ortega Gasset se lo aconsejaría, recomendándole el primor de hacer estilo y educar así al pueblo hasta políticamente. Yo le aconsejaría más bien que se echase a la plaza, o echase a la plaza su pluma, a gritar y aun tronar —la pluma grita y truena— contra la ramplonería y la mentecatez y la brutalidad y la grosería intelectuales. Que así como se disfrazan de cuquería suelen disfrazarse también de aristocracia.

Ese pleito de la responsabilidad —más que de las responsabilidades— de la responsabilidad del irresponsable —¡otra paradoja!— me acongoja menos que esto de la terrible ramplonería. Ni la tiranía, ni la cobardía, ni el despotismo siquiera me sobrecogen tanto como esa densísima niebla de estupidez que los conservadores han hecho caer sobre España. El *svergognatamente triviali* [91] que les aplicó Carducci me parece poco. La conservaduría española

[91]   «Desvergonzadamente triviales».

representa la más profunda degradación de la inteligencia. Y este es el peligro. Porque no hay tonto bueno, aunque se disfrace de listo. O San Luis Gonzaga no fue santo, o no fue como nos lo representan los jesuitas españoles.

No sabe usted bien, mi querido amigo, lo que esto va entenebreciendo estos años, acaso los últimos,(de mi vida plenamente consciente. La estupidez ambiente que corroe a esta España de las Tras-Regencia me quita toda esperanza de ver salir el sol de la justicia. Para cohonestar el régimen de injusticia y arbitrariedad despóticas no oigo sofismas sutiles o ingeniosos; no oigo sino sandeces tradicionales. Frente a las paradojas no oigo sino majaderías. Y hay hasta el Sansón de ellas.

España, n. 349, 23-XII-1922

TIMBA NACIONAL

En cierta ocasión departíamos confidentemente en un vagón ferroviario, tren en marcha, los entonces presidente de la República, presidente de su Consejo de ministros, ministro ante la corte de España de Portugal y el que esto, lector, le cuenta. Era el segundo por cierto aquel estadista republicano portugués a quien el reino de España le otorgó una gran cruz por haber impedido que circulara un libro que a raíz de la caída de la dinastía brigantina se publicó en Portugal y en el que se incluían cartas de nuestro don Alfonso a su don Manuel. Del cual libro guardaba un ejemplar el doctor Simarro.

Los vagones ferroviarios parecen propensos a la confidencia. En uno de ellos, también tren en marcha, fue donde le oímos a nuestro susodicho don Alfonso contar, y no sin gracia, cómo siendo menor de edad —para reinar, se entiende— se entrenaba en la Casa de Campo a hacer pasar, saltando, cochinos por el aro.

Hablando de varias cosas los tres portugueses de gobierno y yo llegó el turno al Gran Casino de San Sebastián, a su timba y a M. Marquet. Hay que advertir que cuando esta conversación ocurría aún no había nacido Rubán, el gran Rubán. Y entonces el presidente del Consejo de ministros de la República de Portugal nos dijo que este empresario —M. Marquet, claro, y no Rubán— les había propuesto establecer un Gran Casino, a base de timba, en Estoril o en otro sitio así, contando con la tolerancia del Gobierno y un cierto monopolio más o menos

velado. Y el presidente le contestó que si en Portugal se
llegaba a tolerar el juego prefería hacerlo explotación directa del Estado. Algo parecido a lo que pasa en la cínica
República de Mónaco. Que es mejor ese cinismo que no
las hipocresías.

Los gobernantes de la República portuguesa debían recordar las virulentas campañas que hicieron contra el desdichado rey don Carlos —aquel a quien suicidó Buiça—
por lo de los *adelantamientos* clandestinos de la Corona y
debían recordar los monopolios que el malogrado *monarca* concedió a M. Burnay —otro belga— a quien hizo
conde. Conde y no condestable. Porque condestable —*comite stabuli*— era, en un principio, el encargado de las
caballerizas reales, de proveer de caballos, aunque no de
carrera, al rey [92].

Conde, *comite,* es, en efecto, compañero de camino, tal
Romanones, y *stabuli,* del establo, como marqués el que
guarda una marca o frontera —García Prieto la de Alhucemas— y duque el que conduce o guía las huestes (¿Qué
huestes guía o conduce el de Almodóvar del Valle?).

Ahora que aquí, en España, quiere hacernos creer el
ministro de la Gobernación [93] que va a acabar poco a poco
con la timba, sea aristogógica, sea demagógica, no creemos que estén demás estos recuerdos. En *El Socialista*
leemos reproducido un artículo d' *El Debate* en que se
muestra desconfianza de que esa campaña contra el juego
prohibido vaya de veras, en que se cita al Casino Militar
como desobediente a la orden de suprimirlo —¡disciplina!— en que se cita por su nombre al condestable tim-
bero, en que se dice que en el Palacio del Hielo se esta-

---

92 El recurso a la etimología para resaltar el sentido irónico
de la frase y para apoyar su crítica es frecuente en Unamuno.
93 Almodóvar del Valle.

blecerá una timba aristogógica —este epíteto es nuestro, ¡claro!, y no de *El Debate*— y otras claridades así.

Los que asistieron a la inauguración de ese Palacio del Hielo pudieron oír que el condestable dijo por dos veces, distraído sin duda y por no conocer bien nuestra lengua, que doña Victoria era su mascota. Por mucho menos hace pocos años, cinco o seis, se nos habría procesado, exigido diez mil pesetas de fianza y condenado aunque fuese para indultarnos. Pero, en fin, hay que perdonarle al condestable que, de seguro, no supo lo que se decía. Si hablara Rubán como habló antaño la burra del profeta Balaam, ¡que cosas diría! Acaso algún día hable Rubán a pesar del condestable.

Creemos, señor duque de Almodóvar del Valle y consortes en gobernación del Reino, que si con la supresión radical del juego prohibido padece la beneficencia era menos malo que el Estado que explota la Lotería Nacional —¡nacional!— explotara directamente la Timba Nacional también y que si había Arrendataria se supiese de quién era y los nombres de sus accionistas todos. Hasta los de acciones liberales.

Dicen que dice el ministro de la Gobernación que ya no quedan más timbas que las que ofrecen garantías. Vamos, sí, las aristogógicas y de círculo cerrado. Porque si a nuestros grandes de España, si a nuestros aristócratas no se les deja jugar al azar, ¿qué van a hacer? ¿En qué van a emplear sus rentas? ¿Hay cosa más *high life,* más palaciana, que las siete y media, por ejemplo?

Proponemos, pues, que se haga oficial y de Estado la Timba; que se nombre un ministro del ramo, que sería el condestable, naturalizándole del Reino y hasta haciéndole grande de él; que se forme un cuerpo de *croupiers* —con uniforme y todo y categorías y grados— y se haga de ello una carrera. Con lo que ganaría no poco la causa del orden conservador y a la vez se podría seguir cultivando la pordiosería, fundamento de las más altas instituciones, del altar y del trono, y de las venerandas tradiciones de nuestros mayores. Porque la mendicidad es, no cabe duda, el cimiento del altar y del trono españoles. El noble pueblo español, el del Lazarillo del Tormes y compañeros pícaros, es una orden mendicante. Mendiga hasta... ¡justicia alguna vez!

España, n. 354, 27-I-1923

EL REINADO DE LA MENTIRA

Hace un siglo, cuando la Francia reaccionaria de los ultras borbónicos —presidente del Consejo Villèle— acordó ahogar por la fuerza de las armas el constitucionalismo español decía su rey, el Borbón Luis XVIII, al abrirse la Cámara Remanecida, el 28 de enero de 1823, que «cien mil franceses estaban prontos a marchar, invocando el nombre de San Luis, para conservar el trono de España a un nieto de Enrique IV, preservar a este hermoso reino de la ruina y reconciliarlo con Europa», y para la reconciliación con la Europa de la Santa Alianza nos cayó encima la reacción absolutista fernandina del 23, el año en que fue vílmente sacrificado a los rencores del Abyecto el pobre Riego.

Afortunadamente fueron vencidos los Imperios Centrales, el alemán y el austro-húngaro, y con su vencimiento se derritió el ensueño febril de un Vice-Imperio Ibérico, que si no acaso hoy veríamos, con armas de una u otra clase, bélicas o pecuniarias, la invasión en España de los cien mil hijos de Santa Isabel de Hungría o de San Federico II de Prusia, el amigo de Voltaire. Pero la nueva Santa Alianza con que contaban y soñaban los trogloditas ¡loado sea Dios! no llegó a cuajar.

«Ah, ¿pero todavía nos sales con eso de los trogloditas?» —exclamarán algunos—. Claro que sí. La separación de campos que sirviendo de pretexto —y no más que de pretexto— la gran guerra de las naciones se produjo aquí en 1914 esa misma separación persiste. Han cambiado de nombre, se han enmascarado acaso, pero siguen aquellas mismas que algunos llamaban *filias* y *fobias*. La división de campos es fundamentalmente la misma que entonces.

Y en nada se ve esto más claro que en lo que hace a la cruzada marroquí, a esa conquista de Rif para someterlo a Santiago Matamoros que se emprendió bajo el broquel del Lohengrin de Agadir, del Kaiser Guillermo, a quien se dice que le están ahora injertando glándulas de mono. La batalla de Annual fue la última batalla de nuestra guerrilla troglodítica.

Ahora parece que llega la paz en el Rif, que es la guerra aquí, la santa, la inevitable, la purificadora guerra civil. A los espíritus trogloditicos no ha podido satisfacerles el rescate de los prisioneros mediando en ello un republicano que figura fuera —y en ciertos negocios enfrente— del consorcio bancario dinástico, ni se dejan engañar por los que dicen que Abdelcrim pedirá la paz y se someterá al Majzem (otros, más inconscientes, dicen que al reino de España). Saben que es que se le pide que lo pida y en cuanto a sumisión, y de quien a quien, saben a que atenerse. Saben que se ha perdido la guerra. ¿Quién? ¿España? ¡España, la Nación española, no! España no ha perdido la guerra. Ha perdido la guerra el Reino de España, lo que llamamos el régimen, que no es lo mismo. ¿El Ejército? Más bien el fajo que guiaba el general F. Silvestre, el apoderado del régimen en Melilla. «¡Olé los hombres! ¡Así se hacen las cosas!». Y se deshace los reinos.

Dicen ahora los trogloditas que España se ha sometido

al Raisuni. ¡España, no! el Reino, el Reino. ¿Y qué remedio? Quiso bajo el broquel de Lohengrin convertir en colonia la zona de protectorado y en guerra de conquista la
operación de policía internacional, pero como han fallado
los cien mil hijos de Santa Isabel de Hungría al hundirse
el Imperio habsburgiano...

Ahora se vuelve los ojos a la América de lenguas ibéricas, a Hispano-América —demos gusto a los que creen
en el sortilegio mágico de esta denominación— y se habla
de confraternidad, de congresos... España podría, en efecto, servir como de lazo de unión entre las repúblicas ibero-
americanas y Europa, pero... [94].

Pero la virtud del medianero debe ser la veracidad, y la
veracidad no es virtud del Reino actual de España, del
régimen oficial. La principal misión de los representantes
del Reino de España —que no de la Nación española—
es la de desfigurar la verdad, es la de engañar. En los diversos congresos internacionales que sobre unas y otras
cuestiones se celebran, el representante oficial del Gobierno
del Reino de España lleva el encargo de engañar, de faltar
a la verdad. Nuestros socialistas saben algo de esto.

No, el Reino de España no puede servir de eslabón
entre las repúblicas ibero-americanas y Europa; un régimen
dinástico que se aguanta por la mentira, que sólo de engaños vegeta, un régimen así no puede aspirar a esa función.
No hay peor esclavitud que la de la mentira. Y España
tiene que libertarse del reinado de la mentira. La embus-
tería es enemiga de la civilidad.

En este triste Reino de España se ha estado gobernando estos ocho años con mentiras. La crisis de la irresponsabilidad no es más que el proceso de la mentira oficial.
Y esa crisis se acerca.

---

[94] El deseo de que España sirva de puente entre Europa e
Hispanoamérica es, como vemos, bastante antiguo.

Hace un siglo se nos vino encima la reacción absolutista fernandina y sabido es que Fernando VII era ante todo y sobre todo un gran embustero, aunque sin el talento de aquel otro gran embustero que fue Fernando V, el ¡Católico! Hace un siglo fue así pero hoy están en el poder —¿de veras?— los sucesores de aquellos a quienes en 1876, a raíz de la Restauración, se les llamaba constitucionales, frente a los conservadores. ¡Cuestión de nombres!

Y ahora, a propósito de nombres, para los frívolos, una minucia lingüística. En mi último artículo aquí hablé dos veces de *aristagógicos* y el corrector se empeñó en que fuese *aristógogicos*. A falta de un poquito de griego debió fijarse en que si se dice *demo-crático* se dice *dem-agógico* y no *demo-gógico* y que si de *aristo* se hace *aristo-crático,* se hará luego *arist-agógico,* pues el segundo elemento es *agógico*. Aunque claro, los aristócratas de las timbas aristágogicas poco o nada tienen de *aristos*. Es un modo de decir. Es como llamarle a uno liberal aunque no libere nada o reformista aunque esté buscando que le metan en el encasillado de Gobernación, a la forma antigua.

España, n. 356, 10-II-1923

EL VACÍO SOBERANO

En *El Socialista* hemos leído un artículo del venerable veterano Pablo Iglesias titulado: «La alegría del jefe del Estado». ¿Alegría? ¡Ay, amigo Iglesias, qué error! Alguna vez hemos dicho, y lo hemos repetido según nuestra táctica, que los reyes cuando se aburren se aburren soberana-

mente y que no hay peor aburrimiento que el aburrimiento
soberano [95].

Dice nuestro Iglesias:

«¿Cómo explicar ese buen humor, esa alegría, esa gana
de holgorio del jefe del Estado cuando el país está abrumado con tanta desdicha? ¿Es que no las conoce? Eso es
imposible, porque la mayoría de ellas tienen su origen en
el poder personal por él ejercido. ¿Es que no le preocupan?
¿Es que le importa un bledo cuanto sufren o puedan sufrir los ciudadanos víctimas de aquellos males, y que sólo
está atento a realizar lo que le complazca y regocije? Eso
parece ser. Mas si es así, no habrá de extrañar que el odio
que existe ya contra el régimen monárquico se avive y
centuplique».

¿Regocijarse? ¿Regocijo? No, sino más bien olvidar.
Distraerse o divertirse en el más estricto sentido. Divertir,
apartar o desviar el ánimo de lo que puede acongojarle.
O acaso aturdirse. Todo menos alegría. En esas diversiones no hay alegría alguna. Una cacería, con los deportes
azarosos que suelen acompañarles —los naipes suelen ser
tan necesarios a los cazadores como las escopetas— no es
siempre cosa alegre.

Luego nuestro Iglesias habla de «ansias de distracción
y de recreo». ¿Recreo? No todos son capaces de re-crearse
de volverse a crear. ¡No, recreo no!, aburrimiento. Y abu-
rrirse es lo mismo que aborrecerse.

Termina nuestro Iglesias su artículo:

«Seguirán, por tanto, las cacerías regias; continuará
el tiro de pichón; habrá carreras de caballos, y regatas, y
excursiones a Deauville o a otro punto veraniego semejante. Habrá, en fin, alegría, mucha alegría para el jefe del
Estado. Pero habrá también un ansia tremenda, un deseo
cada vez más grande, en lo más sano de la nación, a rea-

---

[95] Su amistad con Pablo Iglesias data de 1894.

lizar un acto que obligue a tan alegre personaje a divertirse dondequiera, menos en tierra española».

Divertirse puede ser, pero alegrarse… No, hagámosle la justicia de creer que no se alegra, que no puede alegrarse. Y que no es un personaje alegre. Ninguno de los reyes españoles de la Casa de Austria ni de la de Borbón se ha distinguido por su alegría. Algunos, como Felipe IV y Carlos II, eran monstruos de aburrimiento. Carlos IV, el Cazador cazado, iba casi todos los días a caza para divertirse de María Luisa y de Godoy. Acaso los algo alegres fueron Isabel II y Alfonso XII. Aunque hay aparentes alegrías que no son sino diversiones del aburrimiento soberano.

Pascal, que era un formidable psicólogo decía (en su Pensamiento 139) que si a la realeza se le deja sin diversión y que considere y reflexione sobre lo que se caerá por necesidad en las visiones que le amenazan, de revueltas que pueden ocurrir, de la muerte y de las enfermedades inevitables, de suerte que si él (el rey) está sin lo que se llama diversiones, hele desgraciado y más desgraciado que el menor de sus súbditos que juega y se divierte. Y añade estas tremendas palabras: «El rey está rodeado de gentes que no piensan más que en divertir al rey e impedirle que piense en sí. Porque es desdichado, por muy rey que sea, si piensa en ello». Y en otro Pensamiento, el 142: «Que se haga la prueba; que se le deje a un rey enteramente solo, sin satisfacción alguna de los sentidos, sin cuidado alguno en el espíritu, sin compañía, pensar en sí a sus anchas; y se verá que un rey sin diversiones es un hombre lleno de miserias. Así se evita esto cuidadosamente, y no falta nunca de cerca de los reyes gran número de gentes que velan por hacer suceder las diversiones a sus quehaceres y que observan todos el tiempo de su ocio para procurarles placeres y juegos, de suerte que no haya hueco; es decir, que están rodeados de personas que tie-

338   MIGUEL DE UNAMUNO

nen un cuidado maravilloso de tomar en cuenta que el rey no esté solo y en estado de pensar en sí, sabiendo que será miserable, rey y todo como es, si en ello piensa». Y en otro Pensamiento, el 386: «Si un artesano estuviese seguro de soñar todas las noches, durante doce horas, que es rey, creo que sería casi tan dichoso como un rey que soñara todas las noches, durante doce horas, que era artesano».

Víctor Hugo escribió un drama truculento titulado: *Le roi s'amuse* («El rey se divierte») de donde se sacó la ópera *Rigoletto,* pero lo mismo pudo titularse: *Le roi s'ennuie* (El rey se aburre) y eso que Francisco I de Francia parece que sí, que era alegre.

El menor de los súbditos del rey juega y se divierte, según Pascal y al rey tienen que divertirle los cortesanos. Y él se divierte con ellos y en todos sentidos.

Lo malo es cuando esa diversión degenera en deporte. Porque así como en pedagogía no hay nada más peligroso que enseñar jugando porque se acaba jugando a enseñar y haciendo de la enseñanza un puro deporte, así nada hay peor que reinar jugando porque se juega a reinar. Y se juega al imperialismo. Que es la esencia de la frivolidad.

Frívolo es el médico que juega a curar, el piloto que juega a dirigir la nave, el juez que juega a juzgar, el soldado que juega a guerrear y hasta el jugador que juega a jugar. Porque el juego mismo es cosa muy seria. Frívolo es el rey que juega a reinar, o que juega a la conquista. Y hasta se ha dado caso de rey que ha apostado por el suceso de una empresa en que empeñó la sangre y la fortuna de sus súbditos.

Nuestro amigo Iglesias, encendido su vida toda en una empresa de pasión y de seriedad, no debe de saber lo que es el aburrimiento. Acaso la desesperación, pero el aburrimiento no. Y menos lo que es el fatídico, el trágico, el vindicativo aburrimiento soberano.

¡Alegría! La alegría no habita en palacios regios. Además, de un hombre alegre no hay que temer nada. Lo temible es lo que se hace por matar el aburrimiento. Hay pueblos que llenan con sus ruinas el vacío soberano. Y si la vida es sueño la realeza es pesadilla.

España, n. 358, 24-II-1923

LA CRISIS DEL MONARQUISMO

En el número de *La Nación* de Buenos Aires correspondiente al 14 de enero de este año apareció un breve y sustancioso ensayo de Guillermo Ferrero [96] —tan conocido— sobre «La última crisis del sistemático monárquico en Europa». A los que olvidando que la política, como en lo demás, la forma es sustancia, andan aún con lo de la accidentalidad de las formas de gobierno, podrá interesarles lo que el eminente historiador italiano dice, a propósito del fajismo, de la crisis del régimen monárquico en Europa.

Dice Ferrero:

«Todas las monarquías de la Europa occidental, hasta Rusia, habían aceptado, en 1914, más o menos sinceramente las instituciones parlamentarias. Pero en ninguna —hablo de la Europa Continental, Gran Bretaña está, pues, excluida de mis consideraciones—, el Parlamento podía ser considerado como un órgano «de dirección» del Estado. Servía de desahogo a la opinión pública y de tribuna a los partidos más o menos activos e influyentes; colabo-

---

[96]   Guglielmo Ferrero (1871-1943) sociólogo y político italiano.

raba en el Gobierno y los contraloreaba, a menudo en apariencia más que en realidad; pero la fuerza directiva del Estado, en los grandes negocios exteriores e interiores, residía en la Corte y en un pequeño grupo de parlamentarios y de altos funcionarios estrechamente ligados a la Corte, que servían de intermediarios entre el soberano y el Parlamento, entre el soberano y la burocracia.

La autoridad de la Corona era más evidente y más fuerte en Alemania y en Austria, por ejemplo, que en Italia; pero el sistema era por doquier el mismo. Aun en Italia, donde sin embargo el sistema se asemejaba más, exteriormente, al parlamentarismo inglés, los ministerios no eran jamás organizados por el Parlamento sino aparentemente. El Parlamento otorgaba sus asentimientos, pero la elección entre los hombres y las orientaciones políticas era hecha por la Corte, aun cuando ésta, al elegir, debía tener en cuenta el humor del Parlamento, y tratar de no afrontarlo demasiado directamente.

Pero he aquí que sobreviene el gran terremoto. Los Romanoff caen, caen los Habsburgo, los Hohenzollern y las otras dinastías alemanas. El sueño del 48 se convierte en realidad. En Moscú, en Berlín, en Dresde, en Viena, se proclama la República. ¿Pero, qué es la República sino el Gobierno del pueblo, o sea del sufragio universal? Con la caída de la monarquía, la dirección del Estado debía haber pasado en todas partes a los Parlamentos, órganos del sufragio universal, por medio del cual se manifiesta la voluntad soberana del pueblo».

Esto aquí ni necesita aclaración. La Corona hace los Gobiernos —y los deshace— y éstos hacen las Cortes. Y aun aparte de los senadores y diputados que podríamos llamar palatinos o del partido personal del monarca —a quien se le puede considerar como jefe o caudillo de un partido político— los Gobiernos llevan siempre una mayoría que no representa la opinión pública. Si es que la hay... [97].

Un político que aspira a jefe de un partido no busca la jefatura dirigiéndose al pueblo entre otras cosas porque los partidos políticos no son aquí cosa del pueblo, ni cuentan con masas. Acaso el maurismo intentó algo de eso. Un político que aspira a jefe de un partido busca que la Corona le dé el decreto de disolución.

Los partidos los hace —y los deshace— la Corona. Y no hay modo de conocer la voluntad nacional. Si es que la hay...

Prosigue Ferrero:

«Al mismo tiempo la caída de las grandes dinastías de la Europa central y septentrional debilita las pocas dinastías supervivientes y en modo particular la de Italia. Ahora que los dos tercios de Europa —y hasta Rusia y Alemania— se han colocado el gorro frigio, ningún pueblo cree más que la monarquía sea una forma de Gobierno necesaria y eterna: debilidad ya incurable, que hace precaria la vida de las dinastías que no han caído. Agregad a esto el aislamiento. Hay todavía en Europa monarquías perdidas en medio de repúblicas rojas; no existe más que un sistema monárquico. Por ello hasta en los países que han continuado siendo monárquicos la autoridad de la Corte, que había sido hasta 1914 la mayor fuerza directiva del Estado, se ha debilitado. Aun en estos países la parte del poder directivo que la Corona no puede ejercitar ya, habría debido pasar al Parlamento, órgano de la soberanía popular.

Si no fuera que una asamblea que ha ejercido siempre

[97] Don Miguel considera al rey en el período 1915-1923 como el jefe de un partido político y no como el representante del Estado español.

poderes de controlar subordinados no puede volverse, de un día para otro, capaz de dirigir el Estado. Fáltanle los hombres, las normas, las tradiciones. En esto reside, precisamente, la profunda crisis de los países monárquicos de Europa. En los países en que, como Alemania, la monarquía ha caído, y en aquellos en que ha sido debilitada, como en Italia, los parlamentos se han mostrado hasta ahora poco capaces de substituir en la dirección del Estado a la Corte desaparecida o cuya autoridad es hoy menor que antaño. Han hecho ministerios, crisis, discusiones, escándalos, pero no Gobiernos. Si el antiguo Poder dirigente ha desaparecido o es menos activo, el nuevo es aún demasiado débil para substituirlo, de lo que resulta que los países quedan librados a sí mismos, casi sin Gobierno, como si estuvieran suspendidos en el vacío. Esta es la trágica situación de Alemania, y esta también, si bien en proporciones felizmente más reducidas, la situación actual de Italia».

Ni aquí el Parlamento ha sabido hacer Gobiernos. Los más débiles, los más infecundos, los menos nacionales son esos a que se suele llamar nacionales, esos desdichados Gobiernos heterogéneos y de concentración [98]. Cuyo oficio no suele ser salvar a la nación de peligro alguno sino salvar a la monarquía. Como aquel Gabinete a que se le llamó «el de las lágrimas». O el de la encerrona.

Los pueblos —no el pueblo— saben que el Gobierno, cualquier Gobierno, llevará mayoría a las Cortes y como los pueblos, pordioseros de espíritu —la mendicidad es aquí lo de veras tradicional y arraigado— lo que buscan es favores, justos o injustos, del poder central, o no votan o votan al que el Gobierno les manda votar. Hay en los distritos el turno de los partidos. Y no hay modo de hacer opinión política popular. ¿Para qué?

[98]   Véase *Sobre el tema de un gobierno nacional* (18-VI-1915).

Lo del dinero es un accidente. Hasta el que sale por su dinero no saldría si el Gobierno no le dejase comprar los votos.

Dice luego Ferrero, después de haber hablado del fajismo:

«La catástrofe del sistema monárquico, iniciada en 1917 con la revolución rusa y continuada en 1918 con las revoluciones austriaca y alemana, es un acontecimiento que la opinión mundial ha tomado hasta ahora con excesiva ligereza. Se trata, en verdad, de una revolución formidable, que conmueve a dos tercios de Europa y que dejará tras de sí una larga estela de complejas crisis políticas, llenas de sorpresa para todos. El fascismo no es más que la primera de estas sorpresas. Los países que tienen la fortuna de vivir bajo el régimen republicano desde hace varias generaciones, deben darse cuenta de ello; y pueden hacerlo fácilmente, si recuerdan las dificultades que debieron vencer, a su vez, en el pasado, para dar vida a una república basada en el sufragio universal».

Esto es clarísimo. Como el Parlamento entre nosotros no hace los Gobiernos, como el Parlamento si se opusiera a la voluntad —o aun al capricho— de la Corona sería disuelto y la Corona haría un Gobierno que le llevase a las Cortes una dócil mayoría no puede llegar a formarse conciencia ni voluntad políticas en el pueblo. Ni hay farsa más hipócrita y abyecta que esa de lo que se llama la oposición de Su Majestad. En cuanto se convierta en oposición a Su Majestad está perdida.

Decía nuestro Castelar en el Congreso de los Diputados del Reino el día 15 de noviembre de 1878 —presidiendo el Gobierno Cánovas del Castillo— estas palabras: «¿Qué es necesario, pues, señores? Es necesario una política liberal, liberalísima; cada día más liberal. Esa política liberal debe crear no sólo la conciencia, sino la voluntad nacional».

La voluntad y la conciencia son una misma cosa. El que no tiene conciencia no tiene voluntad y el que no tiene voluntad no tiene conciencia. Para conocerse hay que querer conocerse. Y así en el pueblo. Y la política liberal crea conciencia y voluntad nacionales porque crea nación.

Se quejan los políticos, sobre todo los que por excelencia se dicen a sí mismos liberales, de que no hay opinión pública. Y cuando llegan al poder, como ahora, y se preparan a consultar a esa opinión, o sea a hacer elecciones, lo que menos aplican son métodos liberales.

Aquí, en España, mientras subsista la monarquía, no se podrá saber qué opinión política tiene el pueblo, ni si la tiene. La monarquía es el obstáculo para que se forme conciencia, esto es, voluntad nacional. Aunque esa voluntad hubiera de ser —que no lo tememos— monárquica.

«En política el pueblo español ¿es monárquico o republicano?» —nos preguntaba un extranjero—. Y le contestamos: «el pueblo español en política no es». Y no es porque el sistema de hacer la Corona, los Gobiernos y éstos las Cortes —es decir, la Corona las Cortes— no le deja ser.

«¡Vaya un pueblo que no sabe hacerse voluntad propia aun en contra de los que le gobiernan!» —se dirá—. Mas de esto hemos de hablar. El pueblo tiene germen de voluntad, pero ese germen brota y se desarrolla merced a gracia que le viene de fuera.

Actualmente el pueblo español está sufriendo el peso de un régimen monárquico que le agobia y le consume, pero no sabe querer otra cosa. Ni encuentra cómo representar sus oscuras ansias, sus instintos, sus deseos, que no son todavía voluntad. La voluntad de un pueblo es política siempre y toma forma política, conciencia; los deseos son apolíticos. Y nada apolítico se realiza mientras no tome forma política. El apoliticismo es inconciencia o... picardía [99].

España, n. 359, 3-III-1923

ALTÍSIMA MENDIGUEZ

Tenemos que comentar un suceso a que se refería en estas mismas columnas Araquistain en el número del 10 de este marzo —artículo «Aquí no abdica nadie»— y *El Sol* en un editorial del día 6 titulado «Hay que saber pedir». El suceso es la marcha a la Argentina del doctor Vila San Juan, enviado por el marqués de Comillas y el conde de Güell para recabar de la colonia española de aquella República el que contribuya a la decoración de varias salas del palacio que en Barcelona van a regalar al rey los dinásticos de Cataluña.

No es cosa de dinero, no. No es, según nos parece, que, como insinúa Araquistain, esos dos próceres —pase por lo de próceres, ya que esta voz ha perdido su significación propia, al rebajarla a la heráldica— traten de que los buenos emigrantes españoles de la Argentina les ahorren gastos. No, no es eso. Se trata, a nuestro entender, de provocar una especie de plebiscito, una suscrición popular, de medir el grado y la extensión del dinastismo de la colonia española de orillas del Plata.

---

[99] El odio por los neutros y los apolíticos es una constante del pensamiento unamuniano.

Hace tiempo que menudean estos tanteos de parte de la Corona, que, díganle lo que le dijeren los cortesanos que la rodean, ciñen y aislan, no se siente muy segura de la adhesión del pueblo. De tiempo en tiempo se inventa alguna especie de homenaje popular, algún agasajo, alguna suscrición, y los buenos catadores de estas cosas se percatan al punto del marramiento.

«La pretensión de los dos nobles españoles —dice *El Sol*— ha producido un efecto desconcertante. Por el pronto, la más elevada y prestigiosa Asociación española, el Hospital Español, ha dado su negativa oficial a los requerimientos del Dr. Vila San Juan». Y no por el dinero, no, añadimos nosotros, sino porque no había porqué ese Hospital hiciera un acto de adhesión dinástica a la Corona. Es español y basta.

Todos los esfuerzos del embajador del Reino —no de la Nación— de España en la República Argentina no logran esa especie de allí sea monárquica y dinástica. Como no les sirve la campaña de engaños que allí se hace. Hay quienes saben romper su red de embustes.

El Embajador del Reino de España en la Argentina que estaba en Madrid y al habla con el monarca precisamente en el tiempo en que fue llamado por éste —y a responder— el que esto escribe, sabe a qué atenerse. Y hasta tendría noticia de cierto álbum con miles de firmas —de los principales centros de cultura de aquella República— que recibió a fines de 1920 Miguel de Unamuno y en que se protestaba contra un «fallo anacrónico e injusto» arrancado a los Tribunales por muy altas —y en otro sentido muy bajas— presiones. Álbum que era un plebiscito [100].

De los manejos de la rastrera cortesanía española para fraguar en Suramérica un ambiente de simpatía a la Co-

[100]   Hace referencia a las adhesiones que recibió de la juventud argentina en 1921.

rona del Reino de España sabemos bastante. Y de los enviados a preparar aquel ambiente y de los turiferarios. Pero todo en vano.

Y no es sólo allí. También aquí se solicita de continuo a la opinión pública, también aquí hay el ansia de conocer el sentimiento popular respecto al Trono. Y se acude a donde puedan sonar unos aplausos, y hasta se mendiga —así, se mendiga— una señal de adhesión.

Decía *El Sol* que «la negativa de la colonia de Buenos Aires y los comentarios que hace en torno a este asunto no afectan de cerca ni de lejos a la personalidad del jefe del Estado. Bueno es consignarlo así —añade— para atenuar en parte la ligereza del marqués de Comillas y del conde de Güell; afecta nada más a estos señores y a nuestro embajador en la República Argentina». Pues bien, no; no es así como *El Sol* decía. Y lo podemos asegurar. Los comentarios afectan a la personalidad de ese jefe y allí los avisados creen que la ligereza de esos dos cortesanos y del otro, de *su* embajador —no *nuestro,* sino *suyo,* de *él,* del Reino— es una ligereza delegada, es otro acto de pordiosería de adhesión.

El Sol terminaba pidiendo al Gobierno que recomiende al embajador del Reino en la Argentina «mayor cautela en el porvenir». Buena falta les hace; a él y a su representado. Cautela y menos mendiguez.

Ahora vendría al pelo decir algo de la campaña de prensa que allí se lleva y de lo torpemente que la llevan. Por mucho que hagan la podredumbre moral de esta tras-Regencia, el hedor de su frivolidad corrompida trasciende más allá del Océano [101].

España, n. 362, 24-III-1923

[101]   Con «tras-Regencia» el autor pretende dar a entender que el reinado de Alfonso XIII ha estado dominado por la figura de la reina madre María Cristina.

COLA DE HUMO

Ernesto Giménez Caballero, que sirvió de veras a España en Marruecos enterándose de lo que allí pasaba la sirvió después escribiendo y publicando sus «Notas marruecas de un soldado» de que se ha dado noticia en la prensa diaria. El libro obtuvo el éxito que merecía. Y he aquí que se manda recoger, no sabemos por qué autoridad, de las librerías la edición cuando apenas quedaban ejemplares de ella, y se le procesa a su autor acusándole, según se nos dice, de insulto al Ejército y de... sedición. Es la locura que anda suelta.

El concepto procesal —no queremos llamarle jurídico— de insulto, como el de injuria, no tiene nada de claro y no creemos, por otra parte, que sea un juez militar, dada su educación, el más apto para aquilatar si hay o no injuria o insulto. Las personas equilibradas y cultas, verdaderamente cultas, no ven injuria ni insulto alguno donde lo ven aquellos ánimos que por el cultivo profesional de eso que se llama el sentimiento del honor se ven llevadas a una quisquillosidad recelosa.

Podríamos detenernos a desarrollar la idea —que a los leguleyos y rábulos les parecería una paradoja escandalosa— de que donde no hay calumnia, donde no hay atribución de actos inmorales o delictivos, no hay injuria, o sea que la mera injuria no existe. Y nos apoyaríamos en la definición misma que de la injuria da el Código Penal. Pero dejemos por ahora esto.

Lo que para los efectos de la infame Ley de Jurisdicciones se entiende por insulto a la fuerza armada no suele ser tal insulto. En el fondo de lo único de que se trataba era de que no fuese discutida la dirección del Ejército. Cosa que no ha sido posible evitarla y menos después del desastre de Annual [102].

[102]   Ocurrido en 1921.

El libro de Ernesto Giménez Caballero ha obtenido un franco éxito de aplauso, ha sido leído, elogiado y celebrado. No contiene ni insultos ni injurias, ni hay en él semejantes excitaciones a la sedición. Lo que hay es ironía, muy aguda ironía, que no llega al sarcasmo, y a la ironía es a lo que más le temen esos pobres espíritus que no saben defender su dignidad más que con actos de fuerza. La ironía es el ácido disolvente de nuestros presuntos héroes.

Cuando un soldado de cuota —como lo era en África Ernesto Giménez Caballero— está oyendo ciertas explicaciones se le mira algunas veces y por algunos a la boca, a ver si la pliega en leve sonrisa. Y nos contaba uno que estando él muy serio —y su trabajo le costaba— oyendo unas amenidades de patriotismo técnico y profesional se le antojó al orador que por los labios y los ojos del oyente aquel vagaba una sonrisa nada respetuosa, y le espetó un: «y usted, ¿de qué se ríe?». «No me río» —contestó el interpelado. «Es que del hijo de mi madre —agregó el otro— no se ríe ningún mocoso».

Claro que esto no es lo general. Lo general es que los oficiales se den cuenta de la posición en que les pone el tener que dirigir y mandar a muchachos tan cultos como ellos, de su misma clase, y que no tienen deformado el ánimo por sentimientos profesionales y por una educación técnica.

Lo que acaso en el libro de Ernesto Giménez Caballero ha dolido más a «determinados elementos» es que hasta ahora la crítica, a las veces acerba y dura, de la campaña de Marruecos la habían hecho periodistas, respetuosos en el fondo del prestigio de las armas y ahora han empezado a hacerla los que han sufrido ese prestigio. El autor de las «Notas marruecas de un soldado» es una muestra de la mocedad española que está pasando por esa terrible escuela de la campaña de Marruecos. Hay que oírlos. En general no insultan ni injurian sino que se burlan. No ven tanto la tragedia como el sainete. Aparte las penalidades de la vida de campamento el servicio militar les parece algo ridículo. Cuentan y no acaban. Hablan más de inepcia que de inmoralidad.

¡Y, esos eran los que no hace media docena de años, y aun después, hablaban de regenerar a España! ¡Había que oír a ciertos elementos hacer la crítica de la educación civil nacional y censurar la enseñanza pública! ¡Más de una vez oímos que el cuartel era la Universidad popular! Y no faltaba quien propusiese que se militarizara los Institutos, las Normales y las Universidades.

La ironía es la flor de la libertad de espíritu, es el arma más sutil y más eficaz contra el prestigio —prestigio quiere decir engaño— del principio de autoridad y contra la disciplina sin magisterio. A nada teme Pirgopolinices más que a la ironía.

Hay en el libro de Ernesto Giménez Caballero un pasaje delicioso en que se narra una visita del jefe del tercio, un acabado peliculero, a sus *chacales*. Es una excelente pieza de ironía. El ex-candidato a Mussolini español aparece allí *filmando* —peliculeando— un pasillo de entremés dinástico-patriotero. Y se va en un pequeño Ford tras el que caracolea una cola de humo [103].

Cola de humo quedará tras del reguero de sangre de la grotesca aventura de Marruecos. Y aun parece que el alto comisario Sr. Silvela —¡oh manes de su tío Don Francisco, el del pulso!— propone la conquista de Alhucemas. ¡Película y cola de humo!

España, n. 364, 7-IV-1923

---

[103] Se refiere a Miguel Primo de Rivera, el dictador, a quien siempre consideró como un peliculero aprendiz de Mussolini.

ATEOLOGÍA

Aun a riesgo de que cualquier mentecato nos lo tome a sutileza sofística o paradójica diremos que no es lo mismo no creer que haya Dios que creer que no le hay. Lo primero, el no creer en Dios, importa una posición escéptica, es decir: inquisitiva o investigativa, racional, mientras que lo segundo, creer en el no Dios, importa una posición dogmática o decretiva, irracional. Irracional es sentimental. Creer que no hay Dios es una fe tan irracional como toda fe. Y esa fe, como cualquier otra, puede y suele degenerar en superstición y fanatismo. Y la superstición y el fanatismo ateísticos son tan destructores de cultura y civilización, tan inhumanos, como cualquier otro fanatismo y cualquier otra superstición. Y en cuanto del ateísmo se hace un credo oficial, un dogma o decreto de Estado, es tan feroz como el teísmo dogmático y oficial. Que es lo que está pasando en Rusia [104].

Hacer, por ejemplo, del darwinismo —o del marxismo— una doctrina oficial supone una dementalidad catastrófica. Un pueblo que soporta eso es un pueblo al que se le ha hecho perder la facultad de pensar por sí mismo. Y para eso estuvieron tanto tiempo los ortodoxos del marxismo llenándose la boca con lo de «socialismo científico». Porque lo científico, y más en lo que no es matemáticas, es lo investigativo, lo inquisitivo, lo hipotético, es decir lo escéptico. Ciencia es, en rigor, *scepsis*. El dogma mata a la ciencia.

¿Cómo ha podido llegar a eso la vesania moscovita?

---

[104] Aunque Unamuno fue un atento lector de Marx y simpatizante en ocasiones con el comunismo, no valoró positivamente la revolución rusa de 1917, porque —según él— con ella se mató la libre individualidad —de la que era tan celoso— en Rusia.

Decía el gran predicador unitariano William Ellery Chan-
ning, el norteamericano, para explicarse el caso de que en
Francia y España haya habido muchedumbres —esto lo
decía en 1819— que de rechazar el papismo pasaron al
absoluto ateísmo que «el hecho es que las doctrinas falsas
y absurdas, cuando se las expone, tienen una tendencia
natural a engendrar escepticismo en los que las reciben
sin reflexión». Y añadía: «Nadie está tan pronto a creer
demasiado poco como aquel que empezó por creer demasiado y de aquí que carguemos a cuenta del Trinitarismo
cualquier tendencia que pueda existir en los que lo aban-
donan, a creer gradualmente en la infidelidad».

Tenemos que hacer notar en este pasaje de Chauning
que toma el escepticismo en el sentido más corriente y
vulgar, el de incredulidad, y no con el que le empleamos
nosotros, que es el primitivo. Y en realidad los que han
sido educados a creer demasiado y a creer sin libre examen, sin reflexión, sin investigación, sin obra de experiencia íntima —sin mística, podríamos decir—, a creer con fe
implícita o de carbonero, a creer todo lo que cree y enseña
la Santa Madre Iglesia sin conocer todo lo que ella cree
y enseña, caen cuando pierden esa fe implícita —la pura
sumisión a la autoridad dogmática— no en escepticismo
sino en otra fe contraria, en otro credo y fe también implícita y de carbonero. La fe de los bolcheviques rusos es
una fe implícita, de carbonero, una fe de siervos no menos
que lo era de sus abuelos. La ateología es una teología.

Como a sus abuelos y a sus padres y a ellos mismos
se les enseñó la fe religiosa encadenada a intereses políticos
y mundanos, como se les enseñó que hay Dios y otra vida
de ultratumba en que serán premiados los buenos y casti-
gados los malos en relación con la moral y con una moral
fraguada por déspotas, amos y tiranos, como no conocieron
la pura religión independiente de moralidades de interés
terrenal, esos pobres hombres han llegado a creer que el

anhelar otra vida, que el creer en la eternidad de la conciencia, que el sentir la vida con una finalidad trascendente, es algo que impide o estorba la realización de la felicidad en este mundo.

Mas por debajo de todo eso vese muy claro un fenómeno de desesperación colectiva. El ateísmo oficial es una invención para defenderse de una teología que ven asomar. La Santa Rusia está buscando su Dios. Y este dios será un ídolo.

¿Y aquí? Aquí, en España, el ídolo de los ateólogos comunistas es la misma Rusia convertida en entidad mística. Hay ateólogo comunista de los nuestros que se ha ido a Rusia sin saber ruso ¿que sin saber ruso? sin saber, a lo sumo, más que el español de los libros de avulgaramiento sociológico y habiento traído de allí unas estadísticas, las que le dieron, que puede uno procurarse sin salir de España, viene dogmatizando y queriendo enterrar a un Cristo que no conoce mejor que a Rusia, es decir, que no conoce.

Hay algo que nos causa pavor y es la actitud sociológica —llamémosla así— de esos pobres ateólogos para quienes no parecen existir ni el momento que pasa ni la flor que se aja después de haber perfumado a la brisa, de esos de la novela roja y la música roja y la pintura roja y no sabemos si el paisaje y el celaje rojos, de esos que al ir a ver un drama, v. gr. preguntan si es de tendencia roja, de esos que parecen creer que tratan de consolarle al hombre de haber nacido es hacer traición a la humanidad. ¡Pobre gente!

La culpa de esto la tienen los que hicieron de Dios un principio de autoridad y no un fin de libertad, los que inventaron la policía de ultratumba y que fueron los verdaderos inventores del materialismo histórico. Porque el materialismo histórico es invención conservadora.

Y así se explica que el pontífice Lenin, el Papa ateológico del comunismo ortodoxo y dogmático, haya dicho

que la religión es el opio del espíritu. La religión dogmática
o decretiva de Dios como principio de autoridad puede
ser, pero la religión escéptica e inquisitiva de Dios como
fin de libertad esa ha sido y es y seguirá siendo el mayor
estimulante del espíritu.

Se dice que el que va mirando las estrellas en el cielo
puede caerse en un charco y ahogarse en él, pero el que
va mirando al suelo para no caer en un charco se percata
de éste y lo evita —sobre todo de noche y casi siempre
es noche— viendo espejarse el cielo con sus estrellas en él.
Y para eso hay que haber mirado al cielo y a las estrellas.

El fusilamiento de ese obispo católico en Rusia marca
la mayor victoria en ella del catolicismo. Y significa, a la
vez, la desesperación del desengaño. Ese pobre obispo ha
pagado el fracaso de una fe en un nuevo milenio. Los hijos
de esos inquisidores bolcheviques, los inquisidores mismos
acaso, canonizarán a ese obispo. Y ahora, desaparecido el
Zar, su Papa, veremos cuántos rusos se convierten a las
supersticiones más irreligiosas del catolicismo romano.

España, n. 366, 21-IV-1923

EL DILEMA

Es indudable que en España estamos pasando por una
muy honda crisis histórica, vital, que es acaso la del parto
de la nacionalidad española. Y esta crisis se presenta,
como semejantes crisis suelen presentarse en la historia de
los pueblos: en forma dilemática. Que a las veces se revis-
te de antinomia.

Los que pretenden ahondar más perdiéndose en categorías muy poco históricas o sea fantásticas nos hablan de
la España oficial y de la España vital. La pedantería catalanista —que es una de las más formidables pedanterías—
está haciendo sonar a troche y moche eso de problemas

vivos y regiones vivas y toda frasca de viveza. Mala literatura y nada más [105].

El dilema le sentimos todos y nos acucia y aprieta. Suele presentarse en estas formas: o dictadura o revolución; o despotismo o democracia; orden o justicia; o reino o nación; o monarquía o república. Y hemos dejado para el último la forma más concreta, más siempre actual, más rica en contenido histórico.

Como se ve, ponemos de un lado dictadura, despotismo, orden, reino y monarquía, y del otro revolución, democracia, justicia, nación y república. Y es que toda monarquía, todo reino, tiende, naturalmente, a la dictadura y al despotismo, y más cuando se siente en peligro de muerte. De la oposición dilemática entre orden y justicia hemos de hablar otra vez.

Y el dilema se presenta de una manera polémica y apasionante y en tal forma que toda conciliación entre los términos dilemáticos se hace imposible. La monarquía republicana o el reino nacional son ya absurdos. No hay lugar para murciélagos crepusculares. El alba los ahuyenta.

El reino se nos aparece como una especie de capullo que envuelve a la nación en crisálida, y si la nación ha de salir de su recinto tenebroso y volar al sol para propagarse y perpetuarse tiene que romper el capullo. Que por otra parte está ya podrido, deshecho. Deshecho si es que no *infecto* o sea no hecho. Porque acaso el reino uno de las Españas, la monarquía española, no ha llegado a hacerse, ha quedado *infecta,* en estado casi fetal. Fetal y fétido. Y muere de pénfigo.

Los españoles que sienten el peso de la historia —y no añadimos viva, porque la muerta no es historia sino arqueología —es decir: de fuera del tiempo más bien que

---

[105] Para ver cuál es su visión del problema catalanista léase *Sobre la avara pobreza espiritual* (20-II-1919).

sólo del futuro— los españoles conscientes de su españolidad miran con cierto pavor al dilema y no son pocos
los que quisieran detener el curso de la historia pecando
así contra el Espíritu Santo. Pero el dilema, como la legen-
daria Esfinge, devora al que no le descifra el acertijo.

Y lo más vivo, lo más histórico del dilema o problema,
del problema dilemático, que ni se puede separar una
monarquía del monarca ni una república de los repúblicos
—no siempre republicanos—, como tampoco un reino del
rey ni una nación de los nacionales. Y hay que escoger
entre un monarca y unos repúblicos, un rey y unos nacionales o ciudadanos. Y el que diga que cabe que unos
repúblicos sirvan a un monarca o éste a aquéllos, unos
ciudadanos a un rey o un rey a unos ciudadanos, sabrán
Derecho político pero no política, estarán versados en filosofía social más carecen de sentido histórico. Cuando el
dilema, rompiendo disfraces, aparece como hoy en España
monarca y repúblicos, rey y ciudadanos son incompatibles.
Y lo decimos serenamente, como historiadores y muy aje-
nos a eso que la chusma conservadora llama pasión parti-
dista y más aún a lo que la canalla cortesana llama perso-
nalismos. No, hablamos como historiadores, o si se quiere
como dramaturgos.

Nos decía un hombre que siente y comprende en lo
vivo el actual momento dilemático: «Cuando estudio al
monarca, cuando me fijo en su actuación, en sus manifestaciones y sobre todo en su estilo me siendo profundamente
republicano; pero cuando estudio a los republicanos, cuando me fijo en sus andanzas y sobre todo en sus electore-
rías, en sus manifestaciones y sobre todo en su estilo, me
siento profundamente monárquico». Y le contestamos:
«Pero es que así como una monarquía más que de monárquicos necesita de un monarca, así una república no necesita de republicanos sino de repúblicos».

Nosotros creemos en la incoercible dialéctica inmanente de la historia y vemos —vemos, más que preveemos— que resolverán el dilema —para entrar en otro, ¡claro!— los mismos que tratan de conciliar lo inconciliable. «La política es el arte de transigir» —dicen los pobres diablos de politiqueros que no quieren empujar a los hechos sino dejarse arrastrar por ellos, pero suelen ser esos, los transigentes, los conformistas, los que tienen que romper las transacciones.

«Y ¿qué va a venir?» —preguntan los hombres de imaginación nula—. Y carecer de imaginación es la forma más temible de estolidez. Y al preguntar los inimaginativos, los marmolillos, los de sólo sentido común, qué es lo que va a venir, lo que preguntan es quiénes van a venir, qué gente conocida de ellos. Y luego resulta que no conocen gente; no conocen más que nombres.

Hay otros que dicen: «¡Bah! Seguirían mandando los mismos que mandan y todo igual». Y no se les ocurre que aun en este caso el cambio sería profundísimo. El que siguiera, por ejemplo, el Gobierno que hoy hace como que gobierna, pero sin monarca, sería cambio mucho más radical que el que el monarca llamara a su Consejo a los republicanos radicales y otros. Esta es la historia. Y no decimos prescindiendo de las personas porque tenemos de la personalidad una visión histórica y no fisiológica. La persona del rey, v. gr., no es el individuo reinante.

Es, sobre todo, cuestión de estilo. Y aquí convendría estudiar los estilos regios: estilo saboyano, estilo hohenzollerniano, estilo borbónico, estilo habsburgiano, etc. Lo que no se puede, hablando de reyes, es hablar de estilo italiano, estilo inglés, estilo alemán, estilo español, etc. Los estilos regios no son nacionales, aunque algunos reyes de buena fe lo crean. Ni el ser castizo es ser nacional. La casticidad es una caricatura. Cualquier cómico puede representarla y con entusiasmo y conciencia.

España, n. 370, 19-V-1923

EL CARDENAL DE RETZ

Estamos leyendo la ya clásica obra de Alberto Sorel sobre «Europa y la Revolución Francesa», y en ella leemos que Luis XVI decía al Parlamento (Tribunal de Justicia) de París en la sesión del 19 de noviembre de 1787: «Los principios que quiero recordaros atañen a la esencia de la monarquía y no permitiré que sean desconocidos o alterados».

¿Qué principios eran estos? Los expuso el guardasellos Lamoignon. «Estos principios —decía— universalmente admitidos por la nación, atestiguan que al rey sólo pertenece el poder soberano en el reino; que no es responsable más que ante Dios del ejercicio del poder supremo..., etc». Retengamos lo de «universalmente admitidos por la nación». Es una frase que implica el consentimiento, siquiera tácito, del absolutismo real por parte de la nación, o sea del pueblo. Se supone que por el hecho de no rebelarse el pueblo contra los derechos del soberano los da por buenos. Es la doctrina pascaliana de la costumbre. Y de hecho en 1787 aún podía parecer a los no muy perspicaces que la nación admitía universalmente los principios del absolutismo.

El cardenal de Retz había escrito en sus *Memorias* en 1646 que «el derecho de los pueblos y el de los reyes jamás concuerdan bien juntos más que en el silencio». Es otra fórmula del consentimiento tácito. Un rey toma una iniciativa en cosa grave, una guerra por ejemplo en uno de esos llamados compromisos internacionales; lo hace sin consultar a la nación, ésta se calla y soporta la iniciativa y la sufre...; luego ha consentido. Y para asegurar más la peligrosa ficción se puede consultar, en consulta privada y secreta, por supuesto ,a los cabecillas de las bandas —mejor que jefes de los partidos— gubernamentales, y es sabido que lo acuerdan los rabadanes tiene que aceptar el rebaño. Y si no, ¡los perros!

Decía Pascal que el pueblo «sacude el yugo desde que lo reconoce», y añadía: «Es menester que no sienta la verdad de la usurpación; se introdujo antaño sin razón y se ha hecho razonable; hay que considerarla como auténtica, eterna, y ocultar su comienzo si no se quiere que tenga pronto fin».

Hemos recordado esta sentencia pascaliana ahora en que se saca a relucir la frase de «ya no hay opción», y cuando se dice que habría sido mejor que España no se hubiera comprometido a implantar en el Rif el protectorado civil, pero que una vez comprometida a ello su honor estriba en atenerse al compromiso. Pero nos ocurre que ni sabemos nosotros, ni acaso los comprometedores saben qué es eso del protectorado civil, ni sabemos que España, la nación —no el reino—, se haya nunca comprometido a semejante cosa. ¡Como no sea consentir tácitamente...! Y suponemos más, y es que si se pone a sufragio el tal consentimiento votarán en contra de él la mayoría de los electores que han elegido a los abogados del compromiso y a los comprometedores.

«La nación respondió...». No, la nación no respondió. Ya está harta de que no le respondan aunque le contesten.

Escribía también el cardenal de Retz. «Lo que causa la modorra *(assoupissement)* de los Estados que sufren es la duración del mal, que hiere la imaginación de los hombres y les hace creer que no acabará nunca. En cuanto se les ofrece escape para salir de él, lo que no marra cuando se ha llegado a cierto punto, se encuentran tan sorprendidos, tan a sus anchas y tan exaltados que pasan de golpe al otro extremo, y que lejos de considerar las revoluciones como imposibles las creen fáciles, y esta disposición, por sí sola, es, a las veces, capaz de hacerlas».

Conviene recapacitar y comedir estas últimas palabras

del avisado cardenal. La disposición a creer fácil una revolución pueda provocarla. Y a fuerza de agüeros se atrae la tormenta.

«¿Pero usted cree realmente que se está aquí y ahora haciendo la revolución?» —nos preguntaba un cínico, que no escéptico—. Y le contestamos: «Excusada la pregunta, porque aunque no lo creyéramos creeríamos de nuestro deber repetir que la estamos haciendo, pues es nuestro modo de hacerla. Lo cual ,como ve, es jugar a cartas vistas».

Ni la irresponsabilidad del co-soberano es principio «universalmente admitido» por nuestra nación ni está toda ella resignada a ignorar «la verdad de la usurpación» de su soberanía y de cómo se la ha querido comprometer sin retirada. Ni la sinrazón del compromiso de que se habla se ha hecho razonable por prescripción.

Un compromiso así es un pacto secreto —¡quién sabe si un pacto de familia...!—, y los pactos secretos, aunque tengan valor para los secretarios de despacho de la Corona, no la tienen para la nación y para los ministros —servidores— de ésta.

Todo lo cual nos parece claro, clarísimo. Como nos parece muy claro que la que el actual Presidente del Congreso [106] llama «popularidad del momento» tiene más fuerza de obligar a un demócrata, a un republicano, a un liberal, que no el secreto compromiso del mal momento pasado. Que también lo fue de un momento.

Y no nos hablen de mandato. Es el otro extremo de la fatídica triada. Los otros dos son: irresponsabilidad y protectorado civil. Y todo ello se encierra en uno solo: despotismo. Porque despotismo es el régimen de compromisos secretos. Y su gran ministro, digamos mejor celestino, ha sido aquí don Antonio Maura, el impermeable.

España, n. 375, 23-VI-1923

[106]   García Prieto.

CRÍMENES DE ESTADO Y CRUZADA
DE PORDIOSERÍA

El 7 de noviembre de este año se cumplirán los cien de uno de los mayores crímenes de Estado cometidos por el reino de España, el asesinato —que no fue otra cosa— de don Rafael del Riego por los sicarios de Fernando VII. Y no por haberse sublevado en Cabezas de San Juan el primer día del año 1820 sino por haber votado la incapacitación del monarca en las Cortes. Hoy el nombre de don Rafael del Riego figura en los muros del Palacio de la Representación popular. Y el himno de Riego quedó como el emblema lírico del liberalismo español. Del liberalismo, que es pecado. ¿Por qué se mezclaron intereses eclesiásticos o clericales —que no religiosos— a la reacción política contra el liberalismo de los doceañistas?

Y ahora saltemos setenta y tres años, la vida de un hombre. Estamos en la fatídica Regencia, cuando se sostiene a la vez dos guerras coloniales, una en Cuba y otra en Filipinas. Guerras civiles. ¿Sólo guerras civiles? No sino también guerras clericales, por lo menos en Filipinas, cruzadas que viene de cruz y que se llama a aquellas guerras en que se esgrime la cruz como arma de combate.

En la cruzada de Filipinas no hubo, que sepamos, ningún obispo don Jerome, *caboso coronado,* que como aquel de que nos dice el viejo *Cantar de mío Cid* pedía a don Rodrigo que le otorgase *las feridas primeras* y que se hartara de lidiar con ambas sus manos sin tener en cuenta los moros que había matado —*ensayavas' el obispo, ¡Dios qué bien lidiava!*— pero hubo generales en jefe que obisparon convirtiendo la espada en báculo. Basta recordar aquella increíble orden de deportación de José Rizal que firmó el 7 de 1892 el general don Eulogio Despujol, Conde de Caspe, aquella orden, del más genuíno estilo de la

Regencia, en que se decía que descatolizar equivale a des-
nacionalizar a que la Santa Fe Católica era en aquel suelo
el «vínculo inquebrantable... de la integridad nacional».
Y así por negarles la libertad de conciencia a los filipinos
se les lanzó a la guerra cuyo espíritu inflamó el autor del
«*Noli me tangere*» y «El Filibusterismo». El cual fue a su
vez asesinado, por mandamiento superior, el 30 de diciembre de 1896. Otro crimen de Estado. Y esperamos en
que llegue día que se ponga en sitio de honor el nombre
de Rizal o que se levante algún monumento expiatorio en
la arrepentida España. Arrepentida de haber dejado hacer
entonces a los servidores del reino.

Pasan los años y pasa, en apariencia al menos, la Regencia y llega el actual período de este reinado, el de la
Tras-Regencia. A fines de julio de 1909 ocurre lo del
Barranco del Lobo [107], a donde llevó a la nación el señor
Maura, y en aquel mismo año los sucesos de Barcelona,
lo que se ha llamado la Semana Sangrienta, que no fue tan
sangrienta como se dijo entonces. La sangre vino después.
vino con los asesinatos, también por orden superior, entre
ellos el de Francisco Ferrer Guardia el 13 de octubre de
1909. Y también entonces se mezclaron a sinrazones de
Estado pasiones teológicas.

¿Por qué un movimiento que empezó siendo una protesta popular contra la guerra de Marruecos, repulsiva entonces como ahora para el pueblo, tomó el giro de una
manifestación contra frailes, monjas y jesuitas? ¿Es que
la cruzada marroquí tiene que ver algo con el clero regular
y las órdenes monásticas?

En las «Aventuras de un geógrafo errante —Segunda

---

[107] Desastre de las tropas españolas de Marruecos el 27 de
julio de 1909, que obligó al gobierno de Maura a movilizar a los
soldados de la «reserva activa», en su mayoría casados, y sacar
tropas de Cataluña.

Parte: Trabajando por España— Libro Primero: A la conquista de Tánger» nos cuenta su autor, Gonzalo de Reparaz, nos cuenta la muy instructiva historia de las 300.000 pesetas, que por intercesión del rey, se le sacaron al señor marqués de Casa-Riera y que debiendo haber sido para un hospital en Tánger fueron para unas escuelas regentadas ¡claro está! por frailes y monjas. Porque la españolización de Marruecos estaba encomendada principalmente, como estuvo la de Filipinas, al monacato mendicante. Como dice Reparaz las tierras de que allí disponía el Estado del Reino de España eran tierras del Espíritu Santo.

Aun hay quien cuando se habla del avispero de Marruecos y del protectorado y de la penetración pacífica se pone a despotricar contra los dueños y contratistas de minas y hasta de negocios. ¡Negocios! ¡Ojalá los hubiese! Pero no hay otro negocio que el de la pordiosería, frailuna o burocrática, civil o militar. ¡Chapucerías!

Dice Reparaz: «El Fasi había dado a Cremades la fórmula de la penetración pacífica. Marruecos, país de miseria, estaba dispuesto a entregarse a quien le llevase dinero. Lo malo era que España, también miserable y ávida, quería sacar dinero de Marruecos. De aquí el conflicto y la imposibilidad de la penetración hispánica».

En el fondo, pues, una cruzada de pordiosería. De pordiosería conventual o castrense, ascétrea o marcial. Hasta lo del millón de Larache pordiosería y nada más que pordiosería. ¿Negocios? ¡Quiá! Los de la bolsa del convento o la bolsa del cuartel no son negocios. Ni negocillos siquiera.

Y véase cómo a consecuencia de esa concepción de cruzada mendicante se han cometido entre otros eso dos crímenes de Estado, el asesinato de Rizal en Manila en 1896 y el de Ferrer en Barcelona en 1909. El primero fue el principio de que fuese arrojado de Filipinas el reino de España y que cesara su reinado allí. Sin verdadero pesar

del pueblo, de la nación española. El segundo... Desde
1909 se ha exacerbado, y desde 1917 enconado y desde
1921 emponzoñado la guerra civil que ha encendido en
España ese compromiso del Estado —mejor del Reino—
pero no de la Nación.

Y ahora que nos hablen del honor, que es cosa de caballeros y de mendigos. O sea de caballeros mendicantes
y de mendigos caballerescos.

España, n. 377, 7-VII-1923

LIMPIABOTAS

Dícese, aunque sin mucha razón, que los niños y los
locos suelen decir las verdades. El señor marqués de Villaviciosa de Asturias no es propiamente un niño pero tampoco un loco aunque muchos le tengan por tal. Es más
bien un gran humorista con un gran valor cívico en su
humorismo. Apoyado en cualidades físicas y morales de
cazador de esos. Es un cazador de osos que se entretiene
en hacer como que quiere asustar a los senadores y en que
la gente se ría del Senado. En todo caso es más divertido,
más original y más juicioso que fue su padre don Alejandro Pidal y Mon. Que no tenía chiste ninguno y hablaba
más en camelo y con mucho menos sentido que su hijo.

En cierta ocasión dijo don Alejandro que Dios se reía
de sus enemigos y *Clarín* salió diciéndole que Dios no se
ríe. Escriturariamente era don Alejandro quien entonces
—¡cosa rara!— estaba en lo firme, porque eso de la risa
de Dios es expresión bíblica. Se lo habría oído don Alejandro al Excmo. Sr. D. Fr. Zeferino González O. P. arzo-
bispo y cardenal. Dios se ríe de sus enemigos y se sonríe de

las salidas del marqués de Villaviciosa de Asturias. Y las inspira.

El otro día dijo el amenísimo cazador de osos y paisano del rey don Favila que habrá que decapitar a los limpiabotas del rey. ¿Decapitarlos? ¿Y para qué queremos sus cabezas? No, que se queden con ellas. En cuanto a lo de limpiabotas...

Ya el señor marqués de la Viesca se había ofrecido para limpiabotas, aunque no precisamente del rey. ¿Y por qué se ha de presentar ese oficio de limpiabotas como el de mayor servilidad? Sin duda que los más de los ministros de la Corona se han postrado ante ésta con menos dignidad que ante nosotros se arrodilla el que nos lustre las botas cuando las tenemos puestas.

Un limpiabotas, en rigor, puede no prosternarse ante nadie y lustrear las botas sin ver al amo de ellas. Como un ministro de una monarquía puede lustrear la corona, el cetro, el trono u otro chirimbolo así sin ver al dueño. Ni hace falta que las botas estén puestas en los pies de su dueño para lustrearlas —suponemos que a S. M. no se las lustrearán puestas— no hace falta que la corona esté sobre la cabeza del coronado para sacarle brillo. Las botas fuera de los pies son la institución; en ellos son otra cosa.

Pero aun podríamos pasar que se le lustreen a un monarca cualquiera las botas, y botas de montar, teniéndolas puestas —¡ si no lo hacen bien, espolazo!— si el lustre fuera bueno. Hay quien cree que ese lustre hay que hacerlo con crema de manteca humana.

No recordamos qué filósofo pesimista, acaso Schopenhauer, dijo que el hombre civilizado era capaz de matar al prójimo para sacarle las mantecas y darse con ellas lustre a las botas. Y cada vez que oímos que una victoria guerrera, que una conquista cruenta, da lustre a un reinado nos acordamos de esa terrible frase.

Una vez que hablando de las señoras que se disfrazan carnavalescamente de enfermeras de la Cruz Roja —¡Kodac al canto!— dijimos que esos roperos bajo la advocación de una santa dinástica pueden servir para aprestar mortajas para los que mueren en Marruecos por dar lustre al reino y para coserle camisas limpias se nos dijo que era abusar de la metáfora. Todavía no se nos había sugerido esta nueva, la del lustre.

Para dar lustre al Reino, para tapar con ese lustre las rozaduras de 1898, para encubrir con él los remiendos de entonces, para eso se ha echado a Marruecos buena parte de la flor de nuestra juventud. Su sangre no ha abonado para la nación española aquellas bravas tierras, pero sus mantecas han servido para dar lustre al Reino. Ahora que con las cabezas de los limpiabotas no podremos hacer nada.

Todo este comentario les podrá parecer de mal gusto a todos esos conservadores que andan salidos de madre. ¡Ojalá sus cosas y dichos y hechos fuesen de gusto, aunque fuera malo! Y además no estamos ahora para tales repulgos.

No sabemos cuál será la suerte de los limpiabotas cuando se publiquen estas líneas. Empiezan a encorvar el cuello bajo el yugo de la razón de Estado. Y ya parecen naturales las frases de un general aclamado por los que piden justicia. Se va acabando la habilidad.

Pronto habrá que deslustrar al reino y que se vea el cuero.

España, n. 388, 28-VII-1923

CRÓNICA POLÍTICA ESPAÑOLA

LA SOLUCIÓN DEL PROBLEMA DE TÁNGER

El caso es que nos traen ya medio locos con esa cuestión de Tánger. Que Francia quiere que siga bajo la soberanía, nominal ¡claro! de ese pobre soldán de Marruecos que dicen que echó al Kaiser cuando su teatrelada en el *Panther;* que Inglaterra quiere que se internacionalice; que España... Pero ¿es que España quiere algo? En lo de Tánger, ¡no! En lo de Tánger España, la nación española, no el reino de España, no quiere nada. La nación española no puede distraerse o divertirse con lo de Tánger. Ni lográn llevarle a ello los que suscitan esa diversión táctica.

¿Derechos históricos? Si a la historia acudimos sería Portugal, y no España, quien mejores derechos podría alegar. Pero creemos que hay una solución que mantendría la internacionalización y satisfaría otros intereses. Vamos a verla.

De 1580 a 1640, durante sesenta años, estuvieron España y Portugal no unidos sino dependiendo de una misma corona, la de los Habsburgos nacidos y criados en España Felipe II, III y IV. Eran reyes de España y de Portugal, pero Portugal y España no formaban un solo reino, no estaban fundidos. Y creía el gran historiador ibérico Oliveira Martins que de haberse fusionado los dos reinos, de haberse hecho la unidad nacional, Portugal no se habría separado de España. A lo que hemos de volver, ahora, en vísperas acaso de nuevos movimientos secesionistas, pero que debemos dejar por el pronto. De la misma manera estuvieron Inglaterra y Hannover, y de otra parte, Suecia y Noruega.

¿Por qué no se intenta una solución así? ¿Por qué no se constituye con Tánger y su radio un Principado y se nombra Príncipe de él al rey de España, sea el que fuere? Y de tal modo que si mañana o pasado mañana el rey de

España perdiese su reino pudiera quedarse de príncipe de
Tánger. Hay que estudiar esta propuesta.

Ya nos percatamos de que eso del Principado de Tánger sugerirá a muchos de nuestros lectores lo del Principado
de Mónaco, pero es precisamente éste el que nos ha sugerido nuestra propuesta. Porque no cabe duda de que el
Principado de Mónaco está internacionalizado, de que debe su existencia a intereses económicos internacionales y de
que el Príncipe de Mónaco cumple un mandato de las potencias que restringen en sus propios dominios la libertad
del juego de azar.

A esta internacionalización de Tánger que proponemos
se opondrían, si es caso, desde luego el Principado de Mónaco y acaso el Virreinato de San Sebastián, pero ¿no cabría un sindicato de estas pequeñas potencias?

¡Y lo que habría de ganar Tánger con esta solución!
¡Y el campo que les abriría a tantos y tantos industriosos
españoles que no tienen hoy donde ejercitar debidamente
sus ocios y sus talentos! ¿Es que en nuestra cruzada en
Marruecos no se ha demostrado cumplidamente las aptitu-
des que tenemos los españoles para el género de explotación que proponemos se implante en Tánger? Nuestro genio se ha demostrado siempre, desde la conquista del Perú,
altamente azaroso. El español ha sabido jugarse la vida.

La instauración del Principado de Tánger en las condiciones que proponemos resolvería a la vez tres problemas: 1.º, el de la más perfecta internacionalización del
azar; 2.º, el problema colonial de Marruecos, y 3.º, el
problema del régimen de España. ¡Cuánto más descansado,
y hasta más lucrativo, ser sólo Príncipe de Tánger que
tener que soportar las tristes incumbencias de la soberanía
constitucional hoy en España!

Piénsenlo bien nuestros diplomáticos del reino de España; ¡piénsenlo bien! Es la solución ideal; es la que ar-
moniza todos los intereses; es la que procura todas las

debidas compensaciones. Y hasta se le podría satisfacer al
soldán de Marruecos. Y Francia, que protege dentro de
su territorio nacional, al Principado de Mónaco, no vería
inconveniente alguno en proteger en Marruecos al Principado de Tánger. Y en cuanto a la ex-puritana y siempre cínica Inglaterra...

Pero quien ganaría más con esa solución sería España.
¡Nos libraríamos de tantos caballeros...! [108].

España, n. 382, 11-VIII-1923

¿QUÉ MÁS SE QUIERE DE MÍ?

En el número 391, el del último 13 de octubre, de este
semanario, me dirigía el amigo señor Rivas Cherif una
carta abierta invitándome a que sea yo el hombre de la
idea de unirnos en una comunión del pensamiento libre
todos aquellos a quienes no pueden arrancarnos el dolorido
sentir del estado en que yace en España la inteligencia
civil y liberal, madre de la justicia. Después se me han
dirigido otras excitaciones, bien que privadas, en igual
sentido. Y no debo dar la callada por respuesta, aun dejando para mejores días, para días de libertad, el hablar más
claro. Hoy no podría hacerlo.

Declaro sin reticencia alguna que no sé bien qué es lo
que de mí se espera o se pide. Otra cosa que lo que estoy
casi a diario haciendo. Porque si es la publicación de un
manifiesto o programa que más que unir a unos cuantos
ciudadanos libres me encadenara a mí a una especie de

[108] Creación del Estatuto por el cual se internacionalizaba la
ciudad de Tánger.

jefatura como la de los partidos políticos, debo declarar que
lo estimo perjudicial para los fines que ellos y yo perse-
guimos [109].

No es que recabe tan sólo en cada momento la absoluta
independencia de mis actos, no —y eso que a tal respecto
me siento, en efecto, protestante e ibseniano, y admiro a
Brand—, es que temo que no sean juzgados rectamente
esos actos o que se ponga en duda mi sinceridad y mi veracidad. Porque en el caso a que el señor Rivas Cherif se
refería, y en que hice lo que volvería a hacer si las circunstancias —lo que ya no es posible, creo—, se repitieran, lo
que me dolió es que se supusiera, después de haberme yo
explicado con toda claridad, que hubiese ido a colaborar
con el conde de Romanones, lo que no fue así. Que él bus-
cara mi colaboración es una cosa; que yo aprovechara su
mediación para obtener un testigo, y en aquel caso el más
conveniente para mis fines, es otra. Y no es este el lugar de
explicar menudamente cómo puede ser una habilidad fingir
dejarse cazar por otra y cómo no se debe sacrificar la sustancia de la integridad a la mera apariencia de ella. Me im-
portan poco las fórmulas de los políticos palatinos y la
interpretación que la malicia del vulgo dé a ellas.

No me dolió entonces tanto el que se me condenara
antes de haberme oído y juzgando por apariencias y pre-
sunciones cuanto que después de explicarme se siguiera fin-
giendo creer, acaso por no declarar la precipitación de
juicio, que no dije toda la verdad. Porque a tanto equi-
valdría suponer aquella colaboración.

Pero, dejémonos de esto.

¿Qué se quiere ahora de mí? Reconozco que me debo
a los demás y estoy dispuesto a colaborar con ellos, pero

---

[109]   Unamuno había ya rechazado en 1906 ponerse a la cabeza de un partido político y seguirá manteniendo siempre esta
actitud.

¿qué papel se me adjudica? ¿Qué se quiere que haga más de lo que hago? Porque dispuesto estoy a seguir en la vanguardia de los que se esfuerzan por salvar la *res publica* que dice el señor Rivas Cherif, por traer la república, que es más claro.

Ni sé que las otras organizaciones a que el señor Rivas Cherif aludía se encuentren tan cerradas en su prudente reserva *de clase*. Yo sé que en esas organizaciones se oye mi voz; yo sé que se acogen mis escritos en el órgano del partido socialista español. Y si mi relación con este partido, que es republicano, que no puede —y desde ahora menos que nunca— colabora con la Corona, no es más íntima es por la misma razón por la que no debo, para el mejor logro de nuestros comunes fines civiles, encadenarme a un programa casuístico y de partido.

Además mi forzada lejanía de Madrid me veda cierta acción que para ser eficaz tendría que ser de asidua presencia personal. Se me hizo el honor de nombrarme, interinamente, presidente de la Liga de los Derechos del Hombre, pero no debe, no puede ser presidente el que no puede presidir con asiduidad.

....
....
....
....
.... el señor don Luis Silvela declaraba públicamente hace pocos días que del dinero recaudado en Madrid de la tolerancia del juego prohibido se enviaba una parte al Gobierno de Barcelona, especie que ya habíamos oído, y no sólo del dinero procedente de Madrid sino de otras ciudades. Pues bien; la Liga debería indagar si aquellos corrompidos Gobiernos, a los que ya se les llama del antiguo régimen —mejor antiguos Gobiernos del régimen— enviaban ese dinero a Barcelona, como se dice ......

....
....
....
....
....
                                                          110

España, n. 394, 3-XI-1923

HEREJÍA CONSTITUCIONAL

En una hoja periódica que se ha adjudicado el triste papel de pedir al actual poder público los mayores desatinos hemos leído que se debe incapacitar para volver a ser ministros de la Corona a los que lo han sido en el que se ha dado en llamar —con evidente ligereza— el antiguo régimen. Y como eso no podría hacerse sino por un real decreto equivale a tanto como a pedir que el monarca firme uno en que se obligue a no volver a llamar a sus consejos a los que ya llamó antes, limitando la facultad que la Constitución le confiere de nombrar y separar libremente sus ministros. A ningún buen monárquico se le puede ocurrir un desatino semejante.

A ningún buen monárquico se le puede ocurrir que la Corona se comprometa a no volver a poner su confianza en antiguos servidores suyos sobre los que no haya recaído sentencia alguna, legal y formalmente promulgada, que les incapacite para esa función. Eso sería una de las

110   Los puntos corresponden a párrafos censurados por la censura militar.

mayores abdicaciones de la Corona. Y es claro que el actual poder público, monárquico ferviente y leal, no puede hacer caso de las torpes excitaciones de esa hoja periodística del triste papel. Es claro, clarísimo, que el actual poder público, que la situación gubernativa presente, monárquica ferviente y leal, no ha de intentar secuestrar así la voluntad regia. Acaso los consejeros esos del triste papel lo harían, si pudieran; intentarían, a serles hacedero, secuestrar esa voluntad en la malla de sus torpes concupiscencias.

Hay otro aspecto. Esos antiguos ministros del régimen —no ministros del antiguo régimen— merecieron la confianza, no sólo de la Corona, sino del pueblo que los elegía diputados y senadores. Y las más de las veces sin otra presión que la de los favores que de ellos se esperaba. Pues el que llamamos caciquismo más se sostenía haciendo favores que negándolos. ¿Quiere esa hoja del triste papel que se les incapacite también para ser elegidos? Lo que sería en vano. No eran elegibles, según la ley, los individuos del Comité de Huelga de 1917 que estaban cumpliendo condena en el Penal de Cartagena y fueron elegidos por el pueblo, que los creía injustamente condenados, y hubo que amnistiarlos y dejarles al Congreso, a donde fueron a acusar a sus acusadores. Y ¿no podría suceder que si sobre uno de los antiguos ministros recayese una sentencia condenatoria —que es muy otra cosa que incapacitarle, sin ella, para volver a ministrar— fuese ésta una recomendación para sus antiguos electores y volviesen a elegirle?

Sí, es cierto que muchos de esos antiguos ministros, los más de ellos, pecaron gravemente contra la Corona y contra el pueblo, contra España, que había depositado en ellos su confianza, pero su pecado mayor, su pecado mortal contra la civilidad y la humanidad y la patria no es el que suponen esos que se ofrecen de asistentes al régimen ahora; es otro y mucho mayor.

Pecaron como la Samaritana por no tener marido a quien ser fiel (Jn IV, 17) y a ellos se les puede decir lo que a ella dijo el Cristo: «Cinco maridos has tenido y el que ahora tienes no es tu marido; esos has dicho con verdad». Y esos cinco maridos, y muchos más, se vuelven ahora contra la Samaritana, contra el que la hoja esa lama el antiguo régimen o sistema, y le llaman ramera. Y la pobre Samaritana, que estaba esperando al Mesías, sin saber lo que le pasa, llora a solas.

La hoja del papel sanitario pide la incapacitación de los antiguos ministros del régimen, pero no se atreve a descubrir en qué consistió su mayor culpa y cómo no supieron defender debidamente la independencia de su responsabilidad o abandonar a tiempo un puesto en que no eran capaces de mantenerse dignamente.

¡Pobres caciques caciqueados! La Samaritana despilfarraba, pero era para atraerse a sus maridos de una temporada. Sí, lo malo era el sistema; el sistema samaritanesco. ¡Pobre Samaritana! ¡Pobre hembra!

No, que no vuelva a desgobernarnos ella; pero tampoco ninguno de sus maridos sucesivos. ¡No, ella la hembra, no! Pero ellos tampoco.

España, n. 395, 10-XI-1923

LA SOMBRA DE CAÍN

Veréis llanuras bélicas y páramos de asceta
—no fue por estos campos el bíblico jardín—
son tierras para el águila, un trozo de planeta
por donde cruza errante la sombra de Caín.

Así cantó, tristemente, con la obligada tristeza del profeta a quien el Dios ibero ungió los labios para que lanzara las palabras que son cautiverio, así cantó nuestro profeta Antonio Machado. Así cantó nuestro profeta esculpiendo en versos de fuego la figura trágica del hombre del «alto llano numantino», de toda España, del hombre que

> los ojos siempre turbios de envidia o de tristeza,
> guarda su presa y llora la que el vecino alcanza;
> ni para su infortunio ni goza su riqueza;
> le hieren y acongojan fortuna y malandaza.

Y yo, de quien dijo el profeta —¡Dios se lo pague!— aquello de

> sabe a Jesús y escupe al fariseo

tengo que enjugarme el amargor de la boca que me produce la exacerbación de la pasión soberana del castizo pueblo español, de la pasión soberana que produjo al final el siglo xv aquel Santo Oficio de la Inquisición.

¡Profundamente popular en España la Inquisición! Brotaba de las entrañas de la que don Marcelino llamó la «democracia frailuna» española, mejor oclocracia —*oclo* es turba— de ese vivero, con sabor monástico, de la terrible pasión que hace cruzar por nuestros páramos la sombra de Caín.

¿Caciquismo? ¿Oligarquía? ¿Favoritismo? ¿Nepotismo? ¡Quiá! El cáncer, el hondo cáncer de España es otro. Y es doble. En lo corporal no es el hambre, sino la avariosis, a la que algún supuesto místico le toma por el pecado original, y en lo espiritual es la otra avariosis, la avariosis del alma, la envidia. Y pobre Joaquín Costa, que se pasó la vida declamando contra el caciquismo y la oligarquía debió, al finar sus días, reconocer cuál era el cáncer de su patria acongojada.

¡Qué castizo Felipe II, el del Escorial! Leed *Jeromín,* del P. Luis Coloma, un jesuita triste, y veréis cómo en el alma de aquel tristísimo déspota hizo presa por lo menos la forma espiritual de ese cáncer. Y fue el general don Ricardo Burguete quien en un artículo crítico nos llamó la atención sobre ese aspecto de la obra del jesuita triste.

El otro día se nos arrimó un fariseo, de esos que están clamando con los labios justicia y con el hígado otra cosa. Traía la cara radiante. «¡Sabe usted —nos dijo— ya se ha suicidado otro secretario...!». Me callé. Tenía que ahorrar saliva de la rumia del pasto amargo.

El mismo fariseo, explotador que fue del que llama el antiguo régimen, me decía: «¿Y ahora? ¿Por qué no reanuda su campaña contra los viejos políticos?». «¿Por qué? —le repliqué— Porque jamás les pedí más que libertad y justicia y si me la negaron no es ahora la ocasión de recordárselo. Me habrían hecho diputado, senador, ministro si yo lo hubiera querido, pero yo no quise sino libertad y justicia que son una sola y misma cosa, pues ni hay libertad sin justicia y ni hay justicia sin libertad. Si yo me hubiera ofrecido a aquel régimen para ministro, si yo hubiera dicho a alguno de aquellos caudillos que podía disponer de mí para ministro, sería muy natural, muy demasiado natural, que ahora le denostara, porque aquella relajación traería ésta. Pero no, ahora no; que se les haga justicia». «Vamos —dijo con sonrisa de conejo el fariseo— se compadece usted de los caídos...». «¿Caídos? —exclamé— ¿caídos? Cuiden ustedes, los fariseos, de que no resulte como si se levantaran por caer ustedes más por debajo de ellos».

Mi fariseo, el fariseo mi interlocutor, éste a que me refiero, ha aprendido unos tópicos hepáticos de nuevo cuño que cree que le autorizan para despreciar los que llama viejos tópicos del liberalismo, tópicos que, por supuesto, no ha podido digerir. Mi fariseo con sus «ojos siempre turbios de envidia o de tristeza» se pone a hablar de moralidad y de justicia. Y da escalofríos oírle hablar de ellas. Es algo así como sería oírle disertar al verdugo sobre la oportunidad de la pena capital. Peor que al verdugo; al que va a recrearse con el espectáculo de la ejecución capital. Me pareció uno de aquellos que llevaban antaño a sus hijos, para edificarlos, a un auto de fe, a una fiesta de quemadero.

Una vez me dijo mi fariseo que habría que restablecer la pena de la picota, del rollo. «Sí, y que me graben a fuego en la frente: *¡intelectual!*» —le dije:

Yo no sé cómo saldremos de este baño pero me temo que para los más no sea bautismo que les borre nuestro pecado original del espíritu castizo. Me temo más bien que ese pecado salga más corroborado.

¡Justicia! ¡Justicia!

Lo que veo es a los pordioseros apedreando a los que hasta ayer no más le daban limosna porque no les pedían otra cosa. Lo que veo es pasar por este triste trozo de planeta la sombra de Caín [111].

España, n. 398, 1-XII-1923

---

[111] Unamuno tmabién empleó a la envidia como protagonista de una de sus obras: *Abel Sánchez*.

APÉNDICES

PROPAGANDA REPUBLICANA

CUESTIONARIO

Los artículos de propaganda republicana que *La Libertad* publica, me han inducido a redactar el siguiente cuestionario razonado de puntos desarrollables y que espero desarrollar.

A) La cuestión de forma de gobierno parece a primera vista de poca monta, y así lo estiman muchísimas personas. Aquí tenemos a los íntegros que nos ponderan la república del Ecuador y la ponen muy por cima de las monarquías europeas, hecho significativo por aquello de que del enemigo el consejo. Realmente se han visto y ven monarquías muy liberales y repúblicas absorbentes y despóticas. Algo habrá sin duda, para que los más y mejores liberales sean republicanos claros o disfrazados de monárquicos tibios e *hipotéticos,* y que los partidarios de ese orden cacareado, que consiste en suprimir o cercenar las libertades llamadas modernas, sean monárquicos netos o con máscara de un republicanismo hipotético. En los principios del carlismo, el Rey aparece como el brazo de Dios y el tronco de la Patria. En España se hizo en tiempo de Amadeo un ensayo de monarquía democrática que fracasó, como han fracasado intentonas parecidas. Esta incompatibilidad empírica entre la verdadera libertad y la monarquía, debe tener una razón y ésta hay que buscarla, seguro de que nos dará la clave para discernir la esencia de la monarquía de la república.

B) El ser el cargo de rey hereditario y electivo el de presidente no es, como creen, el carácter esencialmente distintivo entre una y otra forma, porque ha habido monarquías electivas y aun en las hereditarias se dan casos de elección, como aquí sucedió el año sesenta.

C) En todos los pueblos, hay personas, institutos y clases privilegiadas, que resisten mientras pueden el avance del pueblo a la conquista de sus derechos. Todas estas clases, institutos y personas, sabiendo que en un régimen sinceramente democrático serían arrolladas por el pueblo, oponen a la soberanía de éste como poder moderador y principio de orden, según ellos, el monarca soberano representante de la tradición y los llamados derechos históricos. En las monarquías absolutas no hay más que un soberano, el rey; en las repúblicas verdaderas uno solo también, el pueblo; pero como el salto pareció brusco, se fijaron las monarquías constitucionales o mixtas en que mediante un pacto comparten la soberanía rey y pueblo. He aquí la clave de la distinción entre monarquía y república, y he aquí el origen de la monarquía moderna, la duplicidad de soberano, absurdo de los absurdos. Dos soberanos es la fuente del mal, no pueden ejercer la soberanía proindiviso y todo lo que se dé al uno se quita al otro. resultando que ni uno ni otro es tal soberano.

En caso de disidencia ¿quién decide? De hecho ya lo sabemos, el más fuerte, que puede ser el pueblo y puede ser el rey apoyado en una intervención extranjera como la de aquellos 100.000 hijos de San Luis, con cuyo socorro establecieron los realistas del 23 el despotismo ilustrado de Calomarde. Mientras la soberanía esté repartida entre pueblo y rey tendremos frente a la opinión pública las corazonadas privadas.

El dogma fundamental de la República, su esencia, lo que le distingue de la monarquía, el punto de unión de todos los republicanos, es la soberanía nacional. Por encima de la voluntad del pueblo no hay más que la ley, aceptada por el mismo pueblo, pero aceptada libremente.

D) La idea de considerar el trono patrimonio del monarca, propiedad transmisible y no administración delegada, es una consecuencia de la doctrina de la soberanía real. En la intrincada cuestión de la legitimidad de las pretensiones de don Carlos al trono de España, lo mismo que en la llamada cuestión romana, se sacan a relucir toda clase de argumentos menos la voluntad de los españoles en el primer caso, y la de los romanos en el segundo. España es de los españoles, no de un rey o de otro, y Roma de los romanos y no del papa ni del rey de Italia.

E) Tienen, sin embargo, gran valor las razones y los derechos históricos; cuando algo se instituyó, razón hubo para instituirlo y cuando ha durado hasta hoy razón tiene su duración; pero esa razón no es como pretenden muchos, con evidente círculo vicioso, el haberse instituido y acatado en tiempos antiguos ni el venir durando sin protesta, sino la razón que hubo para la institución y la que haya para la duración. A un centinela le ordenaron impidiese a todos sentarse en un banco recién pintado para evitar desastres en la ropa a los transeúntes; nadie se acordó de revocar la orden, corrió de centinela en centinela, y seguía la prohibición seco ya el banco. He aquí lo que son muchos derechos históricos.

Todos los organismos conservan restos de órganos, usados ya, que al perder su función no han desaparecido; tiene la culebra en su esqueleto apófisis de las perdidas extremidades, tiene el buey dedos inútiles, tiene la oreja del hombre musculillos atrofiados que le movieron en un tiempo y tienen monarquía las naciones.

La forma sobrevive al fondo, el vocablo a la idea, el símbolo a lo simbolizado, y así resulta que hoy acaso lo esencial de la monarquía son los chirimbolos, como para muchos, ritos y fórmulas son lo esencial de la moral.

El número de los principios huecos es grande. Dice la constitución que la persona del rey es sagrada e inviolable y yo someto a la consideración del lector, en este cuestionario, tres puntos y son:

1.º Qué diferencia hay de la persona del rey al rey.

2.º Qué quiere decir que la persona del rey es sagrada; y si esta frase evoca representación clara de cosa alguna.

3.º Si es que las demás personas somos violables, pues de otro modo no se concibe, a qué conduce decir que la del rey no lo es.

Todo ello por no decir lisa y llanamente que el rey, como los niños y los locos, es irresponsable de sus actos. ¡Ay, pero hablando claro se perdía esa misteriosa penumbra en que viven los chirimbolos!

F) La razón de ser de la monarquía fueron necesidades históricas, al tener que establecer un poder fuerte a cuyo amparo los inteligentes y fuertes gobernaran a la plebe entonces menor de edad, las necesidades de la guerra y la dura labor con que ha habido que forjar las nacionalidades.

Las monarquías han hecho las naciones; la monarquía ha hecho la nación española, ha unido estados y reinos para constituir España, ha establecido nuestra unidad. Por haber luchado con el pueblo contra la turbulenta aristocracia, se hizo popular. Cuando cumplió su misión democrática se hizo baluarte de instituciones y clases que morían y se volvió contra el pueblo.

Hoy gracias a ellas ha subido al poder un partido antipopular. Cumplió su misión y vino a ser bandera de las hordas que gritaban en 1824 ¡vivan las cadenas y muera la nación!

El hombre, ya hombre jubila a su nodriza, como el que ha subido con escalera recoge la escalera y la arrincona; así debemos hacer con la monarquía. Esta caerá con todos sus chirimbolos como cae a los niños la caspa de la cabeza en cuanto les sale el pelo, como cae la costra cuando la herida se cicatriza.

La monarquía ha cumplido con nosotros haciéndonos la unidad nacional; nosotros cumplimos con ella enterrándola junto a sus chirimbolos con cariño y respeto en el panteón en que duermen sueño eterno los dioses muertos. Si hoy se sostiene la monarquía, es porque sirve de agarradero al caciquismo que en ella se apoya, le sostiene y le precipita; y por la enorme apatía del pueblo que quebrantado por un siglo de luchas cruentas murmura con fatiga:

Más vale lo malo conocido que lo bueno por conocer.

Sólo falta que cobre ánimos el pueblo, vea que toda soberanía hace ilusoria la suya, se sacuda y sacuda al caciquismo encaramado en los chirimbolos.

Bilbao, 20 septiembre 1891.

La Libertad, Salamanca, 23-IX-1891

CONTRA LOS BÁRBAROS

Revolviendo, estos días, viejos papeles hemos dado con el interesante artículo de D. Miguel de Unamuno, que a continuación reproducimos, por expresar maravillosamente el momento actual de barbarie castellana, que no ha cambiado desde 1907, fecha en que D. Miguel escribió su magnífico trabajo.

A Juan Maragall

Mi querido Maragall: ¡Qué tristeza, qué enorme tristeza me causó leer traducido al castellano, después de haberlo leído en catalán, su hermosísimo y nobilísimo artículo *Visca Espanya!* Me causó tristeza, porque me dije: Trabajo perdido, no lo entenderán.

Hace pocos días leí en el *Heraldo de Madrid* un telegrama en que se decía que en la estación de San Sebastián, hubo un tumulto porque un sujeto gritó *¡gora Euzkadi! (¡muera España).*

Así decía el telegrama. Y, en efecto, *gora Euzkadi,* en vascuence muy dudoso, en vascuence de gabinete, porque en el vivo y tradicional se llama al país vasco Euskalerría, y no Euzkadi; *¡gora Euzkadi!* significa *¡arriba Vasconia!* Un bárbaro que no sabía vascuence lo tradujo a su antojo, y de ahí el tumulto.

Y así de continuo, porque los bárbaros abundan. No saben traducir, ni quieren saberlo. Cuando van a oír a alguien, no van a oír lo que les diga, sino lo que se figuran que les iba a decir. Y son inútiles sus esfuerzos. Estoy harto de oír tachar a tal o cual escritor u orador de latero, y que quienes así le tachan ni le han leído ni oído jamás.

Cuenta Mr. Borrow en aquel precioso libro *The Bible in Spain,* que escribió en 1842 —y que es uno de los más preciosos tesoros de psicología española— que unos sacerdotes sevillanos emprendieron la tarea de convertir a un griego. Dijéronle cómo un hombre culto, como el griego era, podía permanecer adherido a una religión absurda, y esto después de haber residido tantos años en un país civilizado como España; contestoles el griego que estaba siempre dispuesto a dejarse convencer y que le mostrasen lo absurdo de su religión, a lo que le replicaron: «No conocemos nada de su religión, Sr. Donato, salvo que es absurda y que usted, como hombre instruído y sin prejuicios, debe abandonarla». ¡Y cuántos hay como estos eclesiásticos sevillanos de que Mr. Borrow nos habla, que sólo saben de una doctrina que es absurda, sin conocerla!

Pero, ¿qué quieren estos catalanistas? ¿Qué quieren esos bizkaitarras? ¿Qué quiere la Solidaridad? Estas preguntas las he oído mil veces. Y no basta decirles que lo están predicando a diario. Tienen los bárbaros hecha su composición de lugar, y si se les habla no oyen. Ellos están al cabo de la cosa; a ellos no se les engaña.

Es imposible, querido Maragall, es imposible. Se puede esculpir en granito, pero no se puede esculpir en arena. Y este pueblo está pulverizado

Es cuestión de estructura mental. Usted sabe dónde les salen a los bárbaros las voliciones enérgicas; usted sabe que cuando se niegan a hacer algo, exclaman: «No me sale de los c...». Pues bien; tienen en la mollera, dentro del cráneo, en vez de seso, criadillas. ¡Su cerebro es un cerebro c...nudo! Y que se rían los bárbaros, creyendo que hay ironía o humorismo en estas cosas que manan sangre, y que los imbéciles, cuyo número es infinito, hablen otra vez más de paradoja.

Estoy leyendo en capillas la obra *Vida y escritos del doctor Rizal,* que en breve dará a luz mi amigo D. W. E. Retana, y a la que pondré, de epílogo, un estudio. Es una lectura que infunde pavor. Allí, en la historia de aquel alma noble y grande, de aquel gran filipino que se llamó Rizal, en la historia de aquel espíritu gigante, de aquel indio inmensamente superior en cerebro y en corazón a todos los frailes blancos de cara que le despreciaron y le persiguieron, allí se lee lo que nos puede volver a pasar.

¿Le despreciaron? No lo sé; no lo crea. En los bárbaros, la envidia toma la forma de desdén.

Hay en griego una palabra preciosa, y es: *authadia.* La palabra *authadia* significa la complacencia en sí mismo, el recrearse en sí, el estar satisfecho de ser quien se es. Y luego, en el lenguaje corriente, vino a significar: insolencia, arrogancia.

¡Ay, querido Maragall, su *¡visca Espanya!* rebotaría contra la *authadia,* contra la insolente arrogancia de los bárbaros! Querrán que lo grite usted en castellano ¡viva España!, y sin contenido, sin reflexión, como un grito brotado no del cerebro, sino de lo otro, de donde les salen a los bárbaros las voliciones enérgicas.

Y esto, ¿qué remedio tiene? Ustedes, los catalanes solidarios, lo buscan por un camino. De la bondad del camino, de lo que la Solidaridad pueda hacer, de mis recelos y temores respecto a ella hemos hablado muchas veces. Me temo que les falte arrojo y la abnegación necesaria para decir: «¡Aquí mandamos nosotros!». Me temo que les falte fe en sí mismos, fe en su misión. Me temo

que se contenten con lo teatral, y deseo equivocarme. Me temo
que les falte tenacidad.

Usted sabe que soy vasco, vasco por todos costados, y usted
sabe que la fuerza de mi pueblo es la tenacidad. Loyola fue un
hombre tenaz, insistente. El puerto de Bilbao no se ha hecho por
una inteligencia genial, sino por un carácter de roca, que ha sabido resistir año tras año los embates del mar. D. Evaristo Churruca, en cuyas venas corre sangre del otro Churruca, del almi-
rante, es nuestro último héroe. Ha podido más que el mar.

¿Se podrá algo contra el embate continuo de las olas ciegas
y sordas de los bárbaros? ¿Llegarán a ver, oír y entender?

Hablan otra vez más de la tranca, de palo y tente tieso, de eso
que tienen en vez de sesos.

Me hablaba en una ocasión un bárbaro de cierta reunión, creo
que sobre admisiones temporales o cosa así, a que acudieron inte-
resados de toda España. Me hablaba de las razones que exponían
paisanos de usted y míos, y añadió: «Si nos ponemos a discutir,
nos envuelven; así es que, como éramos los más, los arrollamos».
Las alas del corazón se me cayeron a oírle.

¡Qué tristeza, querido Maragall, qué enorme tristeza me causó
el leer traducido, después de haberlo leído en ese hermoso catalán en que usted siente, quiere y magnifica a España, su ¡visca
Espanya! Y me acordó de aquel su otro: ¡adeu, Espanya!

Y aquí, mi buen amigo, aquí, en esta pobre y desgraciada
Castilla, el espíritu sufre y suspira bajo el dominio de los bárbaros. Pasando a la vista de Fontiveros, en la estepa polvorienta,
me decía: ¿Y cómo pudo ser que hubiera nacido aquí, siglos hace,
San Juan de la Cruz? Y vine a concluir, para consolarme, que el
espíritu no está muerto, sino dormido. De cuando en cuando
se queja en sueños.

Ya sabe usted cuál es nuestro deber.

Le abraza su amigo,

16 de mayo de 1907.

España, n. 201, 13-II-1919

CARTA DE UNAMUNO A MARIO PUCCINI

Sr. Puccini

Acabo de recibir, amigo mío, su libro *Foville*. ¡Muchas gracias! No he recibido el *Eco della Stampa* con su artículo sobre mi «Don Quijote» ni conozco el de la «Perseveranza» sobre mi «Sentimiento trágico» (es decir, su primera parte, la única traducida aún al italiano, supongo). A mediados de julio fui con mi familia a Portugal, donde he permanecido hasta el fin de agosto, descansando y casi incomunicado. Al volver me he encontrado con que el ministro de Instrucción Pública me ha destituido violentamente, sin decirme ni decir nada a nadie porqué, del cargo de Rector de esta Universidad de Salamanca que venía ejerciendo hace 14 años. Esto ha provocado una agitación entre mis amigos y la intelectualidad española y hemos empezado una campaña contra los beocios y los políticos de profesión. Esto por un lado y a excitación que me produce la guerra europea me distrae de otras atenciones.

Pero recibiré con gusto esos artículos, leeré *Foville* y le diré, y acaso diré a los que me leen en España y América lo que me parece.

Ahora preparo un comentario sobre Nuestro Señor Don Quijote, el admirable héroe de la derrota, el de los bigotes «grandes, negros y caídos». Es un ataque al *Katherdemilitarismus,* a la pedantería de los estrategas catedráticos. Leí hace unos días unas hojas de *Literatur* (Bibliografía) alemana sobre esta guerra. Si se pesara todos esos volúmenes pesarían más que los proyectiles que en la guerra lanzan. ¡Catedráticos, catedráticos, catedráticos! Yo confiaría un ejército a un general que escribiese madrigales o sonetos, no a uno que haya escrito un libro de texto más o menos profético. El águila no ha hecho más que cacarear. El azote de Alemania no es el militarismo, es el catedraticismo, el *Katherdemilitarismus.* Debajo del soldado puede aparecer el caballero; debajo del catedrático no aparece sino el bárbaro. No es la solda-

desca, es la catedratiguesca la que ha destruido la catedral de
Reims. Es la pedantería que pone las puntas del bigote apuntando,
como bayonetas, al cielo. Desde que el viejo arte militar lo han
convertido en ciencia —¡oh la *Kultur!*— matemática y tratan...
(La carta está incompleta y por eso no conocemos la fecha, pero
por los datos que en ella apunta debe de ser de 1914).

DISCURSO DE UNAMUNO

EJÉRCITOS PREPARADOS CONTRA PUEBLOS SORPRENDIDOS

El Sr. Unamuno: Venimos, amigos y compañeros, a festejar
el segundo aniversario de la fundación del semanario ESPAÑA,
el cual nació de una vaga orientación de unos cuantos jóvenes,
orientación que ha venido a tomar forma concreta, a encontrar
la vestidura, mejor dicho, la carne que le hacía falta, merced a la
actual guerra europea y que ha concretado, por último, en una
Liga Antigermanófila española, que puede acabar por ser principio de otras cosas.

Esta guerra es algo así como una nueva revolución francesa,
mejor dicho, es como una revolución anglo-latina-eslava, más bien
europea; marcan después de la Revolución francesa fechas que
quedarán como hito en la historia de los pueblos, 1815, 1848,
1870 y, por último, 1914.

Hace poco hemos visto lanzarse ejércitos preparados contra
pueblos sorprendidos, notablemente imprevisores y que han tenido
que improvisar la defensa del derecho (muy bien. ¡Viva Bélgica!).

Estos pueblos habían vivido, al parecer, desgarrados íntimamente, pero habían vivido en unas luchas interiores: Francia, en
todo lo que significa el *affaire* Dreyfus; Inglaterra, en las cuestiones de la autonomía de Irlanda y los presupuestos de Lloyd
George; Rusia, en la cuestión de la Duma; Italia, acabando de

asentar su unidad nacional; y contra estos pueblos así distraídos en las más nobles luchas, que son las luchas de los pueblos dentro de sí, se ha lanzado un pueblo que tiene la unidad de los pueblos de presa y ha creado una especie de nueva santa alianza.

Esta guerra ha tenido una gran repercusión en nuestra patria; a su fulgor trágico se han aclarado una porción de tinieblas de nuestro pueblo y una porción de gente se ha visto obligada a hacer examen de conciencia. «No creí, chico, me decía un amigo mío, no ha mucho en Bilbao, nunca creí que era tan reaccionario». Descubrió su reaccionarismo merced a la guerra.

LAS DOS ESPAÑAS

Y así nos encontramos otra vez, una vez más, con las dos Españas frente a frente, si es que las dos son Españas, y no hay, indudablemente, por qué jactarse de una neutralidad forzosa y vergonzosa. Es como si un pobre inválido, que por su desgracia no puede ir a la guerra, se enorgullece de su invalidez; no hay derecho a envanecerse de la esterilidad y de la impotencia. Nuestra neutralidad no es más que una vergüenza inevitable.

Ya habéis visto también que a favor de esa germanofilia se ha hablado de hispanofilia. pero es la hispanofilia de nuestra España del siglo XVI, de aquella que admiraba tan fervorosamente Treitschke, y si por ahí fuera quedan todavía hispanófilos que admiran aquella España, yo, español, no soy hispanófilo de esa clase, no sol de los que están dispuestos a sancionar la canonización de San Pedro Arbués ni a prosternarme en absoluto de admiración ante Felipe II, ni a recrearme ante esta guerra, por creer que ha venido a hacer buenas las atrocidades de nuestro duque de Alba, el primer verdugo de Flandes.

Yo, español y patriota de mi España, entiendo que fue un día triste, pero grande para nuestro país, aquel en que la Armada Invencible se hizo añicos en el Canal de la Mancha. No he de repetir aquellas palabras de Hernando de Acuña, el poeta de Carlos V de Alemania y primero de España:

Un partor y una grey sólo en el suelo,
un monarca,un imperio y una espada.

Ha tenido esta guerra la triste virtud de resucitar, mejor dicho,
de galvanizar nuestro viejo tradicionalismo, ese tradicionalismo español, al parecer vencido en 1840, vuelto a vencer en 1875, y no
os choque si aquí me vibra dentro un recuerdo, porque yo empecé
mi vida siendo niño en un pueblo que fue bombardeado por esas
hordas; esto ha tenido la virtud de galvanizar a ese tradicionalismo
feudal en un movimiento de ruralismo, de mesnaderos de grandes
señores, de rebaño bien apacentado y esquilmado que da su lana
y su carne a cambio de que le den un abundante pasto, y ha sido
triste que aquellos *requetés* de los actuales turcos españoles (Risas),
aquellos *requetés* hayan empezado a tener otra nueva vida al empezar la guerra; todos lo recordáis, esas gentes no preguntaron por
el derecho, no preguntaron por la razón, admiraban aquel legendario cañón del 42, los *zeppelines,* y su frase era: «¡Pero qué tíos!»
(Risas). Tomaron su posición y después de tomadas esas posiciones no parece natural que muchos de ellos se vuelvan.

Procure siempre acertarla
el honrado y principal,
pero, si la acierta mal,
sostenerla y no enmendarla.

ESPECIES TROGLODÍTICAS

Este verano último tuve ocasión de hablar en Barcelona con
un joven amigo mío alemán (se puede hablar todavía con algunos
alemanes, con germanófilos no) y me decía: «Qué gran trabajo
nos va a quedar cuando esta guerra acabe en restablecer la verdad
de las cosas; cada vez que se dicen, se cuentan algunas atrocidades de mis paisanos, yo y otros como yo, compatriotas suyos,
decimos: hay que esperar, vendrá una rectificación, esas son exa-

geraciones del enemigo»; pero estos amigos que nos han salido aquí dicen: «Si además es poco». Son muy brutos, señores. Y ver entre qué gente, sobre todo, se reclutan esas mesnadas. Dejemos de lado aquellos que han tomado esa posición por razones muy personales, acaso algo fantásticas, por un cierto cientificismo; son los que hacen no sé qué drogas, no sé qué calcetas; razonamiento parecido al de aquellos que dicen: ¿Cómo ha de estar reñida la Iglesia católica con la civilización europea si un fraile trinitario ha inventado un nuevo freno automático? (Grandes risas).

Dejemos las razones puramente privadas de estos espíritus fantásticos y dejemos también las de aquellos hombres comprados que hacen en el orden espiritual un papel parecido al de aquellos parricidas de la patria que venden la gasolina con que los submarinos hunden los buques españoles (Muchos aplausos).

Y tenéis que podemos dividirlos en tres clases: un elemento *conservador,* llamémosle así; uno *clerical* y el *militarista.* En el primero entra este elemento conservador, entran nuestros *Junker* españoles, esos *conservadores* del orden, del orden suyo, para los cuales la patria no es más que una hipoteca de los tenedores de la Deuda, que explotan al Estado, y lo más grave, que son gentes sin vocación ni abnegación para dirigir y gobernar y huyen de las responsabilidades del Poder, una burguesía y una grandeza de holgazanes antipolíticos y anticiviles que repiten «hace falta un hombre», pero no quieren ser ellos el hombre, sino que buscan el hombre que a ellos les sirva, los que piden la dictadura sin sentirse con arrestos para dictar. gentes que creen que Alemania es una especie de «Don Feliz del Manporro y de la Sonrisa», y ved cómo cuando de entre esta gente nace un hombre que les representa, pero que siente la responsabilidad del Poder, que ha pasado por él, que ha adquirido gobernando mejor o peor una conciencia internacional, como le ocurre a Maura; no puede estar al lado de ellos. Y de otro lado hablemos del *clericalismo,* palabra bastante elástica, y que no todos la entendemos bien. Hay también de este lado una parte mayor o menor, creo que no la más ilustrada, de un clero paganizado, no un sacerdocio y menos un apostolado cristiano y católico (Muy bien).

Han tomado como pretexto lo que llaman la impiedad de Francia, la impiedad de Italia, que ha hecho noblemente su unidad, y dicen que el Kaiser invoca a Dios, pero es como su representante en el Cielo (Muy bien).

Así no se les cae de la boca el «Gott mit uns». Dios con nosotros. Todavía no les he oído decir «Wir mit Gott», nosotros con Dios. Y en el fondo este movimiento de estos seudo gibelinos es, bien mirado, no por cristianismo, no por religiosidad, es más bien por ortodoxismo; todas las ortodoxias, todas se entienden; no es gente que comulga en la palabra de Cristo, sino más bien en los cánones de la Iglesia, y es natural que sientan devoción por los que han querido hacer del Estado una Iglesia con sus dogmas y su infalibilidad, los que quieren hacer de la Iglesia, que es una comunión universal de los fieles, un Estado frente a los demás Estados; es natural que admiren la docilidad de aquellos desdichados noventa y tres profesores alemanes que pusieron su firma al pie de un documento que les daba su Estado diciendo: «Esto es verdad, esto no es verdad». Gentes que no pudieron comprobarlo, gentes de gabinete, gentes de investigación e hijos que debían ser espirituales de Lutero, que confirmó el libre examen y condenó la fe implícita, y es tan vergonzosa la fe implícita, la fe del carbonero, trátese de una Iglesia o trátese de un Estado y mucho más en gentes de aquel calibre, de aquella envergadura intelectual, la mayor parte de aquellos noventa y tres abyectos servidores del Estado.

MILICIA MERCENARIA Y MILICIA CIUDADANA

Y luego tenéis la otra parte, el *militarismo,* y ya antes os dije que se trataba más de un clero paganizado que no de un sacerdocio y menos de un apostolado cristiano, ahora también se trata de una milicia mercenaria, más bien que de unos guerreros al servicio de su Patria (Muy bien).

Porque después de todo, ¿qué es ese militarismo de que todos los ciudadanos, incluso los ciudadanos militares debemos abominar? Es convertir la guerra en un medio para ascender y para dominar. Fijaos que hay una frase triste, tradicional en nuestra Patria; servimos a la Patria todos los que por ella trabajamos, todos los que damos, no la muerte de una vez, la vida día a día, la sangre del corazón en la obra cotidiana de nuestra vida; pero ved que si nosotros decimos servir a la Patria, hay una frase enrte nosotros que dice «va a servir al Rey»; a servir al Rey sólo se dice del que va al Ejército (Muy bien).

Y es natural, que es cosa triste cuando lo que no puede ni debe ser más que un ejército de la justicia de los pueblos quiera convertirse en juez. Es esa parte de opinión española, militares y no militares, que no ha tenido todavía suficiente fuerza para borrar ese borrón ignominioso de la ley de Jurisdicciones.

Dicen con un gesto de desdén que Inglaterra es un pueblo de merachifles, de negociantes; que Francia es un país de charlatanes; Italia, otra tontería por el estilo, dirán; pero fue un economista alemán, quisiera no equivocarme al decir que Adolfo Wágner, el que afirmó que «la principal industria nacional de Prusia era la guerra», y Treitschke dice que la guerra es la política por excelencia... en griego además, y yo digo que la guerra como industria es la más vil y la más baja de las industrias.

Un soldado, un hombre, a soldada mayor o menor, de una o de otra graduación, cuando no es más que empleado de una empresa guerrera industrial, aunque la industria sea nacional, es tan vil y tan abyecto como un sacerdote que trafica con la Religión. Bien sé yo que de las armas tienen que vivir los que en ellas se ejercitan y las llevan, como del altar vive el sacerdote; San Pablo, sin embargo, vivía de fabricar esteras, y un pueblo en armas, un pueblo de ciudadanos, de gente civil, que se ve obligado a defenderse, siempre será algo más humano, algo más grande que un Ejército al servicio de un Estado de presa.

Un pueblo de ciudadanos, como aquellos ciudadanos de los Estados del Norte de América que iban a acabar con la esclavi-

tud, aquellos que gobernó la noble figura de Abraham Lincoln, y
una vez concluída la guerra volvió cada uno pacíficamente a su
propio menester civil; junto a esto no merece respeto ninguno un
Estado matón que con el puño en las cachas de la espada quiera
imponer como un principio moral el de su propia expansión a
costa de los otros. Y ver luego una cosa peor, y es lo que yo
llamaría los pedantes de la milicia, porque si dobláis a un militar
con un catedrático es ya una cosa insoportable (Risas).

Así resulta un hombre de esos que arman guerras en el papel
y después de quejarse de que toda Europa nos desprecia, se pone
a insultar al noble pueblo portugués, sin conocerlo siquiera. Estos
catedráticos de la ciencia de la milicia, que no maestros en el
arte de la guerra, declararon que *Alemania era invencible por las
armas, y, por lo tanto, tenía la razón* (Risas). La razón es tan
difícil, es algo más quebradizo que la justicia.

Si un tigre se arroja sobre un rebaño de toros, vacas y terneros, y devora un ternero, le pueden preguntar: ¿qué haces?, y dirá:
a mí no me alimenta la yerba, y entonces los toros empiezan a
cornadas con el tigre porque no están dispuestos a que les devore
sus terneros. ¿Quién tiene razón? Los dos: el tigre, que todavía
no aprendió, como dice la Biblia que alguna vez aprenderá «cuando el león coma paja y el gavilán anide con la paloma»; el tigre
no ha aprendido a vivir como viven los toros, y los toros, que no
están dispuestos a que el tigre les devore los hijos.

Estas gentes hacen del Ejército un instrumento del Estado y
del Príncipe, no un órgano de la nación, un órgano de la nación
aunque sea para rebelarse. Demasiado se ha estado en España
execrando en estos últimos tiempos los pronunciamientos.

En Alemania no proclamó la guerra un parlamento, la proclamó un soberano, y ved que estas gentes tienen un modo de concebir y de sentir la vida muy distinto de como nosotros la conce-
bimos y sentimos. Estas gentes tocadas de ese falso socialismo,
que es el socialismo del Estado, el socialismo de cátedra que en
el fondo no es más que un imperialismo, los que están al lado
del Estado Moloch, no un movimiento internacional de veras, por-

que lo internacional es nacional, por lo mismo que es internacional; en ellos no hay respeto ninguno hondo, respeto profundo, respeto a la personalidad humana, sea individual, sea colectiva, y están dispuestos siempre a atropellar los derechos de las pequeñas nacionalidades.

Todos, yo el primero, hemos pecado un poco en ese triste ocaso del siglo XIX por habernos dejado contagiar de un cierto materialismo histórico, confundiéndolo con otro que hacía consistir todo el movimiento de la historia en resortes del estómago, sin reconocer que el hombre no es el hombre puramente económico, y hay otra cosa, que es defender cada uno su yo, su personalidad, su modo particular, su modo íntimo de ser. Si dejo de ser yo para que me hagan otro, aun muy bien apacentado, no puedo aceptarlo. Este es un unitarismo bárbaro, que está muy lejos de aquella integración, de aquel integrismo que se hace abarcando todas las distintas variedades.

ORGANIZACIÓN E IMPROVISACIÓN

Amigos míos proclamaron la unidad moral de Europa, no la variedad moral de Europa, y dentro de ella, la unión, no la unidad moral de Europa. Yo no estoy dispuesto, por mi parte, como español, a que ningún Ostwald, por buen químico que sea, dicte las reglas para reorganizar a Europa; como decía Chesterton, que nos dejen nuestras discordias interiores, que nos dejen despedazarnos, pero que no nos unifiquen desde fuera. No quiero nada de eso, y estas gentes que no han encontrado palabras para execrar esos atropellos contra la personalidad individual y contra la personalidad colectiva de los pequeños pueblos, han sacado ahora el *coco* de Gibraltar, donde, sin duda, les urge resolver el asunto para establecer allí una estación naval de submarinos alemanes.

Nosotros pedimos el respeto de la dignidad personal, el libre juego de la personalidad, afirmación de la personalidad frente de la realidad, de lo que es persona frente a lo que son cosas; las cosas se han hecho para que el hombre las maneje. Las cosas, la realidad, en el sentido primitivo, etimológico, filosófico, si queréis, de la palabra, las cosas, la realidad, las máquinas, los instrumentos y los hombres mismos, en cuanto instrumentos, sean soldados, feligreses, renteros o criados; todo esto se organiza, pero las personas, los hombres, en cuanto hombres «fines en sí», que decía Kant, éstos crean e improvisan. La más alta función del hombre es improvisar, el fin más grande de la educación no es organizar a los educandos, es educarlos para que puedan mañana improvisar.

La Historia es creación y no organización; la organización es la del hormiguero, es la de la colmena, es la del avispero, es la del convento, es la del cuartel.

La Historia no es organización, aunque para cumplirla la organización hace falta; la Historia es creación, creación de valores personales, espirituales, humanos; la Historia es la creación de la humanidad y es la creación de Dios. La ciencia, la propia ciencia, no tiene historia; lo que tiene historia es la conquista que de ella hace el hombre; la llamada historia natural no es historia, la naturaleza es antihistórica y la naturaleza es la que se organiza; se organiza el instrumento, no se organiza el hombre, y de esta misma manera, como la organización responde a la eficacia y a la creación responde la moralidad, no es lícito, no es digno, no es humano, poner la eficacia sobre la moralidad.

Se ha estado últimamente hablando a cada momento, mal entendido, torcidamente entendido, del nombre de *Maquiavelo*. La mayor parte de sus comentadores son alemanes, y casi nunca se han acordado, hablando de Maquiavelo, de otro hombre grande, de uno de los espíritus faros, de José Mazzini. Frente al maquiavelismo, podemos y debemos poner el mazzinismo, aquel místico de la humanidad que pasó toda la vida predicando que la vida es misión, no es expiación, no es tampoco la victoria, porque la victoria no es un fin, no es más que un medio, y la victoria, como dijo un gran estadista sudamericano, no crea derechos. Hay cosas que ni por la victoria pueden ni deben hacerse, como hay cosas que el hombre no puede ni debe hacer ni por la vida.

LA MORALIDAD SOBRE LA EFICACIA

Decía Joffre —y son las más nobles palabras que se han dicho en el curso de la guerra—, refiriéndose a la orden de hacer hundir el *Lusitania* sin advertencia previa, «que ningún Gobierno francés hubiera dado semejante orden seguro como estaba de ser desobedecido, porque nosotros —añadía— ponemos la conciencia y la inteligencia de los ciudadanos por encima de cualquier necesidad militar» (Muy bien. Grandes aplausos).

Yo os añado que ningún caballero francés, ningún caballero inglés o italiano al servicio de su Patria y de la humanidad hubiera obedecido una orden semejante a aquella de fusilar a miss Cavel (Grandes aplausos), y podía traeros en testimonio de ello, palabras de un noble caballero, de un noble general, de un místico también, del general Gordon, que por dos veces desobedeció noblemente al Gobierno de su Patria.

En cambio, las gentes que llaman a los Tratados pedazos de papel, que dicen que la necesidad hace la ley —¿qué necesidad? No ciertamente la moral—, las gentes que dicen que la necesidad hace la ley, han vuelto a reproducir el principio jesuítico de que el fin justifica los medios, y el fin —no sé si lo que voy a deciros pecará algo de abstruso—, el fin, es menester no olvidarlo, no es lo que está al cabo de la acción, no es lo que está allende la acción; el fin es lo que está a cada momento sobre la acción, dentro de la acción, es el modo de obrar (Muy bien). Si el fin fuera lo que está al cabo de la acción, el fin de cada uno de nosotros sería la muerte y nosotros estamos finalizando la vida a cada momento. La Historia es un fin en sí y se cumple meramente en cada momento. El modo, por ejemplo, de hacer las elecciones en política que suelen considerar los políticos de carrera como un medio para luego gobernar, es ya toda la política; yo me contentaría con que nuestro país cambiara el procedimiento de hacer elecciones, no querría otro programa.

Proponerse ganar una elección y proponerse ganar una victoria con una guerra, sea como fuera; en un caso, con todas esas habi-

lidades que vosotros conocéis, en otro caso en violaciones de la
neutralidad, con deportaciones de gentes indefensas, o con zeppe-
linadas, es ya faltar al fin moral y es, además, infame una guerra
cuyos fines concretos no sólo no se establecen de antemano, sino
que no hay valor de establecer de antemano, ni hay valor de
establecerlos cuando ella ya está empeñada.

Decía, con una gran... «frescura», aquel organizador de los
turcos, militarmente, que se llamó von der Goltz, que la historia la
escribe el vencedor. Yo no sé quien escribe la historia, lo que sé
es que la historia queda en la conciencia de todos y que es la
humanidad la que la juzga.

UN BRINDIS A ALEMANIA

Y ahora, en esta fiesta, todos nosotros —creo al decir esto que
puedo hacerme vocero de vuestros sentimientos—, todos nosotros
se la brindaremos, primero a España y a los españoles, a esta
pobre España más bien que desorientada, desoccidentada, en que
a medida que un cierto bienestar material y esplendor externo
aumenta, parece que van debilitándose los caracteres y el sentimiento de la dignidad de los ciudadanos; esta fiesta se la brindaremos a España y a los españoles, se la brindaremos también
a estos nobles pueblos aliados en defensa del derecho y de la
justicia, pero creo —repito— hacerme vocero de todos vosotros,
si digo que se la brindamos a Alemania y a los alemanes y que
es un voto colectivo de unos españoles libres, muchos de nosotros
discípulos en muchas cosas de la doctísima Germania; que es un
voto de unos españoles libres por la liberación de Alemania, por
que este país, que ha hecho tan grandes servicios al progreso y
a la civilidad, un día, libre, se incorpore a la civilización cristiana
greco-latina, es decir, europea. Y queden los turcos, sus aliados
y compañeros germanófilos españoles, como ejemplares troglodíticos prehistóricos de una fauna espiritual que la civilidad reduce
a ser escurrajas de la tradición del progreso y que sirvan de ele-

mento pintoresco, de contraste y de acicate para la lucha, porque nosotros sabemos, estamos íntimamente convencidos de ello, que cuando la revolución europea se haga germánica, y Alemania, la de noble cepa, reconocerá la justicia de los pensamientos generadores de esta Liga, y que nosotros seremos sus más leales, sus más sinceros aliados cuando tenga que deshacer el ambiente que contra ella ha creado esta bárbara germanofilia española. Sabemos que reconocerán nuestro sereno amor a la mejor alma de su Patria, cuando libre del peso de la fatalidad, del error y de la soberbia confiese la vergüenza que hoy siente de tener que valerse de tales abogados, del bochorno que les produce —nos consta— verse obligados a servirse de esos germanófilos españoles como instrumentos para acallaz su conciencia del castigo del veredicto humano.

Entonces, cuando tenga que deshacer ese ambiente, seremos nosotros sus más fieles aliados y para dentro de España esperamos que, hecha la paz, esta Liga pueda llegar a ser origen de un movimiento civil, liberal, democrático, reformista, ya que el liberalismo y el democratismo que hoy profesan los que ocupan el Poder no es en la mayor parte de los casos más que un pretexto que ponga el manejo y el disfrute del presupuesto en una compañía de políticos de carrera, profesionales de la arbitrariedad, de la prevaricación y del engaño.

Esta Liga, a poco que todos deis a ella más que el nombre y más que la firma, puede llegar a ser, más o menos modesto,. el principio de una verdadera reforma política española, reforma hecha mirando a toda España no con horizonte estrecho provinciano; pero aun malos y todo, siquiera por algún tiempo, Dios nos conserve a los que nos gobiernan mientras dura la guerra, ya que acaso y sin acaso los que les seguirían habrían de ser peores. Si, como algunos creen y esperan, la paz se ha de firmar en España —y para nuestra Patria sería una grande honra—, que sea al menos bajo un Gobierno que permanezca fiel al espíritu que dictó la nota de contestación a Wilson, esa nota que ha provocado la bilis venenosa de todos nuestros trogloditas.

Y ahora, ¿qué más os puedo decir yo?, todo lo que yo os

APÉNDICES

dijera, sería pálido al lado de lo que pensáis todos; que nos llamen lo que quieran, nosotros los que hemos venido aquí a celebrar el segundo aniversario de la fundación del semanario ESPAÑA, llevamos también dentro del corazón (Muy bien), no como madre, como hija; la Patria tiene que ser hija y no nuestra madre el que no se sienta con fuerzas para hacer Patria y para crear la tradición de mañana no es verdadero patriota (Aplausos).

Yo no puedo legar a mis hijos el legado espiritual que de mis padres y abuelos españoles recibí como se lega una herencia de dinero, acrecentada con la usura, con malos negocios; yo tengo que legárselo acrecentado con pedazos de mi corazón (Ovación que se prolonga durante largo rato).

España, n. 106, 1-II-1917

NUESTRAS CIUDADES: BILBAO

¡ARRIBA LA VILLA!

La última gran sacudida a los espíritus al iluminar con enorme hoguera el porvenir, ha removido las entrañas del pasado, y para darnos esperanzas, nos ha hecho zahondar en nuestros más remotos recuerdos. Por lo que a mí, el que ahora y aquí os hablo, hace mi conciencia impersonal, histórica, de ciudadano —¡de villano, más bien, y a honra!—, no sólo nació en Bilbao, en mi Bilbao cuyo soy, sino que con él, con la Villa, con la noble e invicta Villa de Bilbao puedo decir que se confunde y auna.

Cuando en la historia, no ya comprendida sino además sentida, medito, veo el pasado, y a través de él el porvenir, como bajo un celeste arco iris de triunfo, y es porque le veo mediante una bruma de lágrimas de añoranza. Es la bruma de lágrimas de los recuerdos de mi Bilbao, sobre todo el de los dos decenios del 70 al 90. Y de esa bruma de lágrimas de añoranza se desprende como un dulcísimo *strimiri,* que es el rocío de mis recuerdos sobre mis esperanzas.

De aquella Villa, la de la vieja puente de su escudo y la del puente colgante de la canción; de aquella Villa, en que aún se conservaba, en Uribitarte, el viajo y nativo curso del Nervión, junto al canal que la ingeniería flamenca había hecho en el Campo del Volantín; de aquella Villa del gigantesco penacho de la encima solitaria de la Salve; de aquella Villa en que Adolfo Aguirre encontraba novedades, lo que eran tradicionales ranciedades para nosotros; de aquella Villa noble e invicta me sube un vaho de nobilísimas inquietudes y de fecundas luchas. Pero no estrictamente las de hoy.

Los de la Villa, los villanos, en el más noble sentido, los burgueses si queréis —sí, burgueses—, no estaban aún dominados y absorbidos ni por el forastero, el meteco, lo que luego, y con palabra no vascongada —conviene repetirlo— se llamó *maqueto* —entonces le llamábamos *pozano*—, ni por el *jebo* o bato, por el aldeano. Después la Villa, nuestra villa, se ha hecho campo de Agramante, de maquetos y de jebos, de inmigrantes de fuera de Vasconia y de aldeanos. Y entre unos y otros, que propenden o al socialismo o al bizkaitarrismo, el viejo liberalismo de la Villa, de nobilísimo abolengo, aquel liberalismo que se nutrió de la Revolución francesa y quién sabe si de la Reforma de hugonotes y jansenistas, aquel liberalismo ha sufrido un eclipse. Pero yo le veo, y le veo renacer bajo el arco iris que forma la bruma de lágrimas de mis añoranzas de la noble e invicta Villa.

¡Cómo recuerdo a aquel caballero que fue D. Eduardo Victoria de Lecea y las veces que en su casona solariega del arranque de la Cuesta de Zabalbide hablábamos, comulgando en un mismo pan de historia, de nuestra Villa! Y mientras comenzaba el período de las huelgas, de las grandes huelgas, que no conocieron los viejos ferrones, hablábamos de las antiguas *machinadas,* cuando la aldeanería de la tierra llana rugía sus furores contra la Villa

de don Diego de Haro y del fuero de Logroño y entraba acaso
en ella a saco y se arremolinaba en torno al *simontorio* de la
venerable Basílica del Señor Sant Yago. Luego *machinadores* y
huelgas se han hecho crónicas.

Los unos, los que llamábamos *pozanos,* sin raíces en la Villa,
han llevado a ella justísimas reclamaciones de un derecho universal, pero también una concepción económica y materia lista de la
vida, y los otros, los *jebos,* con ciertas reclamaciones, no menos
justas, han llevado a ella sus mezquinos rencores y una grotesca
mentalidad que se apacienta en liturgia, ortografía, leyendas de
contrabando y en el fondo una monstruosa vanidad rural de *paicu*
que se ha hecho señorito de la Villa.

¡Cómo me acuerdo de aquellos Carnavales de hace cuarenta
años y más y de lo que entonces significaba el disfraz de *jebo,* de
chorie rrico o de arratiano! Y eso que por mis venas corre, con
sangre vergaresa, sangre de arratiano. Aunque el viejo solar de
Jugo, hoy en Galdácano, de donde procedía mi abuelo, el de
Ceberio, perteneció muy antaño a la Villa de Bilbao, y entre los
cabildantes de la Villa se lee, en sus actas, desde muy antiguo,
Jugos. Mas ¿quién en la Villa hoy no tiene sangre de *pozano* o de
jebo? ¿Quién no lleva la huelga o la *machinada* en las entrañas?

La Villa, sin embargo, nos hacía. Mis padres, por otra parte,
habían ido a ella desde otra villa: la de Vergara. Pero la Villa,
nuestra noble villa de Bilbao, nos amasaba, y nos yeldaba, y nos
cocía el espíritu a los que lo dejábamos abierto a la fecunda brisa
de la historia. Aguas arriba del Nervión, padre de la Villa, subía-
mos del ancho océano que besa los labios de las naciones todas
al aire salitroso que embalsama el anhelo de lo infinito y de lo
eterno. Y este salitre nos curaba de caer en la preocupación ex-
clusivamente materialista de la huelga y en la supersticiosa sen-
timentalidad rústica de la *machinada*.

«¡Aivá, pa que se le diga!». Así me reprochaban hace cuarenta
años cuando yo soltaba, tal vez en la Plaza Nueva —cuando había en ella novias henchidas de pájaros— alguna de las que luego
han llamado paradojas, los *menalos* y *coitaos* de entonces. ¡Pues

bien, sí, para que se me diga! En aquel Bilbao; en aquel Bilbao del
2 de Mayo de 1874; en aquel Bilbao que había salido de las
machinadas —la última fue su sitio y bombardeo— y no había
entrado en las huelgas; en aquel Bilbao aprendí a anhelar lo in-
asequible, a tener sed y hambre de lo infinito y de lo eterno; en
aquel Bilbao prometí culto a la libertad, a la claridad y a la pureza
del espíritu. El Pagazarri me sirvió de ara gigante del sacrificio
del alma civil a la historia que jamás se cierra y que siempre está
acabada.

    ¡Y volverán, sí, volverán aquellas mismas viejas luchas, volve-
rán las inquietudes de nuestros abuelos de la Reforma y de la
Revolución! Volverá a soplar el viento de la Azcoitia de Peña
florida, de Juan Manuel de Altuna, el amigo de Rousseau; volverá
a soplar el viento del Bilbao de D. Mariano Luis de Urquijo.
Problemas pasados de moda, ¿eh? Por encima de la cuestión de
estómago asalariado que hace las huelgas y por encima de la
cuestión de vanidad y aldeana que hace las *machinadas* —reducidas ya a alborotos de romería o a trifulcas electoreras— se alzará
siempre lo que hizo la conciencia histórica de la Villa. ¡Arriba la
Villa! ¡Arriba, muy arriba! Por encima del Pagazarri; los ojos
iluminados de la Villa ven de un lado el cabildo terrestre de los
gigantes de Vizcaya —Vizcaya, ¿eh?, con v y c y sin ridículas
tonterías heterográficas de *jebos* supersticiosos e ignorantes— y del
otro lado el ancho mar que besa los labios de las naciones todas
de la tierra. Esas montañas y ese mar nos despiertan los problemas
eternos de la Villa, y ante ellos huelgas y *machinadas* son como
chaparrones que cosquillean al mar o a la montaña. ¡Arriba la
Villa! ¡Más arriba! ¡Siempre más arriba!

España, n. 231, 11-IX-1919

LOS CAÑOS DE BILBAO EN 1846

¡Con qué emoción pasamos las escasas hojas de este pobre librillo! Es un folletito insignificante y sin verdadero valor alguno Su portada, en cubierta amarillenta, reza así: «Guía de Bilbao y conductor del viajero de Vizcaya, Bilbao. Imprenta de Adolfo Depont, editor, 1846». Después de lo de Vizcaya hay un grabado que representa una diligencia tirada por cuatro briosos corceles —corceles propiamente— y en el fondo sus casuchas. Luego, en el cuerpo del librillo, hay una vista de la ría de Bilbao que no reconocemos, aunque se ve allí el puente colgante, el famoso puente colgante de la canción que aprendimos de niños, el que se deshizo durante el bombardeo y cuyos machones hemos estado viendo años después en un lado y otro de la ría.

Este grabado de la vista de Bilbao, de esta Guía de 1846, encadena nuestros ojos y nuestra memoria y aquí nos estamos, tratando de recordar lo que fue antes que nosotros fuéramos. Una extraña ternura surge, como de un manantial, del fondo de nuestra alma. Es como ver un viejo daguerreotipo de la abuela cuando aún era una niña y dormía en el limbo el germen de nuestra persona.

¡El Puente Colgante! Y recordamos la canción:

> No hay en el mundo
> Puente Colgante
> más elegante
> ni otro Arenal;
> ni otro paseo
> como los Caños...

La composición no es ningún modelo poético, pero levanta poesía de nuestros corazones.

«Ni otro paseo —como los Caños...—». Y he aquí que la *Guía* ésta en su capítulo once, al tratar de los «Paseos públicos» en su página 57, dice así hablando de los Caños:

«Al fijar en él su planta por primera vez el viajero, no puede menos de sobrecogerse su ánimo en vista del imponente espectáculo que se le ofrece: a cada paso que le introduce en aquel sombrío recinto no puede menos de detenerse conmovido y admirar con detenido recogimiento el panorama asombroso de una naturaleza tan imponente como severa. Peñascos salvajes, de donde caen el espinoso ramaje de mil plantas parásitas, el enmarañado tejido de las madreselvas silvestres y hasta la oscura sombra que proyectan los elevados chopos del Morro y Porgirón dan ha (*sic*) aquella mansión un aire terrible capaz de inspirar con santo recogimiento que no deja de tener atractivo para los que apartándose del movimiento de las ciudades sólo buscan la paz interior».

¡Con qué santo recogimiento leímos estas líneas candorosamente románticas publicadas en nuestro Bilbao veinticinco años antes de nuestra visión de los Caños, de nuestros Caños, de los de nuestra mocedad, cuando íbamos a buscar en ellos, lejos del movimiento de la Villa, la paz interior!

El autor de la «Guía de Bilbao» de 1846 tenía un alma infantilmente romántica o si queréis románticamente infantil. Su sentimiento de los Caños es casi el mismo que nos sacudía, a los niños algo románticos, un cuarto de siglo más tarde. Aquel lugar, al que por su parecido con alguna decoración de ópera de asunto céltico se le llamó los Druidas, inspirábamos el *santo recogimiento de una naturaleza tan imponente como severa*. Cuando empezamos a oír hablar de Aitor, de este personaje, también de ópera, que inventó el bayonés Chaho, parecíamos que vagaba por allí, en las noches de plenilunio. Porque las fantasías de Chaho tienen evidente origen céltico y fueron la plicación arbitraria al pueblo vasco de leyendas célticas. Y cuando leímos conmovidos la fantástica «Amaya» de Navarro Villoslada —otra brillante arbitrariedad romántica, falta de todo apoyo histórico— en los Caños se nos figuraba ver a los héroes de la prestigiosa novela pseudo-histórica.

También los Caños, allá en nuestras mocedades, tenían su leyenda infantil. A su entrada estaban las huellas del Angel y del Demonio que habían apostado, no se sabe con qué propósito. a

quien saltaba más, y no lejos las manchas negras, de sangre, ¡claro
está! de un rey moro que murió allí en una terrible batalla, acaso
despeñado de los peñascos salvajes de donde caía «el espinoso ramaje de mil plantas parásitas, y el enmarañado tejido de las madreselvas silvestre». No sabemos si ese rey sería el hijo o el padre
de aquel otro de quien nos dijo un día en Arrigorriaga un aldeano al vernos contemplar aquel viejo sepulcro: «¿Qué, miráis eso?
ay está *enterrao* un rey moro que le mataron en la *fransesada*».

Esto debió de ocurrir con la famosa batalla de Arrigorriaga
o Padura, que así se llamaba al lugar antes de que con la sangre
que corrió se convirtieran en mina de rojo hierro aquellos cerros
pedregosos. Mas en cuanto a las manchas de sangre del rey moro
muerto en la batalla de los Caños no faltaba maligno espíritu infantil depravado antes de tiempo por el corrosivo escepticismo crítico —¡era ya más que promediado el siglo de las luces!— que
sustuviere que no eran sino unos manchones de... brea. ¡Qué ganas de estropearnos la poesía de la vida!

Lo cierto es que para nosotros, los bilbaínos que éramos niños
de cincuenta a cuarenta años hace, el «panorama asombroso» de
la «naturaleza tan imponente como severa» de los Caños, con aquel
ceñudo fondo del oscuro Arnóstegui, y el río saltando entre pedruscos y la Isla y toda la hoz aquella nos sobrecogía de «santo
recogimiento». Fue una de nuestras primeras emociones románticas de la naturaleza. ¡Y con qué poco se llena el alma del niño!

Nuestro buen amigo Gortázar, el que murió en Méjico, se
subía a lo más alto de Archanda, a leer allí solo y sentado sobre
la tierra de la cima, la descripción que de los Alpes trazó Rousseau.
Y nuestro amigo Olea ensayaba en una casita por encima de Itu-
rrigorri, en un repliegue del imponente Pagasarri, la vida natural,
primitiva y salvaje que predicó también Rousseau. ¡Quién le habría
de decir al amigo y panegirista de Altuna, al que pensó alguna
vez irse al país vasco con su amigo, que en juveniles pechos de
paisanos de Altuna prendería el fuego de su romanticismo!

La «Guía de Bilbao» de 1846, librito anónimo y de escuetas
noticias, carecería de todo color si no fuese por esa escapada al

romanticismo de su autor. Parécenos ver a un modesto empleado de oficina, que apacentaba sus ensueños los domingos en los Caños, o que se paseaba por allí con su novia, y que leía, sino a Rousseau precisamente, a cualquier otro autor que execrara del movimiento de las ciudades, y al verse requerido el modesto oficinista para escribir la Guía, que imprimió y acaso editó Adolfo Depont, vació en ese párrafo sus ansias de paz interior. ¡O no sería acaso el mismo impresor Adolfo Depont algún francés más o menos rousseauniano que buscaba esa paz paseándose por el «panorama asombroso» de la «naturaleza tan imponente como severa» de los Caños! Vale la pena de que alguno de los eruditos estudiosos de estudios vascos, y más si es bilbaíno, inquiera algo respecto a esta hipótesis que aventuramos sobre el romántico impresor Depont y le dedique una monografía.

Nosotros lo comentaremos a esta nuestra manera sentimentalmente sonriente e inerudita.

España, n. 319, 6-V-1922

¡CALLA!

Es igual, es igual; sigue lo mismo,
tú di lo que tenías que decir...
¿Tenías que...? ¿decir? ¡Hablar!
¿Hablar? ¡Traza en el aire
hebras que no se ve... finas raicillas...
la flor vendrá!
¡Vendrá la flor cuando tu mano seca,
—seca de no vivir, de no escribir— espere
la resurrección!
¡Escribid... Ya el poeta lo es de mano;
la letra mató al cantor;

la nota mató a la música!
¡Sólo una vez!
¡Eternidad: instante!
¡Si la palabra viva
repites otra vez es sólo un eco,
y en el eco se muere...
Hizo por la Palabra Dios al mundo,
no por la letra;
por la Palabra que en el tiempo vive,
no en el espacio;
mas este mundo es sólo un eco triste
de aquella Creación!
¡Sólo una vez
¿Por qué escribir? ¿Por qué enterrar en letra
voces que ya no son?
¡Ah, las palabras vírgenes
besos de Dios al corazón...!
¿Oyes? Es el silencio que se queda...
¡Calla!

Salamanca, en el último día del año 1922.

España, n. 351, 6-I-1923

TE DEUM

«Herida como un arpa por los vientos
del huracán, en la pelada cumbre
canta la cruz henchida de lamentos,
al abismo del cielo, su quejumbre.
Vino al suelo embozada al cabo en nieve
y al caer despidió manso sollozo

que, copo de sonora nieve, le
se fue volando al valle como un pozo.
Y se cayó la cruz y blanca manta
que el negro cielo vomitó sañudo
la tapó al fin sobre la cumbre santa,
y aluego el cielo se quedó desnudo.
Y al recoger el huracán ahíto
sobre la tumba de la cruz posaron
coro de cuervos, que en un solo grito
Te Deum laudamus con fervor graznaron».

España, n. 406, 26-I-1924

«SR. D. RAMIRO GÓMEZ FERNÁNDEZ.

MADRID

Desde que volví a España, amigo mío, pronto hará un año, una sola vez he quebrantado mi propósito de no escribir nada bajo censura. Fue para un semanario de Bilbao, y fue, naturalmente, denunciado y se me procesó. El libro *Dos artículos y dos discursos* se publicó sin que yo revisara pruebas, que de haberlo hecho no se habría publicado, pues los discursos están deplorables y cobardemente mutilados, y no por la censura, sino por la Editorial. Esto quiere decir que no puedo enviarle esas cuartillas que sirven de prólogo a su obra *Los presos de la Dictadura,* pues si usted las publicara tal y como se las enviase —y mutilaciones no soporto— llevarían consigo la recogida del libro. Levántese del todo la censura y escribiré con cierta moderación; pero hoy me parece tonto andar a vueltas con el régimen y monarquía y República, en vez de acusar y atacar concreta e individualmente a don Alfonso y a los abyectos lacayos que forman su gabinete y casi retrete, y crea que lo siento. Ya pasará esto. En tanto, le saluda *Miguel de Unamuno*».

26-I-931

«SR. D. RAMIRO GÓMEZ FERNÁNDEZ.

MADRID

Tengo hecho el propósito, mi querido compañero y amigo, de no publicar ni permitir que se publique con mi nombre nada, ni lo más inocente, mientras dure la censura, hoy más bochornosa, más hipócrita, que en tiempos del Primo. Ni sé cómo la prensa liberal la soporta, pues en su mano está acabar con ella. Si yo creyera poder decir algo desde *El Liberal, Heraldo de Madrid. La Libertad* o *El Sol* u otro diario, habría solicitado directamente decirlo —mayormente cuando hacía profesión de periodismo, y hasta con ello me ayudaba a ganarme el pan—; pero sé que no puedo decir lo que quiero, y es precisamente lo que no deja decir la censura y por qué no lo deja. Censura que no depende propiamente del Gobierno Berenguer, sino que viene de más arriba. O por mandato directo o amenazando con que los fajistas legionarios impondrán correctivo —de estaca— si el Gobierno no sabe imponerlo. La cosa es que no sea discutido públicamente don Alfonso XIII. Necio empeño, pues lo será. Y así como el rey quiere impedir que se le discuta en el Parlamento, pues sabe que esa discusión, la discusión misma, aparte de votaciones, le dejaría hecho un guiñapo e incapacitado moralmente para reinar. El Gabinete actual podrá querer convocar elecciones —creo que lo quiere—; pero el rey sabe que unas Cortes, llámenseles Constituyentes o no —eso son tiquismiquis leguleyescos—, elegidas ahora tendrían un partido de oposición antimonárquica —el retraimiento es una locura— que haría imposible su funcionamiento normal pacífico. Tendrían que disolverlas en seguida, o hacer que entraran pretorianos, cesarianos a ello —otra paviada—, ya que ni se podrá reducir al silencio a esa oposición ni sacarla. Y aún abrigo la esperanza de que si esa oposición cumpliese con su deber patriótico, fuera el pueblo de la calle, la masa popular, la que entrase en el

templo de las leyes (¡ !). A acabar con la farsa monárquica.
Porque toda esa monserga de problemas reales, de república coro-
nada, de izquierda liberal monárquica, etc., etc., no distrae ya
a nadie.

Todos sabemos que hay un problema, o, si se quiere, y vaya
la redundancia, pre-problema perjudicial, y es descartar al rey para
poder plantear los otros. Y que no son chicos. Se hace, por ejemplo, la Alianza Republicana para quitar la monarquía, y una vez
quitada resurgirán los viejos problemas, y algunos con más fuerza. Como el del unitarismo o el federalismo —entendido como
éste se entiende en España, que no es de federar, sino de desfe-
derar—, porque eso de que todos los republicanos tengamos que
ser federales es una invención de D. Antonio Royo Villanova,
aparte de que hay monárquicos federales. Pero plantear estos problemas, que nos dividirán, y discutirlos serenamente, tenemos que
unirnos a acabar con la monarquía, que impide su debido plan-
teamiento. La política es método aún más que soluciones y la
monarquía española es antimetódica. Al rey mismo, si fuera lo
inteligente que le han hecho creer que es, le convendría irse,
dejando el trono, pues, aún le quedaría la probabilidad, si bien re-
motísima, de que se le llamara si la República no sabía metodizar
los problemas nacionales. Las que echaron a Isabel II contaban ya
con que habría de traerse a su hijo Alfonso XII, y así fue por culpa de la República federal —más bien cantonal— de 1873 y de
los problemitas *diferenciales*.

Todo esto se lo digo para su satisfacción personal y que se lo
haga saber privadamente a aquellos a quienes les interesa mi
opinión, pero no desde luego para que lo publique. Pues aun
cuando la censura lo dejase pasar *todo* —pues todo o nada—, tal
como se lo digo sería una especie de privilegio, y no quiero. Se lo
dejo a Alba y a otros. Y es que me enciende la cara de bochorno
y rabia ver lo que se tacha en un artículo que, publicado en más
de un diario, aparece en uno tachado y en otro sin tacha. Y sé
aguantar todo menos la insensatez. Me atrevo a la vez que haga
saber al jefe de la censura que estoy maravillado de que haya un

hombre que se rebaje al papel que él está haciendo. Violencia, pase; incipiencia, no; y menos analfabetocracia.

Le saluda, *Miguel de Unamuno*».

Salamanca, 6-VIII-930.

En R. Gómez Fernández, *137 anécdotas políticas y de la revolución*, T. Minuesa, Madrid, 1932.

«SR. D. RODOLFO LLOPIS.

MADRID

Desde la cama, donde me retiene una pequeña indisposición corporal —fruto, acaso, indirecto de la vida de proscrito—, le escribo a usted, mi querido amigo, estas líneas, antes que salga para Montevideo a la II Convención Americana de Maestros. Bien hubiera querido acompañarle en cuerpo —ya que en alma le acompaño—, pero delicados motivos de conciencia me han impedido realizar mi antiguo ensueño de un viaje a la América de lengua —la lengua es la raza espiritual— española durante la vergonzosa Dictadura pretoriana —rapaz, mendaz e incapaz— que está barbarizando a España. No pudiendo ir allá con sus propios recursos, no podría ir a que me mantuvieran por callarme ciertas cosas, ni menos por decirlas. Mas, ya que esto no puede ser, lleve usted un saludo mío a esa Internacional del Magisterio Americano.

¡Cómo levanta el ánimo ver que los pueblos crean una Internacional —¿no sería mejor decir una Interpopular?...— del Magisterio, cuando los Estados anudan más la Internacional policíaca encargada de mantener lo que llaman orden los imperialismos y las dictaduras! Y hablan de disciplina... Pero disciplina en su derecho y aboriginal sentido, *disciplina,* es lo propio del discípulo del que aprende —*discit*— y supone magisterio, o, mejor, maes-

tría, lo propio del que enseña. Y el maestro rige por autoridad
y no por poder. Las dictaduras más o menos tiránicas se valen
del Poder porque carecen de autoridad. El Cristo, el Divino Maestro crucificado por antipatriota —basta leer los versillos 47 al 54
del capítulo XI del Evangelio, según San Juan— hablaba, dice la
Escritura, con autoridad, pero el Poder estaba en manos de Pila-
tos, el que preguntaba: «¿Y qué es la Verdad?». Autoridad y disciplina en la escuela; en el cuartel, poder y servidumbre. Y si una
Nación, mejor, un pueblo, no ha de ser una gran escuela, no sé
qué es peor: que sea un convento o un cuartel.

La inquisición pretoriana y policíaca es peor que la eclesiástica. Peor el «fajismo» —nuestra palabra *fajo* viene de la italiana
fascio— de las milicias de camisas negras que el clericalismo de
las sotanas negras, menos negras que aquellas camisas y no más
sucias. No temo ya que le quemen a uno por negar que esté la
sustancia del cuerpo de Jesucristo bajo los accidentes del pan y el
vino eucarístico, pero sí que lleguen a fusilarle si niega que bajo
los accidentes del tejido y del teñido de la bandera está la sustancia del cuerpo de la patria. Aquí hemos visto querer obligar a
palos gritar «¡Viva España!».

El constituir una Internacional de Maestros indica ya de por sí
que los maestros se sienten más que nacionales, y me atrevo a
todo, repliquen que sobre todo la Justicia, que es la Libertad de
decir que más que internacionales, sobrenacionales, y que frente a
la cínica y a la vez hipócrita pregunta pretoriana: «¿Qué es la
Verdad?», que tiende a establecer las mentiras llamadas patrióticas, alzarán el culto a la Verdad sentida. Y que cuando dictadores
imperialistas, pretorianos y policíacos, digan que la patria sobre
la Verdad. O, mejor, el gran lema del grande, del máximo Mazzini:
Dio e il Popolo; Dios y el Pueblo.

Sólo me queda rogarle que pida a los maestros de esa II Convención que se anden con mucho tiento con eso de la experimen-
tación pedagógica, que el niño no es rana, ni cuíno, ni se hizo para
la Pedagogía, como el enfermo no es para la Patología, y que no
importa tanto *cómo* se ha de enseñar como *qué* es lo que ha de

enseñar, que del *qué* saldrá el *cómo*. Adviértales los peligros de ese experimentalismo pedagógico norteamericano, que quita toda el alma a la Enseñanza, que es, ante todo, arte y arte poética.

Es lo que se me ocurre mandarle para esos compañeros de América. Sabe cuán su amigo es.

Hendaya, 14-I-1930.

En Rodolfo Llopis, *Hacia una escuela más humana,* Ed. España, Madrid, 1934.

ÍNDICE DE NOMBRES PERSONALES

MIGUEL DE UNAMUNO Y SU TIEMPO

ACONTECIMIENTOS HISTÓRICOS

1902   Comienzo del reinado efectivo. Juramento de la Constitución de 1876.

1909   Semana Trágica de Barcelona.

1911   Ocupación de Larache y Alcazarquivir.

1914   Estalla la Primera Guerra Mundial.

1915   Gobierno del Conde de Romanones. Julio Burell, Ministro de Instrucción Pública. Italia se une a los aliados.

1916   Ofensiva de los alemanes contra Verdún, defendida por el mariscal Petain.

1917   Comienzan a funcionar las Juntas Militares en toda España (enero). Nuevo Gabinete presidido por Eduardo Dato (11 junio). El Presidente norteamericano Wilson declara la guerra a Alemania.

1918   Elecciones a diputado (24 febrero). Gobierno de concentración nacional presidido por Maura (2 marzo). Gobierno de García Prieto (9 noviembre). Final de la Primera Guerra Mundial (noviembre).

1919   Gobierno de Maura (15 abril). Gabinetes de Joaquín Sánchez Toca (20 julio) y de Manuel Allendesalazar (12 diciembre).

1920   Disolución de las Cortes (4 octubre).

1921   Asesinato de Eduardo Dato (8 marzo). Gabinetes de Allendesalazar (12 marzo) y de Maura (13 gosto).

1922   Gobierno de José Sánchez Guerra (8 marzo). Concesión a la Mancomunidad de Cataluña de la administración de las redes telefónicas (21 abril). Gabinete del Marqués de Alhucemas (7 diciembre).

1923   Dictadura de Miguel Primo de Rivera. Disolución de los ayuntamientos (30 setiembre). Viaje de los Reyes a Italia (15 noviembre).

1928   Viaje del rey a Suecia (setiembre).

1929   Fin de la Dictadura de Primo de Rivera.

1930   Formación en San Sebastián de un comité revolucionario.

1931   Proclamación de la República.

1932   Mítines derechistas. Abolición de la pena de muerte (6 setiembre).
1933   Dimisión de Azaña (8 septiembre). Gobierno de Alejandro Lerroux (2 octubre).
1934   Calvo Sotelo propone el 21 de marzo la unión de todas las derechas.
1936   Guerra civil (18 julio).

MIGUEL DE UNAMUNO Y SU TIEMPO

VIDA Y OBRA DE MIGUEL DE UNAMUNO

1864   Nace en Bilbao el 27 de setiembre. Padres Félix y Salomé.
1874   Asiste, durante la última guerra carlista, al bombardeo de Bilbao.
1880   Consigue el bachillerato. En la Facultad de Filosofía y Letras de Madrid.
1884   Se doctora con la tesis titulada *Crítica del problema sobre el origen y prehistoria de la raza vasca.*
1889   Primer viaje al extranjero, a Francia, Suiza e Italia.
1890   Casamiento con Concha Lizárraga.
1891   Obtiene la cátedra de griego de Salamanca.
1895   Ensayos *En torno al casticismo.*
1896   Nacimiento de su hijo hidrocéfalo Raimundo Jenaro.
1897   Crisis religiosa. *Paz en la guerra.*
1900   Es elegido Rector de la Universidad de Salamanca.
1904   Discurso de Unamuno ante el rey Alfonso XII en Salamanca.
1905   Ponencia en la II Asamblea Universitaria de Barcelona. *Vida de Don Quijote y Sancho.*
1906   Mitin en el teatro de la Zarzuela (25 febrero).
1910   *Mi religión y otros ensayos breves.* Primer viaje a Canarias.

1911	*Rosario de sonetos líricos* y *Por tierras de Portugal y de España.*

1912	*Contra esto y aquello.*

1913	*El sentimiento trágico de la vida.*

1914	Lee en el Ateneo de Madrid *El Cristo de Velázquez.* Viaje a las Hurdes. Expulsión del Rectorado. *Niebla.*

1915	Candidato a concejal por Salamanca. Colaboración en periódicos y revistas a favor de los aliados.

1917	Mitin en la Plaza de Toros de Madrid (27 mayo). *Abel Sánchez.* Visita al frente de guerra italiano.

1918	Estreno de *Fedra* (marzo).

1919	Colaboración en «El Liberal» de Madrid. Campañas antimonárquicas. Condena a dieciséis años de presidio.

1920	Artículos sobre lingüística. Candidato a Cortes por los republicanos y los socialistas.

1921	*La tía Tula.*

1922	Visita a Palacio. *Andanzas y visiones españolas.*

1923	Oposición al rey y a la Dictadura.

1924	Destierro a Fuerteventura. Comienza a escribir *De Fuerteventura a París.* Fuga a Francia.

1925	Asentamiento en Hendaya. Representación en el teatro Infanta Beatriz de *Todo un hombre.* Continúa su labor poética.

1928	*Romancero del destierro.*

1930	Vuelta del destierro. Estreno de *Sombras de sueño.* Habla en el Ateneo de Madrid (2 mayo).

1931	Candidato en las elecciones municipales por la coalición republicano-socialista. El día 14 de abril proclama la República en Salamanca. Diputado de las Cortes.

1932	Muere su hermana María (3 enero). Es nombrado académico de la Lengua (15 diciembre). Estreno de *El otro.*

1933	Colabora en el periódico «Ahora». *San Manuel Bueno, mártir.*

1934   Doctor «honoris causa» por la Universidad de Grenoble. Muerte de Concepción Lizárraga. Representación de la *Medea*.

1935   Entrevista con José Antonio Primo de Rivera. Es nombrado ciudadano de honor de la República española.

1936   Muere en Salamanca el 31 de diciembre.

MIGUEL DE UNAMUNO Y SU TIEMPO

ACONTECIMIENTOS LITERARIOS Y CULTURALES

1864   Nacimiento de Santiago Rusiñol.

1865   Nace Ángel Ganivet.

1866   Nacen Ramón del Valle Inclán, Carlos Arniches y Jacinto Benavente. Dostoiewski: *Crimen y castigo*. Nobel inventa la dinamita.

1867   Nace Rubén Darío y Vicente Blasco Ibáñez. Ibsen estrena *Peer-Gynt*.

1868   Daudet: *Cartas de mi molino*. Flaubert: *La educación sentimental*.

1869   Nace Menéndez Pidal. Campoamor: *El drama universal*.

1870   Nacen Ignacio Zuloaga y José María Gabriel y Galán.

1871   Nace Miguel Asín Palacios.

1872   Nace Pío Baroja.

1873   Nace José Martínez Ruiz. Tolstoy: *Ana Karenina*.

1874   Nacen Manuel Machado y Ramiro de Maeztu.

1875   Nace Antonio Machado. Mark Twain: *Tom Sawyer*. Federico Nietzche: *Humano, demasiado humano*.

1876   Nace Manuel de Falla. Galdós: *Doña Perfecta*.

1879   Nacen Francisco Villaespesa, Eduardo Marquina y Gabriel Miró.

1880   Nace Ramón Pérez de Ayala. Dostoiewski: *Los hermanos
        Karamazov*. Mesonero Romanos: *Memorias de un se-
        sentón*.

1881   Nacimiento de Pablo Picasso y Daniel Vázquez Díaz. Pe-
        reda: *Esbozos y rasguños*. Pardo Bazán: *Biografía de San
        Francisco de Asís*.

1883   Nace José Ortega y Gasset. Enrique Federico Amiel: *Dia-
        rio íntimo*. Pardo Bazán: *La cuestión palpitante*. Pereda:
        Pedro Sánchez.

1886   Nace José Gutiérrez Solana.

1887   Nace Gregorio Marañón. Conan Doyle inventa la novela
        policíaca de *Sherlock Holmes*.

1889   Zola: *La bête humaine*.

1891   Oscar Wilde: *El retrato de Dorian Gray*. Galdós *Ángel
        Guerra*. Clarín: *Su único hijo*.

1896   Valera: *Juanita la Larga*.

1898   Blasco Ibáñez: *La barraca*. Ganivet: *Cartas Finlandesas*.

1905   Muere Valera. Azorín: *Los pueblos*. Nace Manuel Alto-
        laguirre.

1910   Nacen Miguel Hernández, Luis Rosales y Victoriano
        Cremer.

1911   Muere Joaquín Costa. Baroja: *El árbol de la ciencia* y *Las
        inquietudes de Shanti Andía*.

1912   Muere M. Menéndez Pelayo. Azorín: *Castilla*. Machado:
        Campos de Castilla. Valle Inclán: *Voces de Gesta*.

1913   Azorín: *Clásicos y modernos*. Benavente: *La Malquerida*.

1914   Ortega y Gasset: *Meditaciones del Quijote*.

1915   Muere F. Giner de los Ríos. Azorín: *Al margen de los
        clásicos*.

1916   Blasco Ibáñez: *Los 4 jinetes del Apocalipsis*. Azorín: *Ri-
        vas y Larra*. Arniches: *La señorita de Trévelez;* Muere
        Ruben Darío.

1917   Azorín: *El paisaje de España visto por los españoles*. Ga-
        briel Miró: *El libro de Sigüenza*.

1918   Galdós: *Santa Juana de Castilla*. R. G. de la Serna: *Greguerías*.

1919   Maeztu: *La crisis del humanismo*. Valle Inclán:*La pipa de Kif*.

1920   Muere Galdós.

1921   Muere Emilia Pardo Bazán. Azorín: *Los dos Luises*. Jacinto Grau: *El señor de Pigmalión*. Ortega y Gasset: *España invertebrada*.

1923   Baroja: *El laberinto de las sirenas*.

1924   A. Machado: *Nuevas canciones*.

1925   Azorín: *Doña Inés*. G. Miró: *El obispo leproso*.

1926   Maeztu: *Don Quijote, don Juan y la Celestina*. M. Pidal: *Orígenes del español*. Valle Inclán: *Tirano Banderas*.

1927   Blasco Ibáñez: *La vuelta al mundo de un novelista*.

1928   Muere Blasco Ibáñez. Lorca: *El romancero gitano*.

1929   M. Pidal: *La España del Cid*.

1930   M. Machado: *La Lola se va a los puertos*. Ortega y Gasset: *La rebelión de las masas*.

1931   Lorca: *El poema del cante jondo*.

1932   V. Aleixandre: *Espadas como labios*.

1933   Muere Salvador Rueda. Eduardo Marquina: *El monje blanco*.

1934   Maeztu: *Defensa de la hispanidad*. Gregorio Marañón: *Las ideas biológicas del P. Feijoo*.

1935   Pirandello obtiene el Premio Nobel.

1936   Muere Francisco Villaespesa, Valle Inclán, Muñoz Seca, García Lorca, Pirandello. Alberti: *El poeta en la calle*. Cernuda: *La realidad y el deseo*.

ÍNDICE DE NOMBRES PROPIOS

COLECCION PATIO DE ESCUELAS